扬州统计年鉴

YANGZHOU STATISTICAL YEARBOOK

2021

扬 州 市 统 计 局
国家统计局扬州调查队 编

中国统计出版社
China Statistics Press

图书在版编目(CIP)数据

扬州统计年鉴. 2021 = Yangzhou Statistical Yearbook 2021 / 扬州市统计局, 国家统计局扬州调查队编. -- 北京 : 中国统计出版社, 2021.10
ISBN 978-7-5037-9689-0

Ⅰ. ①扬… Ⅱ. ①扬… ②国… Ⅲ. ①统计资料-扬州-2021-年鉴 Ⅳ. ①C832.533-54

中国版本图书馆 CIP 数据核字(2021)第 203931 号

扬州统计年鉴—2021

作　　者/ 扬州市统计局 国家统计局扬州调查队
责任编辑/ 钟 钰
装帧设计/ 刘 静
出版发行/ 中国统计出版社有限公司
地　　址/ 北京市丰台区西三环南路甲 6 号
邮政编码/ 100073
电　　话/ 邮购(010)63376909 书店(010)68783171
网　　址/ http://www.zgtjcbs.com
印　　刷/ 扬州南洋印刷有限公司
经　　销/ 新华书店
开　　本/ 890mm×1240mm 1/16
字　　数/ 606 千字
印　　张/ 25.25
版　　别/ 2021 年 10 月第 1 版
版　　次/ 2021 年 10 月第 1 次印刷
定　　价/ 300.00 元

如有印装差错,由本社发行部调换。

《扬州统计年鉴—2021》

编委会和编辑人员

编　者　说　明

1.《扬州统计年鉴—2021》是一部内容丰富、信息密集的综合性统计资料汇编。本年鉴汇集了中华人民共和国成立以来主要年份和2020年扬州市及各县(市)区国民经济和社会发展的统计资料,全面、系统地反映了改革开放中扬州经济、社会、科技等各方面的发展变化。

2. 本年鉴收录了《统计法》《中华人民共和国统计法实施条例》《江苏省统计条例》,以供社会各界参考。

3. 本年鉴的内容包括:综合、国民经济核算、人口与劳动力、固定资产投资与建筑业、人民生活、居民消费价格指数、农业、工业、国内贸易、服务业、交通运输和邮电、对外经济贸易和旅游、财政金融、能源电力、科学技术、教育文化和卫生、其他社会事业、城市建设和环境保护、乡镇资料、全省市县及长三角资料二十个部分。

4. 按年鉴出版惯例,本年鉴标明年份采用出版年的年份。

5. 2011年区划调整,市区历史数据资料已作相应调整。

6. 有关表中使用的符号,作如下说明:空白栏表示未掌握该项资料或该项数字小,不足计量单位的百分之一;"#"表示其中的主要指标。

《扬州统计年鉴》编辑部

二〇二一年八月

目　　　录

一、综合

二、国民经济核算

三、人口与劳动力

四、固定资产投资与建筑业

五、人民生活

六、居民消费价格指数

七、农业

八、工业

九、国内贸易

十、服务业

十一、交通运输和邮电

十二、对外经济贸易和旅游

十三、财政、金融

十四、能源、电力

十五、科学技术

十六、教育、文化和卫生

十七、其他社会事业

十八、城市建设与环境保护

十九、乡镇资料

二十、全省市县及长三角资料

附录

2020年扬州市国民经济和社会发展统计公报

2021年4月

2020年，全市深入贯彻落实习近平总书记重要指示精神和党中央决策部署，坚持疫情防控和经济社会发展"两手抓、两手硬"，"六稳""六保"任务全面落实，综合实力迈上了新台阶，高水平全面建成小康社会取得历史性成就。

一、综合

经初步核算，全年实现地区生产总值6048.33亿元，按可比价计算，增长3.5%，其中第一产业实现增加值307.1亿元，增长2.9%；第二产业实现增加值2786.35亿元，增长3.6%；第三产业实现增加值2954.88亿元，增长3.5%。三次产业结构调整为5:46.1:48.9，第三产业增加值占地区生产总值的比重比上年提高0.9个百分点。

全年新登记市场主体10.06万户，年末实有59.66万户，分别增长45.1%、12.6%。全年新登记私营企业2.69万户，年末实有16.77万户。全年新登记个体工商户6.95万户，年末实有40.49万户。

全年城镇新增就业6.01万人，新增转移农村劳动力1.24万人，完成就业技能培训7.2万人次，创业带动就业9.45万人。期末城镇登记失业人数2.57万人，城镇登记失业率1.77%，年末领取失业保险金人数1.1万人。

全年居民消费价格比上年上涨2.5%，其中食品烟酒价格上涨8.0%，非食品烟酒价格上涨0.3%。八大类消费品及服务项目价格同比"六升二降"，其中食品烟酒类上涨8.0%，其他用品和服务类上涨4.3%，生活用品及服务类上涨1.8%，教育文化和娱乐类上涨1.4%，居住类上涨0.5%，医疗保健类上涨0.5%，衣着类、交通和通信类分别下降0.6%、2.4%。

二、农林牧渔业

全年粮食播种面积582万亩，同比增长0.5%，其中夏粮播种面积266.3万亩，增长0.7%；秋粮播种面积315.7万亩，增长0.3%。全年粮食亩产492.6公斤，其中夏粮亩产381.7公斤，增长1.1%，创2016年以来新高；秋粮亩产586.1公斤，下降0.7%。全年粮食总产286.65万吨，同比增长0.4%，其中夏粮总产101.65万吨，增长1.8%；秋粮总产185万吨，下降0.4%。

全年猪牛羊禽肉产量15.86万吨，增长8.4%。禽蛋产量5.7万吨，下降57.6%。牛奶总产量2.1万吨，增长16.7%。水产品总产量39.9万吨，增长0.8%，其中养殖产量37.6万吨，增长2.0%；捕捞产量2.3万吨，下降14.9%。

全市新增设施农业面积1.93千公顷，年末设施农业面积58.26千公顷。年末农业机械总动力287.31万千瓦。有效灌溉面积276.73千公顷。新增节水灌溉面积4.26千公顷，年末节水灌溉面积210.53千公顷。

三、工业和建筑业

全市2815家规上工业企业增加值增长6.3%，其中轻工业增长5.3%，重工业增长6.6%。按门类分，制造业增加值增长6.8%，电力、热力、燃气及水生产和供应业增加值增长1.8%，采矿业增加值下降4%。按经济类型分，国有工业增长9.7%，集体工业下降29%，股份制工业增长7.4%，外商港澳台投资工业增长3.7%。

先进制造业产值增长6.8%，对全部规上工业总产值的贡献率63.1%，拉动全市产值增幅4.6个百分点。分产业看，汽车及零部件（含新能源汽车）产业增长13.3%，海工装备和高技术船舶产业增长9.8%，生物医药和新型医疗器械产业增长9.4%，高端装备产业增长7.9%，电子信息产业增长7.6%，食品产业增长5.2%，新型电力装备增长4.2%，高端纺织服装产业和航空产业分别下降6.9%和4.1%。

规模以上工业企业营业收入增长2.9%，利润增长15.7%。规模以上工业企业营业收入利润率、成本费用利润率分别为4.6%、5.0%。规模以上工业企业资产负债率为55.4%，总资产贡献率为7.1%。全年规模以上工业企业产销率为96.2%。

全社会用电量264.66亿千瓦时，增长2.0%，其中第一产业用电量3.44亿千瓦时，增长9.3%；第二产业177.96亿千瓦时，增长1.7%，其中工业用电174.54亿千瓦时，增长1.5%；第三产业40.24亿千瓦时，增长0.1%；城乡居民生活用电43.02亿千瓦时，增长4.8%。

全年建筑业实现总产值4516.04亿元，增长6.8%。房屋建筑施工面积30821万平方米，增长9.4%，其中新开工面积13949.3万平方米，增长32.6%。竣工产值3686.3亿元，增长2.1%。竣工面积10523.2万平方米，下降10.5%。

四、固定资产投资

全年固定资产投资同比下降1.5%，其中第一产业投资增长125.8%，第二产业投资下降31.4%，第三产业投资增长28.4%。

房地产开发投资完成833.97亿元，增长19.8%。商品房施工面积为3748.15万平方米，增长13.6%；竣工面积856.74万平方米，增长128.1%。全年商品房销售面积817.64万平方米，增长12.4%；商品房销售额910.75亿元，增长19.3%。

五、国内贸易

全市社会消费品零售总额1379.29亿元，同比下降3.1%。按经营单位所在地分，城镇消费品零售额1233.09亿元，下降3.1%；乡村消费品零售额146.20亿元，下降2.8%。按行业分，批发业224.82亿元，下降4.6%；零售业1048.26亿元，增长0.7%；住宿业9.66亿元，下降32.4%；餐饮业96.55亿元，下降26.9%。

六、开放型经济

全市实现进出口总额770.2亿元，下降1.1%；其中出口580.03亿元，增长0.7%；进口190.17亿元，下降6.1%。从进出口主体看，民营企业实现进出口359亿元，增长7.2%，占全市进出口的46.6%，其中出口318亿元，增长9.5%；国有企业进出口137.6亿元，增长13.2%，其中出口76.4亿元，增长21.1%；外资企业进出口269.4亿元，下降15.3%，其中出口181.5亿元，下降16.9%。从贸易方式看，一般贸易进出口588.3亿元，同比下降1.3%；加工贸易进出口144.3亿元，同比下降18.2%；其他贸易方式中，保税区进出境仓储或转口货物进出口31.7亿元，同比增长7632.9%。从出口市场看，前十出口国(地区)累计出口485亿元，占全市出口83.6%。

表:全市主要出口国别/地区情况

出口国 (地区)	累计出口额 (亿元)	同比 (%)
欧　　盟	112.87	6.9
美　　国	104.97	-7.5
拉丁美洲	51.07	2.3
东　　盟	50.59	0.3
香　　港	40.74	22.3
大 洋 洲	37.56	67.5
非　　洲	31.64	-26.4
日　　本	25.14	-7.5
台　　湾	16.83	19.3
印　　度	14.43	-20.9

全市实际到账外资14.7亿美元，增长6.0%。从来源地看，亚洲(地区)投资12.7亿美元，增长11.5%；欧洲投资6783万美元，增长68.5%；南美洲主要国家投资7654万美元，增长66.2%；美国投资558万美元，增长91.8%。新批外商投资企业145个，下降6.5%；新增协议外资57.9亿美元，增长65.1%；新招引世界500强及跨国公司项目6个。

全市对外投资总额5.81亿美元，增长7.4%，其中对外直接投资额1.67亿美元，对外承包工程完成营业额3.55亿美元，对外输出劳务人员实际收入5974万美元。新批境外投资项目20个，中方协议投资额9783万美元。

七、交通、邮电和旅游

全市货运总量和货物周转量分别完成1.28亿吨和417.6亿吨公里，分别增长7.8%、11.5%；客运量和旅客周转量完成2817.85万人和15.53亿人公里，分别下降27.7%、41.7%；港口货物吞吐量14377.2万吨，增长3.3%；集装箱吞吐量52.73万标箱，增长0.7%。扬州泰州国际机场新开辟国内航线6条，累计开通49

个通航点,其中国内41个,国际/地区8个;机场累计完成旅客吞吐量237.2万人次,同比下降20.4%;完成货邮吞吐量1.26万吨,同比增长71%。年末全市公路里程9632.03公里,高速公路里程293.68公里。截止2020年底,全市新增汽车7.74万辆,全市机动车保有量101.63万辆,同比增长3.6%,全市机动车驾驶人总数159.70万人,其中汽车驾驶人137.40万人。

全市邮政通讯业务收入83.81亿元,增长7.7%,其中通讯业务收入48.19亿元,增长4.9%;邮政业务收入35.62亿元,增长11.6%。年末电话用户604.33万户,下降1.8%,其中移动电话用户519.14万户,下降1.2%。互联网宽带接入用户200.37万户,增长7.8%。

全年接待境内外游客3840.95万人次,实现旅游业总收入610.33亿元。接待国内旅游人数3839.61万人次,下降50.4%。实现国内旅游收入608.41亿元,下降38.9%。接待入境过夜旅游者1.34万人次,下降83.1%,其中外国人1.07万人次,下降46.9%;港澳台同胞0.26万人次,同比下降87.7%。旅游外汇收入2787万美元,下降67.4%。全市拥有国家A级景区57家,旅行社168个。

八、财政、金融

全市一般公共预算收入337.27亿元,增长2.6%。税收收入264.46亿元,增长0.2%,税收占一般公共预算收入比重为78.4%。主体税种中,增值税121.95亿元,下降4.7%;企业所得税35.31亿元,增长4.5%;个人所得税9.32亿元,增长2.3%。

表:财政收入情况

指 标 名 称	2020年	同比%
一般公共预算收入(亿元)	337.27	2.6
税收收入(亿元)	264.46	0.2
#增值税	121.95	-4.7
企业所得税	35.31	4.5
个人所得税	9.32	2.3
城市维护建设税	17.60	-0.5
房产税	10.95	-7.8
印花税	3.94	5.4
城镇土地使用税	6.63	-14.1
契税	32.23	32.0
非税收入	72.81	12.1
行政事业性收费	14.96	-16.4

全市一般公共预算支出668.33亿元,增长9.2%,其中一般公共服务支出73.97亿元,增长0.4%;公共安全支出40.52亿元,增长2.5%;教育支出107.03亿元,增长10.0%;科学技术支出12.47亿元,下降27.4%;社会保障和就业支出84.92亿元,增长22.4%;卫生健康支出43.0亿元,增长1.9%;节能环保支出15.00亿元,下降44.9%;农林水支出55.62亿元,增长5.2%;交通运输支出36.18亿元,增长0.5%;住房保障支出25.11亿元,增长4.4%。

年末金融机构人民币存款余额7586.35亿元，增长13.2%，其中住户存款3698.46亿元，增长14.9%；贷款余额6279.75亿元，增长16.8%。个人消费贷款1757.24亿元，增长12.9%。住房消费贷款1578.42亿元，增长12.9%。

表：年末金融机构人民币存贷款情况

指 标 名 称	2020年	比上年±%
金融机构各项存款余额（亿元）	7586.35	13.2
#住户存款	3698.46	14.9
非金融企业存款	2624.64	17.0
广义政府存款	1186.13	0.0
金融机构各项贷款余额（亿元）	6279.75	16.8
#住户贷款	2261.22	15.3
非金融企业及机关团体贷款	4018.09	17.7
票据融资	393.18	16.9
个人消费贷款（亿元）	1757.24	12.9
#住房消费	1578.42	12.9

年末全市累计实现境内上市企业15家，境内上市公司募集资金总额228.2亿元，总股本83.26亿股，总市值1221亿元。全市证券资金账户数84.60万户，比上年增加11.81万户，增长16.2%。证券交易额16287.66亿元，比上年增加4344.30亿元，增长36.4%，其中股票交易额11954.51亿元，比上年增加3325.29亿元，增长38.5%，占交易额的73.4%；基金交易额976.85亿元，比上年增加514.23亿元，增长111.15%，占交易额的6.0%。

全市各类保险机构实现保费收入178.27亿元，增长1.7%。其中财产险保费收入38.37亿元，增长3.2%；寿险保费收入110.53亿元，下降1.0%；健康险保费收入24.72亿元，增长10.6%；意外伤害险保费收入4.65亿元，增长13.8%。累计赔付支出46.71亿元，增长1.7%。其中财产险赔付支出23.5亿元，增长4.7%；寿险赔付支出15.97亿元，下降2.1%；健康险赔付支出5.72亿元，下降0.1%；意外伤害险赔付支出1.52亿元，增长5.2%。

九、科学技术和教育

全市完成专利申请量39039件，专利授权量28486件，其中发明专利申请7585件；发明专利授权1490件。每万人发明专利拥有量18.55件。PCT国际专利申请105件。商标申请量20439件，注册量13096件。新增地理标志2件。

全年认定国家高新技术企业567家，有效高企累计数达1627家。新增省高企入库培育企业629家，1287家企业通过国家科技型中小企业认定。全年高新技术产业产值同比增长9.8%，占规上工业产值比重达48.1%，较2019年提升0.9个百分点。

全市共有普通高校8所。普通高等教育招生3.99万人，在校生11.07万人，毕业生2.45万人，其中研究生教育招生0.42万人，在校生1.16万人，毕业生0.25万人。高等教育毛入学率达65.8%，比上年提高1.3个百分点。高中阶段教育毛入学率达100%。中等职业教育在校生3.32万人(不含技工学校)。特殊教育招生0.02万人，在校生0.1万人。全市小学在校生22.26万人，普通中学在校生17.67万人。全市共有幼儿园368所，比上年减少1所；在园幼儿11.51万人，比上年增加0.38万人。学前三年教育毛入园率达99.5%。

十、文化、卫生和体育

全市共有艺术表演团体8个，文化馆7个，公共图书馆8个，博物馆17个，美术馆1个，电影放映单位62家，综合档案馆7个，向社会开放档案10.35万卷。共有广播电台电视台4座，广播综合人口覆盖率和电视综合人口覆盖率均达100%。有线电视用户数达88.27万户，有线电视数字化率达100%。扬州中国大运河博物馆获国务院正式命名，完成运河三湾生态文化公园改造提升。《朱自清》《衣冠风流》分别荣获中国舞蹈荷花奖、优秀戏曲电影奖，谢馥春脂粉制作技艺入选国家级非遗名录，湾头镇获评“中国玉雕之乡”。

年末全市共有各类卫生机构1964个，其中医院91个，疾病预防控制中心7个，妇幼卫生保健机构8个。各类卫生机构拥有病床26316张，其中医院拥有病床18906张。全市共有卫生技术人员30964人，其中执业医师、执业助理医师13203人，注册护士12800人，其中医院有卫生技术人员16870人，疾病预防控制中心卫生技术人员569人，妇幼卫生保健机构卫生技术人员1302人。全市共有乡镇卫生院53个，床位数4333张，乡镇卫生技术人员5154人，乡村医生和卫生院1538人。

2020年扬州运动员参加各级各类比赛，获得国际性比赛金牌1人次，获得全国比赛金牌7人次、银牌4人次、铜牌11人次。世界田联半程马拉松锦标赛筹备工作有序推进。

十一、城乡建设和生态环境

新改建市区污水管网60公里。改造城镇老旧小区32个、棚户区(危旧房)7587套(户)，翻建背街小巷30条，新改建农贸市场6个。建成区生活垃圾分类投放设施覆盖率达85%。完成77个被撤并乡镇集镇环境整治，疏浚县乡河道85条。创成省级生态文明建设示范乡镇12个、特色田园乡村19个，菱塘回族乡清真村入选中国美丽休闲乡村。

城市PM2.5年均浓度36微克/立方米，下降16.3%；空气优良率达80.1%，提高10.5个百分点。完成横沟河、宝带河、小秦淮河、邗沟河等整治工程，建成区黑臭水体整治基本完成，省考以上断面水质优Ⅲ类比例达87.5%。新增城市绿地112万平方米，人均公园绿地面积达到19.57平方米，成片造林5.2万亩，修复湿地4735亩。森林覆盖率15.04%，林木覆盖率23.67%。单位GDP能耗完成省定目标。

十二、人口、人民生活和社会保障

年末全市户籍人口454.71万人，比上年下降0.53%。全年出生人口29637人，出生率6.52‰；死亡人口40493人，死亡率8.91‰，当年人口自然增长率为-2.39‰。户籍人口城镇化率69.2%。

全体居民人均可支配收入38843元，同比增长4.8%，其中工资性收入23063元，增长4.1%；经营净收入 6389 元,增长3.7%;财产净收入 3171 元,增长 7.0%;转移净收入 6220 元,增长 7.4%。城镇居民人均可支配收入 47202 元,增长 3.6%,其中工资性收入为 28137 元,增长 2.7%;经营净收入 6651 元,增长 2.9%;财产净收入 4696 元,增长 5.8%;转移净收入 7718 元,增长 6.6%。农村居民人均可支配收入 24813 元,同比增长 6.3%,其中工资性收入 14532 元,增长 6.6%;经营净收入 5958 元,增长 4.9%;财产净收入 618 元,增长 7.3%;转移净收入 3705 元,增长 7.5%。全体居民人均消费支出 22060 元,下降 1.8%。城镇居民人均消费支出 25342 元,下降 1.4%。农村居民人均消费支出 16550 元,下降 3.9%。

年末全市城乡基本养老、基本医疗、失业、工伤和生育保险参保人数分别为 327.08 万人、435.36 万人、74.34 万人、95.03 万人和 96.27 万人。城乡居民基本养老保险基础养老金最低标准由每人每月 148 元提高到 175 元。城乡居民医保人均财政补助最低标准提高到每人每年 580 元。试点实施长期护理保险制度,新增颐养示范社区 29 个,建成区域性养老服务中心 6 个。扬州城乡低保标准实现一体化,月人均标准由 2015 年末的 390 - 575 元统一提高到 2020 年的 710 元,累计发放低保资金 19.51 万人次 8.18 亿元。

注:

1. 本公报使用的数据为快报数。
2. 公报中地区生产总值、各产业增加值绝对数按当年价格计算,增长速度按可比价格计算。
3. 部分指标数据因统计口径调整,较上年不具可比性。
4. 人口和就业人员数据以最终发布的江苏省第七次全国人口普查公报为准,本公报中不单独发布相关数据。公报中涉及的人均指标根据人口预计数计算得到。

1

综　合

编辑:苏伟　项月　周浩　韦文娴

1-1 行政区划和土地面积

（2020年）

地　区	镇（个）	乡（个）	街道办事处（个）	村民委员会（个）	居民委员会（个）	土地面积（平方公里）
全　市	**62**	**3**	**18**	**1009**	**398**	**6591**
市　区	29	2	16	465	244	2349
开发区	3		2	28	33	131
广陵区	6	1	4	83	62	335
邗江区	7	1	10	96	76	553
江都区	13			258	73	1330
宝应县	14			238	45	1462
仪征市	9			136	57	859
高邮市	10	1	2	170	52	1922

1-1　续表　　（2020年）

地　区	乡（镇）、街道名称
开发区	朴席镇　施桥镇　八里镇　扬子津街道　文汇街道
广陵区	东关街道　汶河街道　文峰街道　曲江街道　湾头镇　杭集镇　李典镇　沙头镇　头桥镇　泰安镇　汤汪乡
邗江区	邗上街道　新盛街道　蒋王街道　汊河街道　梅岭街道　甘泉街道　瘦西湖街道　双桥街道　城北街道　竹西街道　公道镇　方巷镇　槐泗镇　瓜洲镇　杨寿镇　杨庙镇　西湖镇　平山乡
江都区	仙女镇　小纪镇　武坚镇　樊川镇　真武镇　宜陵镇　丁沟镇　郭村镇　邵伯镇　丁伙镇　大桥镇　吴桥镇　浦头镇
宝应县	安宜镇　氾水镇　夏集镇　柳堡镇　射阳湖镇　广洋湖镇　鲁垛镇　小官庄镇　望直港镇　曹甸镇　西安丰镇　山阳镇　黄塍镇　泾河镇
仪征市	真州镇　青山镇　新集镇　新城镇　马集镇　刘集镇　陈集镇　大仪镇　月塘镇
高邮市	高邮街道　马棚街道　龙虬镇　车逻镇　汤庄镇　卸甲镇　三垛镇　甘垛镇　界首镇　周山镇　临泽镇　送桥镇　菱塘回族乡

1－2　扬州气象

（2020 年）

月　份	气　温(℃)					日　照 时　数	降雨量		风(米/秒)	
	平均气温	极端最高		极端最低			雨　日 (天)	雨　量 总　量 (毫米)	平　均 风　速	极　大 风　速
		℃	日　期	℃	日　期					
全年	**16.6**	**38.8**	**8 月 17 日**	**-9.3**	**12 月 31 日**	**1455.4**	**155**	**1337.8**	**1.6**	**14.7**
1 月	4.5	11.8	6	-4.1	31	40.3	22	84.2	1.5	12.1
2 月	7.2	24.9	24	-4.6	18	119.2	9	47.6	1.7	11.1
3 月	11.9	28.7	21	0.7	5、28	157	17	100.4	1.8	12.0
4 月	14.9	34.0	30	3.6	13	182.9	9	40.4	1.7	14.3
5 月	22.7	35.1	3	11.7	12	154.7	10	53.0	2.0	12.8
6 月	25.8	35.9	4	18.8	19	87.6	16	371.7	1.5	12.6
7 月	25.5	34.3	31	19.7	16	35.3	23	186.0	1.3	9.3
8 月	30.4	38.8	17	23.1	27	154.7	10	246.3	1.9	14.7
9 月	23.8	34.6	8	16.0	30	145.7	10	50.0	1.5	10.2
10 月	16.7	29.3	2	5.1	24	133.1	11	56.9	1.2	9.0
11 月	12.3	29.6	18	-0.7	30	126.4	11	77.1	1.7	10.2
12 月	3.3	15.1	28	-9.3	31	118.5	7	24.2	1.4	14.6

1－2　续表　　　　　　　　　　　　　　　　（2020 年）

月　份	日最大降雨量		最小相对湿度		降　雪		雾　日 (天)	结冰日期 (天)	霜　日 (天)
	雨　量 (毫　米)	日　期	%	日　期	雨　日 (天)	积　雪 (天)			
全年	**86.0**	**6 月 29 日**	**16**	**3 月 15 日**	**9**	**3**	**39**	**16**	**18**
1 月	20.9	26	25	31	2	1	11	7	9
2 月	15.0	15	17	18	2	2	5	9	8
3 月	44.5	26	16	15	1	0	1	0	1
4 月	28.0	19	17	8、13	0	0	2	0	0
5 月	46.2	14	17	12	0	0	2	0	0
6 月	86.0	29	21	4	0	0	2	0	0
7 月	46.0	18	47	24	1	0	3	0	0
8 月	55.3	30	38	18	0	0	0	0	0
9 月	16.8	17	25	5	0	0	2	0	0
10 月	24.6	3	22	22	0	0	2	0	0
11 月	17.6	19	18	7	0	0	4	0	0
12 月	17.2	29	22	17	3	0	5	0	0

1－3 国民经济主要指标

（2020 年）

项　　目	单位	2016 年	2017 年	2018 年	2019 年	2020 年
一、人 口						
户籍人口	万人	461.67	459.98	458.83	457.14	454.71
二、在岗职工人数	万人	96.89	92.98	89.99	81.00	81.20
#国有单位	万人	16.8	15.93	17.66	12.89	16.20
城镇集体单位	万人	2.28	2.21	1.44	1.96	2.67
三、地区生产总值（当年价）	亿元	4539.12	5078.58	5478.74	5799.08	6048.33
第一产业	亿元	257.44	268.36	279.97	292.8	307.10
第二产业	亿元	2262.78	2474.71	2621.09	2727.21	2786.35
第三产业	亿元	2018.9	2335.51	2577.68	2779.07	2954.88
人均地区生产总值	元	101150	112862	121222	127733	132784
四、固定资产投资						
固定资产投资	亿元	3288.68	3690.09	—	—	—
五、财 政						
一般公共预算收入	亿元	345.3	320.18	340.03	328.79	337.27
一般公共预算支出	亿元	478.97	507.64	563.57	611.95	668.30
六、物 价						
市区商品零售价格指数	%	100.5	102.2	102.9	102.3	102.0
市区居民消费价格指数	%	102.4	101.7	102.2	103.0	102.5
七、人民生活						
职工工资总额	亿元	654.28	657.48	695.72	664.89	697.19

1－3　续表

项　　目	单位	2016 年	2017 年	2018 年	2019 年	2020 年
在岗职工平均工资	元	67611	71663	75996	81837	87874
城镇常住居民人均可支配收入	元	35659	38828	41999	45550	47202
农村常住居民人均可支配收入	元	18057	19694	21457	23333	24813
城乡居民住户存款	亿元	2560.98	2664.64	2860.65	3217.51	3698.46
八、运输						
客 运 量	万人	3852.2	3427	3100.75	2942	2079.72
货 运 量	万吨	12324	13374	14127	11829	12748
九、国内外贸易						
社会消费品零售总额	亿元	1129.90	1233.93	1336.87	1423.2	1379.29
注册外资实际到账额	万美元	120392	108660	122044	138756	147049
出口总额	万美元	725903	786778	854167	836469	835718
十、教 育						
高等学校在校学生	万人	7.44	8.28	7.90	8.70	9.92
普通中学在校学生	万人	17.56	17.50	17.51	17.58	17.67
小学在校学生	万人	21.26	21.05	21.45	21.90	22.26
十一、卫 生						
卫生机构数	个	1787	1756	1813	1890	1964
卫生机构床位数	张	20683	22215	23355	24994	26316
卫生技术人员数	人	25273	28609	29202	30936	30964
#执业(助理)医师	人	10405	10872	11209	12109	13203

1-4 扬州国民经济占全省的比重

（2020年）

项　　目	单位	江　苏	扬　州	扬州占全省的比重(%)
户籍人口	万人	7876.75	454.71	5.77
地区生产总值(当年价格)	亿元	102719	6048	5.89
第一产业	亿元	4536.71	307.10	6.77
第二产业	亿元	44226.43	2786.35	6.30
第三产业	亿元	53955.83	2954.88	5.48
社会消费品零售总额	亿元	37086.06	1379.29	3.72
出口总额	亿美元	3962.83	83.57	2.11
注册外资实际到帐额	亿美元	283.84	14.70	5.18
一般公共预算收入	亿元	9058.99	337.27	3.72
一般公共预算支出	亿元	13681.55	668.30	4.88
普通高等学校在校学生数	万人	201.47	9.92	4.92
卫生机构床位数	万张	53.50	2.63	4.92
卫生技术人员数	万人	66.55	3.10	4.65
#执业(助理)医师	万人	26.78	1.32	4.93
在岗职工平均工资	元	106034	87874	—
城镇常住居民人均可支配收入	元	53102	47202	—
农村常住居民人均可支配收入	元	24198	24813	—

1－5 全市人均国民经济主要指标

（2020 年）

项　　目	单位	1995 年	2000 年	2005 年	2010 年	2015 年	2016 年	2017 年	2018 年	2019 年	2020 年
地区生产总值	元	6749	10515	21911	50401	90965	100644	112559	120944	128856	132784
粮　　食	公斤	502	501	497	626	702	651	621	629	625	630
油　　料	公斤	17	28	27	17	16	14.9	14.2	8.5	9.8	11.0
水 产 品	公斤	28	50	78	83	89	86.9	88.0	86.7	86.6	87.8
一般公共预算收入	元	200	364	1088	3656	7515	7484	6961	7438	7192	7417
一般公共预算支出	元	285	512	1366	4394	9714	10381	11036	12328	13387	14697
社会消费品零售总额	元	2282	3386	6740	15821	22563	24474	26826	29136	31133	30333
出口总额	美元		135	418	1320	1721	1573	1710	1869	1830	1838
城乡居民储蓄存款余额	元	2528	6148	13280	27288	53042	55505	57929	62577	70384	81337
高等学校在校学生	人/万人	54	68	130	160	169	161	180	173	190	218
医院、卫生院病床数	张/万人	25	23	26	32	40	45	48	51	55	58
卫生技术人员数	人/万人	37	36	34	50	59	55	62	64	68	68
#医生	人/万人	17	17	15	17	22	23	24	25	26	29
农村常住居民人均可支配收入	元	2390	3464	5215	9462	16619	18057	19694	21457	21457	24813
城镇常住居民人均可支配收入	元	5378	6734	11379	21766	32946	35659	38828	41999	41999	47202

1－6 扬州的一天

（2020 年）

项　　目	单位	1995 年	2000 年	2005 年	2010 年	2015 年	2016 年	2017 年	2018 年	2019 年	2020 年
地区生产总值	万元	8197	12935	27147	61836	111669	123737	138765	149758	160276	165708
第一产业	万元	1266	1751	2596	4421	6626	6887	7179	7489	8022	8414
第二产业	万元	4681	6855	15115	34387	56622	61858	67832	71870	76115	76338
第三产业	万元	2250	4329	9435	23028	48421	54991	63754	70400	76139	80956
粮食产量	吨	6084	6169	6204	7865	8614	8205	7820	7873	7825	7853
油料产量	吨	201	341	336	220	196	188	179	179	123	136
水产品产量	吨	338	621	977	1042	1092	1096	1109	1085	1085	1094
社会消费品零售总额	万元	2772	4165	8408	19894	28505	30956	33806	36626	38992	37789
出口总额	万美元		166	522	1659	2113	1983	2156	2340	2292	2290
一般公共预算收入	万元	243	447	1357	4597	9226	9434	8772	9316	9008	9240
客运量	万人	13.59	17.01	22.31	19.93	11.39	10.53	9.36	8.50	8.06	5.70
货运量	万吨	15.67	12.84	16.04	25.57	33.32	33.67	36.54	38.7	32.41	34.93
住户存款	万元	3071	7563	16566	34312	65115	69972	72804	78374	88151	101328

1－7　法人单位和产业活动单位数

（2020 年）　　　　单位：个

项　目	法人单位数	单产业法人	多产业法人	产业活动单位数
合　计	**138718**	**136687**	**2031**	**150409**
一、按机构类型分组				
企业	124264	122407	1857	135265
事业单位	3184	3075	109	3492
机关	670	616	54	860
社会团体	2788	2788	0	2788
民办非企业单位	3217	3213	4	3213
基金会	31	31	0	31
居委会	395	395	0	395
村委会	1023	1021	2	1023
农民专业合作社	2735	2730	5	2737
农村集体经济	61	61	0	245
其他组织机构	350	350	0	360
二、按登记注册类型分组				
内资	137694	135693	2001	148918
国有	4000	3830	170	4791
集体	4401	4307	94	4788
股份合作	71	62	9	135
联营	1293	1286	7	1514
国有联营	8	7	1	12
集体联营	55	51	4	60
国有与集体联营	21	21	0	25
其他联营	1209	1207	2	1417
有限责任公司	5050	4889	161	6386
国有独资公司	211	195	16	278
其他有限责任公司	4839	4694	145	6108
股份有限公司	870	818	52	1878
私营	117011	115514	1497	124343
私营独资	11344	11256	88	11670
私营合伙	678	672	6	736
私营有限责任公司	104240	102870	1370	110849
私营股份有限公司	749	716	33	1088
其他内资	4998	4987	11	5083
港澳台商投资	548	536	12	708
与港澳台商合资经营	189	184	5	201
与港澳台商合作经营	3	2	1	5
港澳台商独资	345	339	6	483

1－7　续表

单位：个

项　　目	法人单位数	单产业法人	多产业法人	产业活动单位数
港澳台商投资股份有限公司	8	8	0	12
其他港、澳、台商投资	3	3	0	7
外商投资	476	458	18	783
中外合资经营	222	216	6	252
中外合作经营	1	1	0	3
外资企业	240	229	11	494
外商投资股份有限公司	6	5	1	22
其他外商投资	7	7	0	12
三、按行业分组				
农、林、牧、渔业	2940	2933	7	2964
采矿业	19	19	0	24
制造业	36378	36063	315	36958
电力、热力、燃气及水生产和供应业	349	339	10	394
建筑业	13465	13259	206	14708
批发和零售业	34999	34482	517	39108
交通运输、仓储和邮政业	3659	3603	56	4075
住宿和餐饮业	2319	2221	98	2816
信息传输、软件和信息技术服务业	4100	4065	35	4548
金融业	305	254	51	1338
房地产业	3718	3543	175	4329
租赁和商务服务业	11548	11398	150	12456
科学研究和技术服务业	8033	7947	86	8616
水利、环境和公共设施管理业	1040	1031	9	1130
居民服务、修理和其他服务业	2427	2385	42	2581
教育	2439	2328	111	2666
卫生和社会工作	2319	2269	50	2643
文化、体育和娱乐业	2575	2526	49	2685
公共管理、社会保障和社会组织	6086	6022	64	6370
四、按地区分组				
广陵区	25088	24659	429	27008
邗江区	33143	32542	601	35601
江都区	26705	26447	258	28533
宝应县	13035	12872	163	14527
扬州经济技术开发区	5176	5058	118	5826
仪征市	15824	15644	180	17326
高邮市	19747	19465	282	21588

1－8　个体工商户登记情况

（2020 年）

行　业	期末实有			
	合　计		其中:城镇	
	户　数 （户）	资金数额 （万元）	户　数 （户）	资金数额 （万元）
总　计	**408185**	**4079488.27**	**333523**	**3207640.45**
按行业分				
农、林、牧、渔业	6254	190729.99	3450	92287.5
采矿业	15	212	9	120
制造业	34185	464893.24	21298	266642.79
电力、热力、燃气及水生产和供应业	38	1366	22	328.5
建筑业	3735	73891	3024	57957.8
批发和零售业	241873	2091724.84	198258	1698243.89
交通运输、仓储和邮政业	26786	209698.89	22331	160069.44
住宿和餐饮业	38586	471860.99	35076	434620.61
信息传输、软件和信息技术服务业	1470	14274.56	1262	12269.16
金融业	37	388	32	341
房地产业	1326	9954.44	1304	9811.44
租赁和商务服务业	6823	84712.5	5881	70039.3
科学研究和技术服务业	698	8148.2	644	7109.2
水利、环境和公共设施管理业	134	1440.5	109	934.5
居民服务、修理和其他服务业	40658	393436.06	35692	338236.07
教育	1435	16696.4	1364	16047.4
卫生和社会工作	435	6729.95	405	6402.8
文化、体育和娱乐业	3697	39330.71	3362	36179.05

1－9 私营企业登记情况

（2020 年）

行业	合计		其中:城镇	
	户数（户）	注册资本（出资数额）（万元）	户数（户）	注册资本（出资金额）（万元）
总计	**71510**	**685703.51**	**62983**	**564215.63**
按行业分				
农、林、牧、渔业	719	25309.68	498	14023.80
采矿业	1	10.00	1	10.00
制造业	3552	56926.58	2413	33363.78
电力、热力、燃气及水生产和供应业	5	65.00	3	45.00
建筑业	1326	31279.00	1099	25693.00
批发和零售业	48806	379929.78	43458	320099.78
交通运输、仓储和邮政业	2420	17704.20	2183	14033.40
住宿和餐饮业	6550	74965.06	5970	69003.66
信息传输、软件和信息技术服务业	436	5011.98	409	4613.98
金融业	11	95.00	11	95.00
房地产业	160	1471.65	158	1465.65
租赁和商务服务业	1631	24892.20	1431	21630.20
科学研究和技术服务业	368	4245.10	339	3417.10
水利、环境和公共设施管理业	28	478.00	21	252.00
居民服务、修理和其他服务业	4707	50990.78	4248	44609.78
教育	400	4762.00	378	4630.00
卫生和社会工作	40	601.00	38	576.00
文化、体育和娱乐业	350	6966.50	325	6653.50

2

国民经济核算

编辑:赵犁

2－1 历年地区生产总值

（按当年价格计算）　　　　单位:亿元

年份	地区生产总值	第一产业	第二产业	工业	建筑业	第三产业	人均地区生产总值（元）
1978	14.38	6.24	5.83	5.27	0.56	2.31	363
1979	15.85	6.98	6.32	5.57	0.75	2.55	396
1980	17.56	6.99	7.64	6.53	1.11	2.93	434
1981	19.84	8.21	8.18	7.22	0.96	3.45	487
1982	22.77	9.16	9.59	8.02	1.57	4.02	554
1983	26.21	9.78	11.40	9.07	2.33	5.03	633
1984	33.18	12.98	13.80	11.46	2.34	6.40	798
1985	41.06	12.87	20.74	17.81	2.93	7.45	984
1986	47.83	13.96	25.02	21.81	3.21	8.85	1141
1987	56.28	15.00	30.15	26.56	3.59	11.13	1332
1988	73.00	18.80	38.93	35.02	3.91	15.27	1711
1989	78.39	19.14	41.55	37.61	3.94	17.70	1819
1990	89.05	21.75	47.48	43.18	4.30	19.82	2048
1991	101.42	18.31	60.24	55.46	4.78	22.87	2318
1992	130.67	22.26	77.62	71.41	6.21	30.79	2975
1993	174.57	27.27	103.80	94.28	9.53	43.50	3961
1994	241.33	39.22	139.08	124.00	15.08	63.02	5457
1995	299.20	46.22	170.87	153.94	16.93	82.11	6749
1996	351.15	55.09	195.42	173.60	21.82	100.64	7903
1997	376.68	57.75	202.24	178.68	23.56	116.69	8455
1998	401.60	59.41	210.35	184.19	26.16	131.84	8997
1999	426.98	61.65	221.90	199.36	22.54	143.43	9552
2000	472.12	63.91	250.19	225.01	25.18	158.02	10515
2001	500.31	66.83	263.20	233.23	29.97	170.28	11091
2002	544.28	69.29	286.04	248.05	37.99	188.95	12044
2003	631.77	73.32	347.16	301.38	45.78	211.29	13949
2004	767.65	83.51	438.09	379.26	58.83	246.05	16908
2005	990.85	94.76	551.70	478.05	73.65	344.39	21911
2006	1135.69	100.99	639.60	564.41	75.19	395.10	25336
2007	1370.36	111.47	777.28	694.38	82.90	481.61	30730
2008	1665.59	134.10	943.16	839.96	103.20	588.33	37299
2009	1878.97	144.88	1063.19	934.77	128.42	670.90	41910
2010	2257.02	161.37	1255.12	1100.39	154.73	840.53	50401
2011	2664.87	184.54	1460.27	1273.27	187.00	1020.06	59725
2012	2974.55	205.19	1594.05	1384.25	209.80	1175.31	66618
2013	3367.25	212.78	1763.12	1532.29	234.28	1391.35	75354
2014	3750.13	227.35	1933.65	1682.38	238.55	1589.13	83821
2015	4099.91	262.46	2029.25	1647.70	383.14	1808.20	91501
2016	4539.12	257.44	2262.78	1850.32	414.30	2018.90	101150
2017	5078.58	268.36	2474.71	2011.23	465.57	2335.51	112862
2018	5478.74	279.97	2621.09	2105.45	517.82	2577.68	121222
2019	5799.08	292.80	2727.21	2210.96	518.59	2779.07	127733
2020	6048.33	307.10	2786.35	2244.17	544.52	2954.88	132784

2－2　历年地区生产总值指数

（按可比价计算，以1978年为100）　　单位：%

年份	地区生产总值	第一产业	第二产业	工业	建筑业	第三产业	人均地区生产总值
1978	100.0	100.0	100.0	100.0	100.0	100.0	100.0
1979	103.9	98.9	107.2	105.3	125.9	109.2	102.7
1980	110.5	89.7	129.7	123.0	191.8	118.2	108.1
1981	123.1	102.5	139.4	136.7	166.2	137.3	119.4
1982	139.0	107.4	165.2	154.2	267.9	158.7	133.8
1983	160.3	110.4	198.6	176.9	401.6	198.6	153.1
1984	196.8	139.0	239.2	222.0	398.3	246.5	187.2
1985	236.7	125.0	346.5	331.1	490.5	262.1	224.5
1986	267.0	125.0	409.8	397.2	527.5	290.7	251.9
1987	299.1	121.2	475.8	465.3	573.8	334.3	280.1
1988	345.0	123.6	570.3	569.4	578.3	375.0	320.1
1989	345.8	120.4	572.5	576.1	538.7	383.4	317.6
1990	373.2	126.1	624.4	629.5	577.0	407.4	339.6
1991	425.9	108.8	801.5	822.3	608.8	450.3	385.1
1992	526.5	127.6	992.4	1026.8	697.6	578.7	474.3
1993	603.5	130.4	1145.0	1189.2	740.8	708.1	541.8
1994	687.0	136.4	1350.5	1375.1	1064.9	775.1	614.8
1995	766.4	152.0	1483.2	1524.5	1107.5	901.5	683.9
1996	858.3	168.3	1625.8	1653.0	1380.0	1071.8	764.2
1997	935.2	185.1	1722.8	1749.0	1485.8	1229.4	830.4
1998	1028.3	197.7	1875.2	1899.7	1652.6	1397.3	911.3
1999	1133.2	211.5	2070.2	2141.5	1433.1	1558.0	1003.2
2000	1251.7	222.2	2308.1	2390.6	1571.1	1728.6	1103.1
2001	1352.8	235.7	2506.1	2589.3	1739.2	1869.7	1186.7
2002	1503.0	250.1	2819.4	2879.3	2130.5	2079.1	1316.1
2003	1704.4	255.3	3298.7	3391.8	2377.6	2330.7	1488.5
2004	1954.9	272.4	3862.8	3995.5	2667.7	2647.7	1704.3
2005	2248.2	288.7	4523.3	4698.8	3006.5	3026.3	1968.5
2006	2589.9	302.6	5310.4	5572.7	3289.1	3492.3	2287.4
2007	2996.5	317.7	6234.4	6670.6	3351.6	4058.1	2660.2
2008	3398.1	333.6	7150.8	7724.5	3546.0	4614.1	3011.4
2009	3867.0	350.6	8187.7	8867.7	3964.4	5306.2	3414.9
2010	4389.0	366.4	9383.1	10180.1	4467.8	6043.7	3880.2
2011	4924.5	381.1	10556.0	11503.6	4892.3	6841.5	4368.4
2012	5500.7	400.5	11833.3	12861.0	5606.6	7669.3	4873.9
2013	6160.8	422.9	13288.8	14558.6	5965.4	8628.0	5454.3
2014	6838.4	438.2	14737.2	16218.3	6383.0	9680.6	6046.0
2015	7542.8	453.9	16299.4	17921.2	7142.5	10716.4	6658.5
2016	8249.2	454.3	17602.3	19466.0	7521.5	12029.3	7271.1
2017	8912.7	464.4	18833.2	20960.3	7820.6	13224.0	7834.5
2018	9506.3	478.5	19869.1	22296.9	7936.1	14323.6	8319.6
2019	10129.9	485.3	21279.8	23991.4	8308.6	15272.7	8825.6
2020	10484.4	499.4	22045.9	24927.1	8458.2	15807.2	9104.5

2－3 历年地区生产总值构成

（按当年价格计算）　　单位:%

年　份	地区生产总　值	第一产业	第二产业	工业	建筑业	第三产业
1978	100.00	43.42	40.53	36.62	3.91	16.05
1979	100.00	44.03	39.86	35.14	4.72	16.11
1980	100.00	39.80	43.52	37.20	6.32	16.68
1981	100.00	41.39	41.25	36.39	4.86	17.36
1982	100.00	40.24	42.11	35.20	6.91	17.65
1983	100.00	37.32	43.48	34.58	8.90	19.20
1984	100.00	39.13	41.57	34.53	7.04	19.30
1985	100.00	31.34	50.51	43.38	7.13	18.15
1986	100.00	29.18	52.31	45.59	6.72	18.51
1987	100.00	26.66	53.57	47.19	6.38	19.77
1988	100.00	25.75	53.33	47.97	5.36	20.92
1989	100.00	24.41	53.01	47.98	5.03	22.58
1990	100.00	24.42	53.32	48.49	4.83	22.26
1991	100.00	18.06	59.40	54.68	4.72	22.54
1992	100.00	17.04	59.40	54.65	4.75	23.56
1993	100.00	15.62	59.46	54.00	5.46	24.92
1994	100.00	16.25	57.63	51.38	6.25	26.12
1995	100.00	15.45	57.11	51.45	5.66	27.44
1996	100.00	15.69	55.65	49.44	6.21	28.66
1997	100.00	15.33	53.69	47.44	6.25	30.98
1998	100.00	14.79	52.38	45.87	6.51	32.83
1999	100.00	14.44	51.97	46.69	5.28	33.59
2000	100.00	13.54	52.99	47.66	5.33	33.47
2001	100.00	13.36	52.61	46.62	5.99	34.03
2002	100.00	12.73	52.55	45.57	6.98	34.72
2003	100.00	11.61	54.95	47.70	7.25	33.44
2004	100.00	10.88	57.07	49.41	7.66	32.05
2005	100.00	9.56	55.68	48.25	7.43	34.76
2006	100.00	8.89	56.32	49.70	6.62	34.79
2007	100.00	8.13	56.72	50.67	6.05	35.14
2008	100.00	8.05	56.63	50.43	6.20	35.32
2009	100.00	7.71	56.58	49.75	6.83	35.71
2010	100.00	7.15	55.61	48.75	6.86	37.24
2011	100.00	6.92	54.80	47.78	7.02	38.28
2012	100.00	6.90	53.59	46.54	7.05	39.51
2013	100.00	6.32	52.36	45.51	6.96	41.32
2014	100.00	6.06	51.56	44.86	6.36	42.38
2015	100.00	6.40	49.49	40.19	9.35	44.10
2016	100.00	5.67	49.85	40.76	9.13	44.48
2017	100.00	5.28	48.73	39.60	9.17	45.99
2018	100.00	5.11	47.84	38.43	9.45	47.05
2019	100.00	5.05	47.03	38.13	8.94	47.92
2020	100.00	5.08	46.07	37.10	9.00	48.85

2－4　分地区生产总值(2020 年)

(按当年价格计算)　　单位:亿元

指　标	全市	市区	广陵	邗江	江都	开发	宝应	仪征	高邮
地区生产总值	**6048.33**	**3632.06**	**843.48**	**1128.01**	**1114.91**	**545.66**	**763.04**	**815.05**	**838.18**
第一产业	307.10	108.92	10.38	23.73	73.39	1.42	84.37	23.64	90.17
第二产业	2786.35	1588.77	327.97	413.03	544.95	302.82	357.27	429.58	410.73
工　业	2244.17	1280.76	255.65	322.86	419.26	282.99	277.76	365.11	320.54
建筑业	544.52	309.21	72.70	90.28	126.14	20.09	79.60	65.44	90.27
第三产业	2954.88	1934.37	505.13	691.25	496.57	241.42	321.40	361.83	337.28
交通运输、仓储和邮政业	149.65	88.86	22.17	33.53	19.30	13.86	17.17	22.77	20.85
批发和零售业	574.63	377.38	152.12	107.75	92.97	24.54	57.40	91.92	47.93
住宿和餐饮业	80.21	50.79	14.37	20.41	10.02	5.99	11.54	9.21	8.67
金融业	342.84	245.80	53.32	102.99	68.69	20.80	29.34	33.11	34.59
房地产业	631.36	438.34	102.34	179.24	116.02	40.74	51.89	72.08	69.05
其他服务业	1155.05	726.12	159.78	244.78	186.47	135.09	149.32	129.23	150.38
人均地区生产总值(元)	132784	138459	139857	132147	119600	232889	111101	152660	117871

2－5　分地区生产总值发展速度(2020 年)

(按可比价计算,以上年为 100)　　单位:%

指　标	全市	市区	广陵	邗江	江都	开发	宝应	仪征	高邮
地区生产总值	**103.5**	**103.6**	**103.5**	**103.9**	**103.0**	**104.2**	**103.6**	**103.4**	**103.4**
第一产业	102.9	102.9	100.6	103.1	103.5	91.8	101.9	103.6	103.5
第二产业	103.6	103.8	104.0	104.0	102.9	104.9	102.5	103.1	104.4
工　业	103.9	104.3	104.4	105.1	103.2	105.0	102.9	103.5	104.2
建筑业	101.8	101.2	102.4	99.7	101.4	103.0	100.9	100.9	105.7
第三产业	103.5	103.4	103.3	103.9	103.0	103.2	105.3	103.6	101.9
交通运输、仓储和邮政业	102.2	101.7	103.6	106.1	91.9	104.0	105.4	102.3	101.4
批发和零售业	104.0	103.8	103.6	104.4	103.6	102.9	104.6	104.7	104.3
住宿和餐饮业	92.4	92.2	91.9	92.7	91.5	92.7	92.2	92.6	93.3
金融业	103.9	104.3	105.6	104.2	104.3	101.4	102.4	104.1	102.6
房地产业	104.6	104.0	104.4	102.2	108.1	98.0	125.3	104.2	97.7
其他服务业	103.8	103.7	102.8	105.3	102.1	104.9	103.5	103.4	103.2
人均地区生产总值	**103.2**	**102.4**	**101.7**	**101.7**	**103.8**	**101.2**	**104.7**	**103.9**	**103.7**

2-6 分地区生产总值

（按2010年可比价计算）　　单位:亿元

指 标	全市	市区					宝应	仪征	高邮
			广陵	邗江	江都	开发			
2010	2257.02	1415.63	338.97	406.97	450.69	218.99	305.57	326.09	326.96
2011	2531.78	1605.09	377.34	459.25	516.40	252.10	342.24	368.13	367.18
2012	2826.80	1793.50	419.00	515.44	577.86	281.20	378.28	411.20	405.37
2013	3165.90	2006.91	466.82	577.98	649.18	312.90	425.17	460.92	456.04
2014	3513.53	2230.70	520.80	643.23	719.04	347.63	472.90	512.97	506.21
2015	3875.34	2457.53	565.83	712.11	794.54	385.07	523.31	558.76	547.36
2016	4238.26	2666.25	619.16	773.85	853.47	419.98	566.47	610.97	596.15
2017	4579.18	2867.49	658.36	838.41	921.75	449.08	612.59	659.95	645.04
2018	4884.13	3054.11	702.90	905.27	967.84	478.34	653.02	703.23	696.65
2019	5206.49	3252.63	750.69	969.55	1022.03	509.43	694.81	751.75	744.02
2020	5388.71	3369.72	776.97	1007.36	1052.70	530.82	719.83	777.31	769.31

2－7　市区2011－2020年地区生产总值

（按当年价格计算）　　单位:亿元

年　份	地　区生产总值	第一产业	第二产业	工　业	建筑业	第三产业	人均地区生产总值（元）
2011	1660.21	66.08	833.22	674.37	159.83	760.91	69055
2012	1858.23	71.28	925.92	744.72	182.28	861.03	77051
2013	2083.18	78.02	1025.10	828.50	197.83	980.06	86212
2014	2321.92	82.42	1131.81	918.93	214.13	1107.69	94896
2015	2478.08	87.68	1190.25	970.25	220.32	1200.15	99748
2016	2779.78	92.14	1317.18	1070.53	246.99	1370.46	111193
2017	3016.28	95.94	1399.32	1136.50	262.96	1521.02	119620
2018	3273.98	100.46	1501.52	1206.59	296.13	1672.00	127975
2019	3473.02	104.13	1555.33	1260.29	296.32	1813.56	133840
2020	3632.06	108.92	1588.77	1280.76	309.21	1934.37	138459

2－8　市区2011－2020年地区生产总值发展速度

（按可比价计算,以上年为100）　　单位:%

年　份	地　区生产总值	第一产业	第二产业	工　业	建筑业	第三产业	人均地区生产总值
2011	113.4	100.7	113.2	115.1	105.6	114.7	112.6
2012	111.7	104.3	112.0	111.8	112.7	112.1	111.4
2013	111.9	104.7	111.2	112.5	105.9	113.1	111.7
2014	111.2	103.4	109.6	110.1	107.7	113.3	109.8
2015	110.2	103.0	108.6	107.8	112.5	112.2	108.5
2016	108.5	100.2	107.1	107.2	106.5	110.5	107.8
2017	107.5	101.9	107.2	107.7	104.5	108.3	106.6
2018	106.5	110.9	103.7	104.8	99.3	108.9	105.0
2019	106.5	100.5	106.7	107.2	104.6	106.6	105.0
2020	103.6	102.9	103.8	104.3	101.2	103.4	102.4

2－9　宝应县2011－2020年地区生产总值

（按当年价格计算）　　单位：亿元

年　份	地　区 生产总值	第一产业	第二产业			第三产业	人均地区 生产总值 （元）
				工　业	建筑业		
2011	343.66	47.96	171.52	131.63	39.95	124.18	45684
2012	381.17	53.36	191.93	147.20	44.79	135.88	50718
2013	428.83	57.51	215.95	168.18	47.84	155.37	57116
2014	477.18	61.60	236.59	184.31	52.35	178.99	64702
2015	528.88	65.63	262.50	206.49	56.08	200.75	73461
2016	579.99	66.44	286.45	229.43	57.10	227.10	81163
2017	632.74	68.77	312.21	244.86	67.44	251.76	89093
2018	694.12	76.32	340.17	263.65	76.61	277.63	98877
2019	723.74	79.49	351.12	274.67	76.55	293.13	104225
2020	763.04	84.37	357.27	277.76	79.60	321.40	111101

2－10　宝应县2011－2020年地区生产总值发展速度

（按可比价计算，以上年为100）　　单位：%

年　份	地　区 生产总值	第一产业	第二产业			第三产业	人均地区 生产总值
				工　业	建筑业		
2011	112.0	104.2	113.6	113.9	112.5	112.8	116.9
2012	110.5	104.8	111.6	110.7	114.5	111.1	110.6
2013	112.4	104.0	112.8	112.8	112.8	114.6	112.5
2014	111.2	103.5	111.2	112.2	107.6	113.6	113.2
2015	110.7	103.7	111.1	110.8	112.2	112.0	113.4
2016	108.2	100.3	108.2	109.3	103.9	111.0	109.1
2017	108.1	103.1	107.0	107.6	104.6	111.1	108.8
2018	106.6	111.2	105.2	105.7	103.4	107.1	107.8
2019	106.4	100.6	106.8	107.4	104.4	107.6	107.6
2020	103.6	101.9	102.5	102.9	100.9	105.3	104.7

2－11　仪征市2011－2020年地区生产总值

（按当年价格计算）　　单位:亿元

年　份	地　区 生产总值	第一产业	第二产业	工　业	建筑业	第三产业	人均地区 生产总值 （元）
2011	381.91	15.52	234.61	201.06	33.55	131.78	67829
2012	424.31	16.65	254.83	217.35	37.48	152.83	75513
2013	470.04	18.82	280.39	240.22	40.17	170.83	83682
2014	520.79	20.33	308.32	264.19	44.13	192.14	93955
2015	565.56	22.29	330.77	286.24	44.56	212.50	103611
2016	627.50	23.36	353.03	303.26	50.11	251.11	115307
2017	703.13	23.28	383.49	328.62	55.90	296.36	129669
2018	752.38	22.24	406.50	344.55	62.75	323.64	139407
2019	791.72	23.03	423.03	361.02	62.87	345.66	147461
2020	815.05	23.64	429.58	365.11	65.44	361.83	152660

2－12　仪征市2011－2020年地区生产总值发展速度

（按可比价计算,以上年为100）　　单位:%

年　份	地　区 生产总值	第一产业	第二产业	工　业	建筑业	第三产业	人均地区 生产总值
2011	112.9	103.8	112.2	112.9	108.3	115.2	111.9
2012	111.7	103.1	112.3	111.8	115.2	111.9	111.9
2013	112.1	103.6	112.6	113.0	110.4	112.2	112.1
2014	111.3	108.6	111.5	111.3	112.5	111.3	112.8
2015	108.9	84.3	108.9	109.0	108.3	111.6	110.6
2016	109.3	100.0	104.9	103.5	114.2	117.3	109.7
2017	108.0	100.2	105.4	106.6	99.1	112.4	108.4
2018	106.6	98.4	105.7	106.2	102.3	108.4	107.1
2019	106.9	102.5	105.4	105.5	104.7	109.1	107.4
2020	103.4	103.6	103.1	103.5	100.9	103.6	103.9

2－13　高邮市 2011－2020 年地区生产总值

（按当年价格计算）　　单位:亿元

年　份	地　区生产总值	第一产业	第二产业	工　业	建筑业	第三产业	人均地区生产总值（元）
2011	371.56	47.18	180.33	144.41	36.01	144.05	50048
2012	412.80	52.35	200.72	160.04	40.77	159.73	55788
2013	468.53	58.77	228.22	182.74	45.57	181.54	63336
2014	527.54	62.72	255.84	204.85	51.08	208.98	71740
2015	562.37	66.34	273.80	220.22	53.67	222.23	76974
2016	631.25	69.59	310.43	244.31	66.21	251.23	86621
2017	689.33	74.09	336.49	265.18	71.40	278.75	94975
2018	758.26	80.95	372.90	290.66	82.33	304.41	105372
2019	810.60	86.15	397.73	314.98	82.85	326.72	113561
2020	838.18	90.17	410.73	320.54	90.27	337.28	117871

2－14　高邮市 2011－2020 年地区生产总值发展速度

（按可比价计算,以上年为 100）　　单位:%

年　份	地　区生产总值	第一产业	第二产业	工　业	建筑业	第三产业	人均地区生产总值
2011	112.3	104.0	112.0	112.7	108.9	115.5	113.1
2012	110.4	104.8	111.5	110.9	113.7	110.7	110.8
2013	112.5	105.0	114.2	114.0	115.2	112.4	112.5
2014	111.0	103.4	110.4	111.7	105.3	113.8	111.7
2015	108.1	110.5	108.3	108.2	108.7	107.4	108.8
2016	108.9	100.3	110.6	109.8	113.7	109.4	109.2
2017	108.2	103.7	108.1	108.3	107.2	109.6	108.6
2018	108.0	115.9	107.1	108.0	103.5	107.0	108.9
2019	106.8	103.2	110.0	111.1	105.2	103.8	107.6
2020	103.4	103.5	104.4	104.2	105.7	101.9	103.7

3

人口与劳动力

编辑:王敏　韩晓雪

3-1 主要年份分地区总人口

单位:万人

年份	全市	市区	#江都	宝应	仪征	高邮
1949	262.03	126.46	71.63	53.64	30.39	51.54
1950	265.24	127.68	72.82	54.40	30.84	52.32
1951	274.95	134.92	74.05	55.66	31.14	53.23
1952	278.49	135.07	75.37	57.76	31.47	54.19
1953	283.39	137.08	77.20	58.47	32.57	55.27
1954	288.09	137.74	78.40	59.85	33.73	56.77
1955	297.56	141.73	79.79	61.69	34.73	59.41
1956	305.47	144.39	81.45	64.38	35.51	61.19
1957	308.92	146.64	83.05	65.55	36.10	60.63
1958	307.63	143.48	79.51	65.22	36.24	62.69
1959	307.83	142.76	77.27	65.76	36.61	62.70
1960	291.27	138.69	72.37	59.97	34.71	57.90
1961	288.67	138.62	72.65	58.11	34.07	57.87
1962	292.70	141.15	74.56	59.15	34.66	57.74
1963	292.30	141.15	73.45	59.48	35.31	56.36
1964	294.83	142.76	74.08	60.08	35.87	56.12
1965	304.27	146.85	76.15	61.97	37.06	58.39
1966	313.68	150.89	78.58	64.06	38.42	60.31
1967	324.76	155.98	81.64	65.90	39.90	62.98
1968	335.66	160.11	84.38	68.95	41.32	65.28
1969	345.37	163.19	87.12	71.86	42.75	67.57
1970	356.37	167.57	90.02	74.54	43.83	70.43
1971	362.99	170.68	91.69	76.05	44.64	71.62
1972	369.10	173.10	93.05	77.28	45.45	73.27
1973	374.38	175.41	94.39	78.31	46.03	74.63
1974	379.07	177.69	95.57	79.24	46.56	75.58
1975	384.32	180.41	97.31	80.27	47.14	76.50
1976	388.85	182.73	98.69	81.20	47.65	77.27
1977	393.44	185.00	99.84	82.20	48.14	78.10
1978	398.43	187.50	100.90	83.24	48.84	78.85
1979	402.27	189.87	101.23	83.90	49.34	79.16
1980	406.00	191.38	101.93	84.32	50.80	79.50
1981	409.10	192.89	102.66	84.86	51.59	79.76
1982	413.18	194.91	103.57	85.57	52.51	80.19
1983	415.12	195.93	103.81	85.84	52.96	80.39
1984	416.56	196.67	103.91	85.99	53.35	80.55

3-1　续表　　　　单位:万人

年 份	全 市	市 区	#江 都	宝 应	仪 征	高 邮
1985	417.95	197.68	103.98	86.00	53.78	80.49
1986	420.56	198.97	104.22	86.41	54.48	80.70
1987	424.46	200.89	105.04	87.12	55.24	81.21
1988	428.60	202.91	105.83	87.93	55.99	81.77
1989	433.16	204.92	106.49	89.04	56.71	82.49
1990	436.50	206.58	107.26	89.81	57.15	82.96
1991	438.60	207.43	107.52	90.12	57.77	83.28
1992	439.91	208.06	107.11	90.62	58.06	83.17
1993	441.58	208.94	107.00	91.00	58.39	83.25
1994	442.83	210.03	106.81	91.15	58.57	83.08
1995	443.87	210.95	106.93	91.03	58.74	83.15
1996	444.87	211.94	106.94	90.66	59.09	83.18
1997	446.14	212.84	106.91	90.86	59.10	83.34
1998	446.59	213.35	106.92	90.89	59.13	83.22
1999	447.39	213.62	106.76	91.07	59.46	83.24
2000	450.62	216.12	107.56	91.56	59.55	83.39
2001	451.59	217.14	107.48	91.88	59.55	83.02
2002	452.22	217.98	107.22	91.73	59.35	83.16
2003	453.61	219.20	106.69	91.99	59.36	83.06
2004	454.29	220.31	106.46	91.99	59.28	82.71
2005	456.31	222.18	106.53	92.10	59.32	82.71
2006	458.64	223.66	106.85	92.54	59.71	82.73
2007	459.25	224.96	106.90	91.86	59.71	82.72
2008	459.79	228.63	106.84	91.97	56.80	82.40
2009	458.79	225.35	106.59	91.61	59.82	82.01
2010	459.12	229.14	106.65	91.38	56.52	82.08
2011	460.05	229.94	106.86	91.42	56.62	82.06
2012	458.42	230.13	106.88	90.31	56.24	81.74
2013	459.84	230.88	106.93	90.72	56.42	81.82
2014	461.34	231.84	106.90	91.13	56.56	81.81
2015	461.12	231.92	106.26	91.16	56.45	81.58
2016	461.67	232.47	105.94	91.25	56.47	81.48
2017	459.98	233.01	105.21	89.49	56.30	81.18
2018	458.83	233.22	104.47	88.76	56.03	80.82
2019	457.14	233.18	103.74	87.97	55.72	80.27
2020	454.71	232.72	102.70	87.02	55.32	79.65

3－2　主要年份分地区女性人口

单位:万人

年份	全市	市区	#江都	宝应	仪征	高邮
1949	133.57	65.43	37.21	27.23	15.17	25.74
1950	135.55	66.25	38.14	27.64	15.46	26.20
1951	141.77	70.96	39.16	28.34	15.62	26.85
1952	143.18	70.72	40.05	29.51	15.95	27.00
1953	149.10	73.83	42.41	30.53	16.67	28.07
1954	147.59	72.02	41.37	30.38	16.84	28.35
1955	152.06	73.56	41.79	31.34	17.41	29.75
1956	157.36	75.88	43.07	32.80	17.81	30.87
1957	158.85	76.90	44.13	33.49	18.25	30.21
1958	160.58	76.13	42.66	34.06	18.55	31.84
1959	158.74	74.38	41.17	33.87	18.53	31.96
1960	150.95	72.74	38.91	30.84	17.62	29.75
1961	149.98	73.08	39.05	29.99	17.25	29.66
1962	151.62	74.03	39.63	30.61	17.39	29.59
1963	151.37	74.46	39.60	30.60	17.70	28.61
1964	148.84	72.70	38.01	30.39	17.72	28.03
1965	153.85	74.86	39.21	31.39	18.41	29.19
1966	158.60	76.96	40.46	32.34	19.05	30.25
1967	163.69	79.25	41.81	33.19	19.83	31.42
1968	169.01	81.27	43.11	34.66	20.54	32.54
1969	174.04	82.95	44.41	36.17	21.26	33.66
1970	179.48	85.08	45.80	37.49	21.76	35.15
1971	182.76	86.67	46.73	38.23	22.13	35.73
1972	185.59	87.78	47.40	38.79	22.50	36.52
1973	188.13	88.88	48.00	39.21	22.87	37.17
1974	190.28	89.82	48.59	39.65	23.12	37.69
1975	192.38	90.78	49.18	40.08	23.38	38.14
1976	191.43	88.90	46.79	40.49	23.57	38.47
1977	196.34	92.73	50.16	40.91	23.81	38.89
1978	198.63	93.91	50.75	41.43	24.10	39.19
1979	200.11	94.80	50.67	41.69	24.28	39.34
1980	202.02	95.69	51.28	42.01	24.81	39.51
1981	202.63	96.02	51.22	42.17	25.04	39.40
1982	204.08	96.77	51.70	42.36	25.43	39.52
1983	204.91	97.26	51.82	42.40	25.64	39.61
1984	205.54	97.53	51.86	42.45	25.84	39.72

3-2 续表

单位:万人

年份	全市	市区	#江都	宝应	仪征	高邮
1985	206.06	97.90	51.83	42.48	26.00	39.68
1986	207.10	98.41	51.96	42.64	26.33	39.72
1987	208.84	99.25	52.29	42.97	26.64	39.98
1988	210.78	100.15	52.69	43.39	27.12	40.12
1989	212.72	100.89	52.79	43.88	27.40	40.55
1990	214.56	101.83	53.24	44.24	27.61	40.88
1991	215.40	102.10	53.29	44.31	27.92	41.07
1992	216.01	102.32	52.94	44.52	28.05	41.12
1993	216.28	102.50	52.75	44.62	28.15	41.01
1994	197.27	83.22	52.68	44.77	28.27	41.01
1995	218.30	103.78	52.70	45.02	28.42	41.08
1996	219.21	104.44	52.82	44.89	28.63	41.25
1997	219.62	105.03	52.90	44.60	28.60	41.39
1998	220.09	105.43	52.93	44.68	28.61	41.37
1999	220.48	105.72	52.83	44.72	28.84	41.20
2000	222.45	106.83	53.14	45.11	28.94	41.57
2001	222.95	107.40	53.12	45.28	29.01	41.26
2002	223.77	108.25	53.14	45.20	28.89	41.42
2003	224.61	108.85	52.83	45.38	28.99	41.39
2004	224.97	109.43	52.73	45.45	28.96	41.13
2005	225.95	110.37	52.75	45.52	29.03	41.03
2006	227.52	111.24	53.02	45.69	29.28	41.31
2007	228.38	112.20	53.14	45.46	29.35	41.37
2008	228.79	114.11	53.11	45.51	27.92	41.26
2009	228.53	112.58	53.04	45.34	29.51	41.10
2010	228.91	114.68	53.15	45.20	27.89	41.15
2011	229.60	115.26	53.31	45.20	27.98	41.16
2012	228.40	115.47	53.36	44.44	27.78	40.71
2013	229.56	115.96	53.43	44.66	27.93	41.02
2014	230.53	116.58	53.45	44.88	28.04	41.04
2015	230.67	116.76	53.17	44.93	28.02	40.96
2016	231.12	117.15	53.05	44.99	28.07	40.92
2017	230.49	117.55	52.71	44.12	28.04	40.78
2018	230.13	117.82	52.39	43.76	27.93	40.62
2019	229.41	117.88	52.04	43.38	27.80	40.35
2020	228.42	117.77	51.55	42.94	27.63	40.08

3-3 主要年份人口出生率

单位:‰

年份	全市	市区	#江都	宝应	仪征	高邮
1954	41.45	41.08	50.43	40.00	40.81	34.79
1955	33.31	30.77	33.69	32.62	33.24	33.55
1956	36.81	33.46	36.13	38.75	41.19	37.00
1957	36.27	34.28	35.41	40.33	34.39	36.73
1958	23.86	23.87	23.48	27.01	23.74	20.92
1959	22.58	21.82	23.42	26.76	19.07	20.12
1960	13.86	18.35	16.43	10.01	12.55	12.80
1961	12.84	14.57	12.00	12.35	11.69	13.16
1962	28.55	25.49	24.15	36.63	30.88	25.18
1963	34.28	35.09	30.90	36.50	41.20	28.70
1964	39.36	34.48	39.00	38.60	39.20	43.80
1965	41.39	33.96	41.90	44.10	40.20	45.20
1966	38.45	31.51	39.98	42.23	40.64	39.30
1967	38.42	30.06	40.19	41.36	38.70	41.49
1968	38.89	32.14	39.20	46.48	37.91	39.63
1969	37.10	31.13	38.35	42.11	37.22	38.01
1970	31.65	28.02	32.20	37.50	29.60	32.60
1971	27.02	23.41	27.24	29.28	25.06	29.86
1972	24.25	17.73	23.86	26.26	24.46	28.85
1973	20.11	16.19	21.10	20.73	19.92	21.91
1974	18.52	15.84	19.83	20.00	18.63	18.17
1975	18.34	16.93	19.75	19.60	17.54	17.24
1976	17.33	16.28	18.81	18.84	15.30	15.95
1977	17.42	15.61	17.91	19.18	16.47	16.74
1978	17.42	14.94	17.01	20.11	18.13	15.65
1979	16.31	14.93	16.67	18.34	17.59	14.45
1980	14.04	13.66	15.41	13.08	16.26	12.33
1981	13.78	14.97	14.35	13.26	15.03	10.75
1982	13.18	14.51	13.20	12.44	16.25	10.38
1983	10.05	11.30	9.50	10.19	11.11	8.49
1984	9.07	9.39	8.32	8.13	10.43	8.54
1985	9.48	9.99	8.52	8.42	10.92	8.74
1986	11.87	11.90	10.77	11.26	12.54	11.32

单位:‰

年份	全市	市区	#江都	宝应	仪征	高邮
1987	13.85	13.48	13.65	13.99	14.29	13.36
1988	13.16	13.55	12.94	13.70	13.39	12.11
1989	15.23	14.54	14.55	16.06	16.17	14.44
1990	14.93	13.76	15.24	16.25	15.56	14.48
1991	12.75	11.23	11.99	14.63	14.27	13.01
1992	11.18	10.30	10.40	11.83	12.31	11.30
1993	10.47	9.84	9.66	11.04	12.81	9.87
1994	9.72	9.85	9.29	9.90	11.35	9.31
1995	9.84	9.96	10.10	9.54	10.01	10.40
1996	9.22	10.10	9.65	8.30	10.55	9.13
1997	9.23	9.90	9.14	9.77	8.52	8.84
1998	9.05	9.51	9.24	8.91	10.41	8.37
1999	8.47	8.81	8.53	8.52	9.19	8.20
2000	9.63	10.09	10.06	11.38	9.39	8.14
2001	7.86	8.03	8.42	8.15	7.93	7.03
2002	8.36	8.29	8.73	8.08	7.45	9.47
2003	7.53	8.85	9.09	3.88	6.49	8.84
2004	8.93	9.17	9.71	9.73	7.51	8.43
2005	10.19	9.77	9.66	11.02	10.94	9.77
2006	6.92	6.84	6.86	7.09	6.78	7.08
2007	8.07	7.69	7.29	8.77	7.90	8.45
2008	7.58	7.63	6.54	8.01	7.17	7.28
2009	7.18	7.49	7.02	8.25	7.26	5.08
2010	7.72	8.05	7.52	9.09	7.23	5.79
2011	7.87	8.28	7.14	8.78	8.10	6.31
2012	8.79	8.86	7.96	9.26	8.96	7.97
2013	8.74	8.76	7.59	9.64	9.43	7.22
2014	8.91	8.89	7.66	9.43	9.75	7.75
2015	8.95	8.85	7.60	9.31	9.11	8.71
2016	8.66	8.62	7.42	8.72	9.38	8.24
2017	9.87	12.16	7.73	10.02	10.19	9.96
2018	8.13	7.92	6.14	8.55	8.21	8.21
2019	6.45	6.51	5.15	6.44	6.67	6.12
2020	6.52	6.57	5.38	6.25	6.63	6.57

3－4　主要年份人口死亡率

单位:‰

年　份	全　市	市　区	#江　都	宝　应	仪　征	高　邮
1954	16.94	16.55	21.70	17.56	13.26	14.06
1955	15.13	13.88	16.45	15.17	11.04	15.56
1956	13.59	12.56	14.96	13.77	13.67	12.84
1957	13.42	12.58	14.67	13.76	7.19	14.91
1958	12.84	11.92	13.91	14.39	8.39	13.48
1959	21.32	23.49	27.61	16.07	21.96	19.53
1960	40.06	28.84	36.95	53.38	35.27	40.99
1961	19.98	19.47	22.87	17.61	20.53	20.20
1962	13.06	12.37	12.89	15.52	9.19	13.57
1963	10.77	10.02	10.40	13.60	8.30	11.20
1964	10.52	9.58	10.40	12.30	8.30	10.10
1965	10.00	8.68	9.50	12.40	7.10	9.90
1966	7.67	7.22	7.29	9.62	6.05	7.09
1967	8.13	7.11	7.77	10.24	6.15	7.82
1968	8.99	7.72	8.90	9.27	7.08	8.91
1969	6.54	6.80	6.18	7.98	5.28	5.94
1970	6.54	6.97	6.60	7.60	5.90	5.60
1971	7.12	6.95	7.09	8.70	5.87	6.36
1972	6.88	6.71	6.58	8.47	6.04	6.58
1973	6.46	6.18	6.30	7.47	5.80	5.96
1974	6.51	6.49	6.37	7.49	5.96	6.04
1975	6.34	6.49	6.39	7.28	5.73	5.79
1976	6.33	6.64	6.46	7.04	5.59	5.80
1977	6.33	6.48	6.04	7.17	5.69	5.92
1978	6.07	6.26	5.93	6.91	5.40	5.74
1979	5.86	5.71	5.64	6.90	5.24	5.48
1980	6.75	6.41	6.68	7.09	6.95	6.27
1981	6.19	6.10	6.14	6.52	5.71	6.11
1982	5.67	5.72	5.69	6.05	5.32	5.42
1983	6.00	5.94	6.02	6.54	5.45	5.93
1984	6.13	5.93	6.09	6.34	5.51	6.00
1985	6.22	5.98	6.19	6.66	5.53	6.21
1986	6.24	6.02	6.33	6.31	5.85	6.27

3-4 续表

单位:‰

年份	全市	市区	#江都	宝应	仪征	高邮
1987	6.20	5.86	6.31	6.36	6.13	6.03
1988	6.74	6.42	6.67	7.06	6.36	6.93
1989	6.13	5.64	6.15	6.44	5.81	6.21
1990	6.71	6.09	6.69	6.90	6.20	7.12
1991	6.45	6.06	6.51	6.72	5.72	6.71
1992	6.86	6.49	7.17	7.34	6.06	7.05
1993	6.51	6.02	6.61	6.81	6.12	6.57
1994	6.73	6.22	7.08	7.20	6.07	6.84
1995	6.82	6.18	7.17	7.08	5.89	7.43
1996	6.95	6.29	7.34	7.20	6.77	7.39
1997	6.66	6.00	6.96	6.87	5.93	6.90
1998	7.14	6.85	7.39	7.04	6.84	7.43
1999	6.44	6.06	7.12	6.58	4.99	6.68
2000	7.56	6.89	7.53	7.79	8.22	7.40
2001	6.43	6.79	7.39	6.40	5.08	6.47
2002	6.23	6.81	7.48	5.24	4.92	6.73
2003	6.40	7.54	8.08	4.10	4.55	7.26
2004	8.43	7.49	8.41	10.96	8.78	7.84
2005	6.39	7.10	7.69	4.46	3.67	8.50
2006	5.55	6.37	6.64	4.05	3.55	6.39
2007	8.92	6.76	7.30	13.82	9.82	8.70
2008	6.39	7.02	7.61	5.37	4.42	7.12
2009	8.86	7.97	9.00	10.34	10.49	8.53
2010	9.35	8.08	9.77	12.97	9.37	8.36
2011	7.62	6.83	7.55	8.72	7.44	8.22
2012	10.15	8.76	10.07	13.20	11.50	9.72
2013	7.07	7.47	8.29	5.48	7.36	7.50
2014	6.65	6.98	7.74	4.13	7.96	7.55
2015	7.15	7.66	8.52	4.64	7.69	8.15
2016	6.74	7.36	8.41	4.32	6.80	7.62
2017	11.48	10.81	10.12	22.33	8.76	9.38
2018	8.27	7.91	8.79	9.53	7.67	8.37
2019	7.35	7.10	8.00	7.75	7.03	7.84
2020	8.91	8.55	9.71	9.43	8.70	9.53

3－5 主要年份人口自然增长率

单位：‰

年 份	全 市	市 区	#江 都	宝 应	仪 征	高 邮
1954	24.28	24.54	28.73	22.44	27.55	19.73
1955	18.38	16.89	17.24	17.45	22.2	18.99
1956	23.22	20.90	21.17	24.98	27.52	24.16
1957	22.84	21.70	20.74	26.57	27.2	21.82
1958	11.02	11.95	9.57	12.62	15.35	7.44
1959	1.26	－1.67	－4.19	10.69	－2.89	0.59
1960	－26.21	－10.48	－20.52	－43.37	－22.72	－28.19
1961	－7.14	－4.90	－10.87	－5.26	－8.84	－7.04
1962	15.49	13.11	11.26	21.11	21.69	11.61
1963	23.51	25.07	20.5	22.9	32.9	17.5
1964	28.84	24.90	28.6	26.3	30.9	33.7
1965	31.39	25.28	32.4	31.7	33.1	35.3
1966	30.78	24.28	32.69	32.61	34.59	32.21
1967	30.29	22.95	32.42	31.12	32.55	33.67
1968	29.9	24.43	30.3	37.21	30.83	30.72
1969	30.56	24.34	32.17	34.13	31.94	32.07
1970	25.1	21.05	25.6	29.9	23.7	27
1971	19.9	16.46	20.15	20.58	19.19	23.5
1972	17.37	11.03	17.28	17.79	18.42	22.27
1973	13.65	10.02	14.8	13.26	14.12	15.95
1974	12.01	9.36	13.46	12.51	12.67	12.13
1975	12	10.44	13.36	12.32	11.81	11.45
1976	11	9.63	12.35	11.8	9.71	10.15
1977	11.09	9.14	11.87	12.01	10.78	10.82
1978	11.36	8.67	11.08	13.2	12.73	9.91
1979	10.45	9.22	11.03	11.44	12.35	8.97
1980	7.29	7.25	8.73	5.99	9.31	6.06
1981	7.59	8.87	8.21	6.74	9.32	4.64
1982	7.51	8.79	7.51	6.39	10.93	4.96
1983	4.05	5.36	3.48	3.65	5.66	2.56
1984	2.94	3.46	2.23	1.79	4.92	2.54
1985	3.27	4.00	2.33	1.76	5.39	2.53
1986	5.62	5.88	4.44	4.95	6.69	5.05

3-5 续表

单位:‰

年份	全市	市区	#江都	宝应	仪征	高邮
1987	7.66	7.63	7.34	7.63	8.16	7.33
1988	6.42	7.13	6.27	6.64	7.03	5.18
1989	9.1	8.90	8.4	9.62	10.36	8.23
1990	8.22	7.67	8.55	9.35	9.36	7.36
1991	6.3	5.18	5.48	7.91	8.55	6.3
1992	4.32	3.81	3.23	4.49	6.25	4.25
1993	3.95	3.82	3.05	4.23	6.69	3.3
1994	2.99	3.63	2.21	2.7	5.28	2.47
1995	3.02	3.78	2.93	2.46	4.12	2.97
1996	2.27	3.81	2.31	1.1	3.78	1.74
1997	2.57	3.91	2.18	2.9	2.59	1.94
1998	1.91	2.66	1.85	1.87	3.57	0.94
1999	2.03	2.75	1.41	1.94	4.2	1.52
2000	2.07	3.20	2.53	3.59	1.18	0.73
2001	1.43	1.25	1.04	1.75	2.84	0.55
2002	2.13	1.48	1.25	2.84	2.53	2.74
2003	1.13	1.31	1.01	-0.23	1.94	1.59
2004	0.5	1.68	1.3	-1.23	-1.27	0.59
2005	3.81	2.66	1.97	6.56	7.27	1.27
2006	1.37	0.47	0.21	3.03	3.23	0.69
2007	-0.85	0.93	-0.01	-5.05	-1.92	-0.25
2008	1.19	0.61	-1.08	2.64	2.74	0.16
2009	-1.68	-0.49	-1.98	-2.09	-3.23	-3.45
2010	-1.63	-0.04	-2.25	-3.89	-2.14	-2.56
2011	0.25	1.45	-0.41	0.07	0.66	-1.91
2012	-1.36	0.1	-2.11	-3.93	-2.54	-1.75
2013	1.67	1.29	-0.69	4.16	2.06	-0.28
2014	2.26	1.91	-0.08	5.3	1.8	0.2
2015	1.8	1.19	-0.92	4.67	1.42	0.56
2016	1.92	1.26	-0.99	4.4	2.58	0.62
2017	-1.61	1.35	-2.39	-12.31	1.43	0.58
2018	-0.14	0.01	-2.65	-0.98	0.54	-0.16
2019	-0.9	-0.59	-2.85	-1.31	-0.36	-1.72
2020	-2.39	-1.97	-4.33	-3.18	-2.07	-2.96

3－6 分地区人口数及构成

（2020 年）

单位：人

地 区	总人口			性别比
	合计	男	女	
全 市	**4547096**	**2262907**	**2284189**	**99.07**
市 区	2327181	1149366	1177815	97.58
广陵	490660	241162	249498	96.66
邗江	809562	396790	412772	96.13
江都	1026959	511414	515545	99.20
宝 应	870240	440879	429361	102.68
仪 征	553199	276949	276250	100.25
高 邮	796476	395713	400763	98.74

3－7 分地区人口自然变动

（2020）

单位：人

地 区	出 生		死 亡		自然增长	
	人 数	‰	人 数	‰	人 数	‰
全 市	**29637**	**6.52**	**40493**	**8.91**	**－10856**	**－2.39**
市 区	15299	6.57	19886	8.55	－4587	－1.98
广陵	3150	6.42	4365	8.90	－1215	－2.48
邗江	6621	8.18	5551	6.86	1070	1.32
江都	5528	5.38	9970	9.71	－4442	－4.33
宝 应	5437	6.25	8203	9.43	－2766	－3.18
仪 征	3668	6.63	4813	8.70	－1145	－2.07
高 邮	5233	6.57	7591	9.53	－2358	－2.96

3－8 分地区户数、平均人口及人口密度

（2020 年）

地 区	户 数 （户）	平均每户 人 数 （人）	年 平 均 人 口 （人）	人 口 密 度 （人/平方公里）
全 市	**1476394**	**3.08**	**4559264**	**690**
市 区	778435	2.99	2329555	991
广陵	170894	2.87	491716	1465
邗江	266116	3.04	805640	1184
江都	341425	3.01	1032200	772
宝 应	265590	3.28	874954	595
仪 征	181969	3.04	555181	644
高 邮	250400	3.18	799574	414

3－9　主要年份从业人员

（2020）

单位:万人

年　份	乡　村 就业人员	在岗职工 人　数	国　有	集　体	其它所有制
1978	142.37	37.72	19.09	18.63	
1979	138.17	36.92	20.83	16.09	
1980	139.43	40.04	23.02	17.02	
1981	141.08	42.49	24.89	17.60	
1982	147.82	44.96	27.25	17.71	
1983	151.51	46.12	28.26	17.86	
1984	158.78	48.55	27.47	21.02	0.06
1985	166.74	51.39	29.31	22.02	0.06
1986	169.18	54.16	30.95	23.14	0.07
1987	171.22	55.93	31.84	23.67	0.42
1988	174.25	58.20	33.52	24.19	0.49
1989	176.86	57.63	32.94	24.15	0.54
1990	182.66	58.28	33.11	24.52	0.65
1991	182.05	59.65	34.03	24.75	0.87
1992	179.06	60.14	35.27	23.82	1.05
1993	179.67	60.95	37.35	21.50	2.10
1994	185.17	61.14	35.68	21.08	4.38
1995	184.14	63.00	37.00	22.00	4.00
1996	182.22	61.67	36.17	20.06	5.43
1997	182.49	60.36	36.23	18.65	5.48
1998	178.68	51.91	31.26	13.74	6.91
1999	172.27	48.28	29.27	11.99	7.03
2000	166.67	45.25	27.24	9.61	8.40
2001	162.77	41.04	24.02	7.41	9.61
2002	160.26	38.31	20.96	5.21	12.15
2003	163.16	35.65	19.76	3.99	11.90
2004	164.62	33.48	18.43	3.20	11.85
2005	165.31	34.73	18.10	2.87	13.75
2006	166.05	34.73	17.72	2.71	14.30
2007	167.27	35.73	17.79	2.58	15.36
2008	166.90	35.88	16.78	2.86	16.24
2009	169.20	37.14	16.94	2.74	17.46
2010	177.14	38.16	16.94	2.75	17.47
2011	181.05	40.68	18.95	2.89	18.84
2012	180.62	41.33	18.35	2.96	20.02
2013	180.78	84.39	16.94	2.02	65.43
2014	182.48	89.42	17.19	2.49	69.74
2015	180.65	85.18	17.05	2.40	65.73
2016	181.45	96.89	16.80	2.28	77.81
2017	181.66	92.98	15.93	2.21	74.84
2018	180.59	89.99	17.66	1.44	70.89
2019	179.51	81.00	12.89	1.96	66.15
2020	180.89	81.20	16.20	2.67	62.32

3－10 分行业城镇非私营单位在岗职工平均人数

（2020 年）

单位：人

项目	合计	国有经济	集体经济	其他经济
总计	**793397**	**165808**	**26949**	**600640**
农、林、牧、渔业	532	326	126	80
采矿业	25	19	0	6
制造业	157649	3179	3005	151465
电力、热力、燃气及水生产和供应业	5995	184	102	5709
建筑业	385118	31004	1077	353037
批发和零售业	21156	1530	794	18832
交通运输、仓储和邮政业	20320	4460	1050	14810
住宿和餐饮业	7765	393	106	7266
信息传输、软件和信息技术服务业	8268	1954	6	6308
金融业	9594	1395	272	7927
房地产业	11724	1358	106	10260
租赁和商务服务业	19067	6927	1345	10795
科学研究、技术服务业	9135	4289	739	4107
水利、环境和公共设施管理业	5387	3198	716	1473
居民服务、修理和其他服务业	1616	521	403	692
教育	51859	35817	12151	3891
卫生和社会工作	27481	22956	2526	1999
文化、体育和娱乐业	3864	1780	336	1748
公共管理、社会保障和社会组织	46842	44518	2089	235

3－11　分行业城镇非私营单位在岗职工工资总额

（2020 年）　　单位：千元

项　目	合　计	国有经济	集体经济	其他经济
总　计	**69718968**	**19317072**	**2605017**	**47796879**
农、林、牧、渔业	34415	23375	6902	4138
采矿业	4333	4018	0	315
制造业	12348257	283425	155051	11909781
电力、热力、燃气及水生产和供应业	713555	17394	6791	689370
建筑业	30115900	1928224	66346	28121330
批发和零售业	1292381	177172	58239	1056970
交通运输、仓储和邮政业	1695914	507022	55185	1133707
住宿和餐饮业	399946	17604	3503	378839
信息传输、软件和信息技术服务业	797936	179112	361	618463
金融业	1204208	198152	22917	983139
房地产业	956374	87473	9556	859345
租赁和商务服务业	1303930	374540	76030	853360
科学研究、技术服务业	927485	472850	57159	397476
水利、环境和公共设施管理业	487265	362822	46125	78318
居民服务、修理和其他服务业	102279	40574	23303	38402
教育	6891781	4964802	1550808	376171
卫生和社会工作	3440671	3036275	244429	159967
文化、体育和娱乐业	345820	189401	34139	122280
公共管理、社会保障和社会组织	6656518	6452837	188173	15508

3－12 分行业城镇非私营单位在岗职工平均工资

（2020年） 单位：元

项　　目	合　计	国有经济	集体经济	其他经济
总　计	**87874**	**116503**	**96665**	**79577**
农、林、牧、渔业	64690	71702	54778	51725
采矿业	173320	211474		52500
制造业	78328	89155	51598	78631
电力、热力、燃气及水生产和供应业	119025	94533	66578	120751
建筑业	78199	62193	61603	79655
批发和零售业	61088	115799	73349	56126
交通运输、仓储和邮政业	83460	113682	52557	76550
住宿和餐饮业	51506	44794	33047	52139
信息传输、软件和信息技术服务业	96509	91664	60167	98044
金融业	125517	142044	84254	124024
房地产业	81574	64413	90151	83757
租赁和商务服务业	68387	54070	56528	79051
科学研究、技术服务业	101531	110247	77346	96780
水利、环境和公共设施管理业	90452	113453	64420	53169
居民服务、修理和其他服务业	63291	77877	57824	55494
教育	132895	138616	127628	96677
卫生和社会工作	125202	132265	96765	80024
文化、体育和娱乐业	89498	106405	101604	69954
公共管理、社会保障和社会组织	142106	144949	90078	65991

3－13　城镇非私营单位从业人员平均工资

（2020 年）　　单位:元

项　　目	合　计	国有经济	集体经济	其他经济
总　计	**86828**	**113779**	**95286**	**79065**
农、林、牧、渔业	50556	49245	55264	51775
采矿业	173480	211684		52500
制造业	78110	89020	51634	78399
电力、热力、燃气及水生产和供应业	115707	93876	56080	117740
建筑业	77500	60668	60445	78999
批发和零售业	61055	115618	73184	56166
交通运输、仓储和邮政业	82451	110698	52625	75733
住宿和餐饮业	50794	44837	33075	51354
信息传输、软件和信息技术服务业	96520	91494	60167	98120
金融业	125182	139622	84327	123932
房地产业	81429	64138	80664	83632
租赁和商务服务业	66807	50583	53109	79895
科学研究、技术服务业	101827	110794	77419	96106
水利、环境和公共设施管理业	87266	107972	62115	53510
居民服务、修理和其他服务业	63002	76650	57878	55465
教育	130980	135956	127309	95641
卫生和社会工作	123450	130474	94610	79614
文化、体育和娱乐业	86651	102174	101209	68082
公共管理、社会保障和社会组织	139134	141736	89824	66055

4

固定资产投资和建筑业

编辑:顾鸿浩　钱小军　毛媛慧　任往军

4－1　主要年份固定资产投资主要指标比上年增长情况

单位:%

年　份	投资完成额	新增固定资产	房屋竣工面积	#住宅竣工面积
1979	38.8	29.6	24.5	34.0
1980	124.1	87.9	37.6	34.3
1981	-6.7	3.4	4.3	14.4
1982	79.1	39.9	19.0	23.3
1983	54.7	23.0	12.0	8.7
1984	24.8	95.5	219.6	289.9
1985	17.1	122.5	16.1	35.5
1986	22.9	-22.0	-8.7	-17.7
1987	23.8	17.2	-27.1	-25.8
1988	1.4	43.2	-7.8	-13.7
1989	9.1	-14.2	23.5	30.2
1990	2.5	34.4	-5.7	-10.2
1991	18.6	-8.8	-0.3	12.0
1992	25.8	18.1	-26.0	-29.8
1993	76.1	48.4	141.1	88.7
1994	70.2	57.6	-36.6	-22.4
1995	10.3	64.5	7.9	11.0
1996	11.9	2.7	-12.9	-16.6
1997	4.1	-17.5	4.0	3.5
1998	10.3	26.0	5.6	4.2
1999	-10.1	25.1	-4.2	-0.8
2000	11.7	10.5	-1.4	-4.1
2001	12.4	-16.0	-0.8	-4.5
2002	25.1	13.6	0.0	-5.3
2003	37.1	27.7	1.1	4.7
2004	33.6	49.9	22.1	7.7
2005	24.2	26.4	16.2	-2.0
2006	30.1	4.7	-21.7	-28.3
2007	34.6	36.7	6.4	1.4
2008	32.3	26.5	-16.0	7.8
2009	12.0	25.4	49.4	30.1
2010	25.2	37.1	15.2	-9.8
2011	10.8	13.0	-18.6	-4.0
2012	20.9	38.1	118.8	56.6
2013	20.3	-22.0	19.8	1.6
2014	19.3	36.1	1.9	-19.9
2015	18.2	32.3	-39.3	-11.6
2016	15.3	-12.6	-19.5	16.7
2017	12.2	42.9	-17.5	-10.8
2018	11.0	2.3	-18.6	-19.2
2019	6.1	-38.6	-25.5	-33.9
2020	-1.5	89.1	128.1	124.8

注:2018年起新增固定资产统计范围由计划总投资500万元及以上调整为5000万元及以上项目;2020年起竣工面积统计范围调整为房地产开发项目。

4－2　1979－2020年各地区固定资产投资比上年增长情况

单位:%

年份	全市	市区	开发区	广陵	邗江	江都	宝应	仪征	高邮
1979	38.8	45.3			68.3	117.2	177.2	-27.3	119.0
1980	124.1	72.8			62.1	129.7	-11.6	1487.4	86.8
1981	-6.7	-6.7			-68.7	-34.7	-28.0	-24.2	-23.1
1982	79.1	36.5			115.9	84.1	123.3	195.5	101.0
1983	54.7	12.0			25.2	-5.8	45.0	116.8	-22.2
1984	24.8	-14.9			-27.2	36.5	-6.4	-30.3	40.4
1985	17.1	43.8			99.1	46.2	171.5	-26.5	120.7
1986	22.9	184.4			769.0	822.4	14.3	67.8	38.3
1987	23.8	28.4			54.9	-6.8	56.7	43.2	30.4
1988	1.4	17.8			14.1	25.1	30.7	-12.1	13.9
1989	9.1	10.9			7.1	39.3	-32.1	11.6	-53.3
1990	2.5	-5.2			-15.6	-4.5	100.4	13.1	68.9
1991	18.6	35.8			40.7	32.6	36.4	-15.9	8.4
1992	25.8	27.8			40.4	-9.9	26.9	10.7	101.5
1993	76.1	64.4			106.4	23.5	48.7	90.2	195.5
1994	70.2	49.0			15.8	87.0	41.0	209.1	21.0
1995	10.3	23.0			33.1	5.2	29.7	-4.5	-16.3
1996	11.9	32.7			-14.2	-8.3	15.9	-42.5	119.2
1997	4.1	24.6			41.3	-9.4	-2.1	-27.7	8.9
1998	10.3	5.2			-1.2	25.3	12.0	37.9	19.9
1999	-10.1	-7.8			17.7	19.8	14.4	-45.1	7.0
2000	11.7	8.8			13.8	13.4	9.9	37.6	13.4
2001	12.4	6.7		19.7	14.4	10.7	10.3	53.1	12.5
2002	25.1	22.7		71.7	21.2	20.4	15.7	45.6	20.1
2003	37.1	43.0		52.5	42.9	41.1	27.9	18.6	33.8
2004	33.6	31.2		45.4	51.0	50.5	46.5	34.9	40.1
2005	24.2	14.1		42.5	30.9	39.5	63.3	40.1	41.3
2006	30.1	31.6		30.2	23.7	24.7	38.6	20.3	27.7
2007	34.6	30.8		41.8	40.2	46.1	37.3	42.3	43.7
2008	32.3	30.3	62.7	49.0	29.8	35.5	30.3	34.7	41.6
2009	12.0	12.5	13.3	15.1	11.4	12.5	10.2	10.0	12.9
2010	25.2	26.8	27.0	26.1	26.8	26.9	26.5	16.8	26.9
2011	10.8	11.0	13.3	91.2	27.8	11.7	13.0	6.3	13.7
2012	20.9	21.1	21.2	21.1	21.0	21.0	20.8	21.0	21.2
2013	20.3	20.9	20.5	28.1	14.7	20.8	20.5	20.1	20.7
2014	19.3	19.6	19.8	19.7	19.6	19.6	19.5	19.3	19.6
2015	18.2	18.5	17.9	17.9	18.7	19.0	20.3	19.6	20.0
2016	15.3	15.4	15.6	15.3	15.4	15.5	15.1	15.2	15.4
2017	12.2	7.3	-14.0	-24.9	27.9	17.4	18.9	16.8	23.6
2018	11.0	8.4	12.1	13.1	16.7	-2.3	11.6	15.5	16.0
2019	6.1	5.4	9.5	10.3	11.6	0.2	9.5	9.1	10.0
2020	-1.5	-1.3	2.1	23.9	3.3	-22.5	4.8	-16.2	7.6

4－3 各地区固定资产投资比上年增长情况(2020年)

单位:%

地区	总计	项目投资	工业投资	房地产开发
全 市	**－1.5**	**－8.5**	**－31.4**	**19.8**
开发区	2.1	－12.5	－4.9	43.2
广 陵	23.9	30.3	－12.5	15.2
邗 江	3.3	－4.8	－40.9	15.5
江 都	－22.5	－33.7	－59.9	36.3
宝 应	4.8	－1.7	－10.0	59.9
仪 征	－16.2	－15.8	－40.7	－17.2
高 邮	7.6	0.6	－11.8	64.0

4－4　房地产开发投资完成额

（2020 年）　　　　单位：万元

项　　　目	全　市	市　区	开发区	广　陵	邗　江	江　都
本年完成投资	**8339652**	**5972592**	**634866**	**1370794**	**2884420**	**1082512**
一、按登记注册类型分						
内资企业	7507001	5297743	516875	1232805	2554595	993468
国有企业	78984	43683		20516		23167
集体企业						
有限责任公司	3271777	2569605	459570	384529	1290546	434960
股份有限公司	255950	218372		35030	171902	11440
私营企业	3900290	2466083	57305	792730	1092147	523901
港、澳、台商投资企业	633947	477563	34476	137989	216054	89044
与港澳台商合资经营企业	427958	286426	33750	71000	163545	18131
港澳台商独资经营企业	198886	184034	726	66989	45406	70913
港澳台商投资股份有限公司	7103	7103			7103	
外商投资企业	198704	197286	83515		113771	
中外合资经营企业	198704	197286	83515		113771	
二、按资质等级分						
一级	124443	124443			124443	
二级	1670850	904522		112324	465127	327071
三级	266873	132845	5		96226	36614
四级						
暂定	5526693	4340214	634861	1096190	1965605	643558
其他	750793	470568		162280	233019	75269
三、按构成分						
建筑工程	4971397	3177885	278223	628891	1661863	608908
安装工程	559255	414576	11870	53376	229752	119578
设备工器具购置	194484	160742	3403	15367	97301	44671
其他费用	2614516	2219389	341370	673160	895504	309355
旧建筑物购置费	200					
土地购置费	2401326	2037577	313437	647158	824238	252744
四、按工程用途分						
住宅	6014414	4204788	425505	1009237	1993894	776152
办公楼	416057	316749	78470	97546	96952	43781
商业营业用房	1067131	720627	20699	95260	430814	173854
其他	842050	730428	110192	168751	362760	88725

项　　目	宝　应	仪　征	高　邮
本年完成投资	**574421**	**976393**	**816246**
一、按登记注册类型分			
内资企业	574421	976393	658444
国有企业	6951		28350
集体企业			
有限责任公司	253921	335293	112958
股份有限公司	30000	7578	
私营企业	283549	633522	517136
港、澳、台商投资企业			156384
与港澳台商合资经营企业			141532
港澳台商独资经营企业			14852
港澳台商投资股份有限公司			
外商投资企业			1418
中外合资经营企业			1418
二、按资质等级分			
一级			
二级	377428	381437	7463
三级	18407	105867	9754
四级			
暂定	157722	306617	722140
其他	20864	182472	76889
三、按构成分			
建筑工程	403237	754300	635975
安装工程	33653	25052	85974
设备工器具购置	4777	4532	24433
其他费用	132754	192509	69864
旧建筑物购置费			200
土地购置费	119049	189026	55674
四、按工程用途分			
住宅	478404	675837	655385
办公楼	3000	86201	10107
商业营业用房	64406	169691	112407
其他	28611	44664	38347

4－5　房地产开发企业资金和土地情况

（2020 年）　　单位：万元、平方米

项　　目	全 市	市 区	开发区	广 陵	邗 江	江 都
上年末结余资金	3382106	2780707	342229	656614	1577849	204015
本年资金来源小计	10143761	7601192	705748	1671382	3758054	1466008
国内贷款	1589632	1148547	36630	411780	467667	232470
利用外资	85669	85669			85669	
自筹资金	2564214	1691640	218963	580307	728899	163471
定金及预收款	3660480	2812224	229168	483648	1454501	644907
个人按揭贷款	1816589	1531729	173042	189981	762831	405875
其他到位资金	427177	331383	47945	5666	258487	19285
各项应付款合计	3768273	2814367	236727	633444	1281618	662578
工程款	2126059	1411181	166640	334176	695467	214898

（2020 年）　　单位:万元、平方米

项　　目	宝　应	仪　征	高　邮
上年末结余资金	278990	190123	132286
本年资金来源小计	561576	1106470	874523
国内贷款	111490	194440	135155
利用外资			
自筹资金	113533	528700	230341
定金及预收款	260794	255205	332257
个人按揭贷款	53474	81460	149926
其他到位资金	22285	46665	26844
各项应付款合计	260135	350784	342987
工程款	184495	320837	209546

4－6　房地产开发销售情况

（2020 年）　　　　　　　　　　　　　　　　　　单位:万元、平方米

项　　目	全 市	市 区	开发区	广 陵	邗 江	江 都
商品房销售面积	**8176385**	**5824970**	**592622**	**1112511**	**2990074**	**1129763**
住宅	7228182	5126911	509579	1020162	2584956	1012214
#90 平方米及以下	585713	422228	9224	71791	331501	9712
144 平方米以上	1470277	1056146	98367	83391	547996	326392
办公楼	131291	72645	12638	1266	58151	590
商业营业用房	358115	188262	16810	9818	134636	26998
其他	458797	437152	53595	81265	212331	89961
现房销售面积	**2040143**	**1648325**	**48654**	**100515**	**1449839**	**49317**
住宅	1516826	1250656	11859	88811	1124845	25141
#90 平方米及以下	282015	268806	69	16187	252550	
144 平方米以上	514219	387947	8708	1259	358410	19570
办公楼	95386	65386	10916		54470	
商业营业用房	212890	133055	10527		116279	6249
其他	215041	199228	15352	11704	154245	17927
期房销售面积	**6136242**	**4176645**	**543968**	**1011996**	**1540235**	**1080446**
住宅	5711356	3876255	497720	931351	1460111	987073
#90 平方米及以下	303698	153422	9155	55604	78951	9712
144 平方米以上	956058	668199	89659	82132	189586	306822
办公楼	35905	7259	1722	1266	3681	590
商业营业用房	145225	55207	6283	9818	18357	20749
其他	243756	237924	38243	69561	58086	72034
待售面积	**2539663**	**1716566**	**376696**	**71075**	**1206265**	**62530**
住宅	1018336	625743	70854	35937	481820	37132
#90 平方米及以下	101759	75970	2185		67225	6560
144 平方米以上	232331	151562	30762		102264	18536

项　　目	全　市	市　区	开发区	广　陵	邗　江	江　都
办公楼	348265	335282	60852	14771	257429	2230
商业营业用房	726964	385561	134654	16202	213413	21292
其他	446098	369980	110336	4165	253603	1876
商品房销售额	**9107529**	**7264158**	**829008**	**1578961**	**3683803**	**1172386**
住宅	8408223	6761426	771471	1535788	3342146	1112021
#90平方米及以下	584400	463357	9722	108772	335261	9602
144平方米以上	1755428	1369919	152079	158918	692299	366623
办公楼	119656	69345	13780	834	54261	470
商业营业用房	328582	190038	14445	9873	135203	30517
其他	251068	243349	29312	32466	152193	29378
现房销售额	**1954080**	**1708359**	**40490**	**149296**	**1476280**	**42293**
住宅	1534108	1372521	12548	143903	1186516	29554
#90平方米及以下	278752	272867	54	42753	230060	
144平方米以上	535988	445993	10127	1869	407181	26816
办公楼	87553	61750	11233		50517	
商业营业用房	179393	125424	9869		107633	7922
其他	153026	148664	6840	5393	131614	4817
期房销售额	**7153449**	**5555799**	**788518**	**1429665**	**2207523**	**1130093**
住宅	6874115	5388905	758923	1391885	2155630	1082467
#90平方米及以下	305648	190490	9668	66019	105201	9602
144平方米以上	1219440	923926	141952	157049	285118	339807
办公楼	32103	7595	2547	834	3744	470
商业营业用房	149189	64614	4576	9873	27570	22595
其他	98042	94685	22472	27073	20579	24561

4-6 续表2 (2020年) 单位:万元、平方米

项目	宝应	仪征	高邮
商品房销售面积	**646173**	**1017978**	**687264**
住宅	606337	918102	576832
#90平方米及以下	30723	65471	67291
144平方米以上	27527	270285	116319
办公楼		33072	25574
商业营业用房	30076	59386	80391
其他	9760	7418	4467
现房销售面积	**32150**	**117084**	**242584**
住宅	23470	50284	192416
#90平方米及以下	1080	2703	9426
144平方米以上	16325	36956	72991
办公楼		30000	
商业营业用房	678	30432	48725
其他	8002	6368	1443
期房销售面积	**614023**	**900894**	**444680**
住宅	582867	867818	384416
#90平方米及以下	29643	62768	57865
144平方米以上	11202	233329	43328
办公楼		3072	25574
商业营业用房	29398	28954	31666
其他	1758	1050	3024
待售面积	**79227**	**268848**	**475022**
住宅	27773	66090	298730
#90平方米及以下	10913	95	14781
144平方米以上	8038	36517	36214

4－6　续表3　　　　（2020年）　　　　单位：万元、平方米

项　　目	宝　应	仪　征	高　邮
办公楼		12983	
商业营业用房	49727	146967	144709
其他	1727	42808	31583
商品房销售额	**440441**	**945488**	**457442**
住宅	409806	854697	382294
#90平方米及以下	20216	52505	48322
144平方米以上	24761	279815	80933
办公楼		27646	22665
商业营业用房	27690	60995	49859
其他	2945	2150	2624
现房销售额	**22774**	**96822**	**126125**
住宅	19582	43587	98418
#90平方米及以下	540	2320	3025
144平方米以上	15552	31320	43123
办公楼		25803	
商业营业用房	908	25692	27369
其他	2284	1740	338
期房销售额	**417667**	**848666**	**331317**
住宅	390224	811110	283876
#90平方米及以下	19676	50185	45297
144平方米以上	9209	248495	37810
办公楼		1843	22665
商业营业用房	26782	35303	22490
其他	661	410	2286

4－7　房地产开发施工、竣工情况

（2020 年）　　　　单位:平方米

项　　目	全 市	市 区	开发区	广 陵	邗 江	江 都
房屋施工面积	**37481484**	**24347848**	**2329282**	**6041859**	**11528583**	**4448124**
住宅	26216123	16855581	1608009	4023935	7936451	3287186
#90 平方米及以下	3147303	2148870	74971	584525	1377865	111509
144 平方米以上	4440341	2896174	312917	267082	1856259	459916
办公楼	1722592	1337397	123444	433907	676457	103589
商业营业用房	3950248	1968243	116973	469220	890567	491483
其他	5592521	4186627	480856	1114797	2025108	565866
房屋新开工面积	**11855606**	**8807202**	**818815**	**2303280**	**4443731**	**1241376**
住宅	7743501	5936632	467403	1535412	3170906	762911
#90 平方米及以下	483122	281874	12290	149205	100042	20337
144 平方米以上	1070336	902950	52557	75803	648814	125776
办公楼	652214	527740	56495	201202	207443	62600
商业营业用房	1499070	828549	36940	243490	395194	152925
其他	1960821	1514281	257977	323176	670188	262940
房屋竣工面积	**8567360**	**6299046**	**408639**	**1795354**	**3667410**	**427643**
住宅	5936697	4379395	282567	1174093	2568771	353964
#90 平方米及以下	965438	828514	16129	247450	562215	2720
144 平方米以上	1170965	921018	79904	125873	615380	99861
办公楼	405238	360376	4942	164762	190672	
商业营业用房	937377	380289	41973	90005	239391	8920
其他	1288048	1178986	79157	366494	668576	64759

项　　目	宝　应	仪　征	高　邮
房屋施工面积	**3025100**	**5453694**	**4654842**
住宅	2286985	3608693	3464864
#90 平方米及以下	189736	416997	391700
144 平方米以上	129875	966530	447762
办公楼	3759	307888	73548
商业营业用房	437134	850940	693931
其他	297222	686173	422499
房屋新开工面积	**721640**	**1615128**	**711636**
住宅	585352	592762	628755
#90 平方米及以下	84122	91126	26000
144 平方米以上	5945	101705	59736
办公楼	3372	121102	
商业营业用房	87466	538267	44788
其他	45450	362997	38093
房屋竣工面积	**382665**	**621608**	**1264041**
住宅	267826	365483	923993
#90 平方米及以下	26863	101570	8491
144 平方米以上	43309	60620	146018
办公楼		44862	
商业营业用房	114839	159989	282260
其他		51274	57788

4－8　房地产开发企业财务情况

（2020 年）　　单位：万元

项　　目	全　市	市　区	开发区	广　陵	邗　江	江　都
企业个数	407	275	41	60	133	41
一、期末资产负债						
流动资产合计	31945364	25416599	3078081	5013078	13408967	3916473
#应收账款	1947190	1685479	141620	85301	1428314	30245
存货	15743355	11903401	1243685	2382411	6622577	1654728
固定资产原价	1083557	940448	42670	385810	440775	71193
累计折旧	135573	108506	14133	14688	66925	12760
#本年折旧	32257	22979	2709	5423	11372	3476
在建工程	797767	300474		32178	267838	457
资产总计	39735283	30962733	3462052	6081603	17320815	4098263
流动负债合计	22038438	17083220	2400367	2857527	8864044	2961281
负债合计	30373290	23508229	2624054	4814326	12668247	3401602
所有者权益合计	9361993	7454504	837998	1267277	4652568	696661
二、损益及分配						
营业收入	8723124	6869426	605775	1846323	2828231	1589098
主营业务收入	8678660	6828198	597553	1846213	2800927	1583505
商品房销售收入	8578504	6737489	594618	1843741	2718292	1580838
自持物业收入	39628	37955	2925	468	33409	1153
房屋出租收入	39537	37887	2923	468	33352	1144
其他主营业务收入	59101	51328	10	2004	47800	1514
营业成本	5984743	4583017	439706	1401847	1983982	757481
主营业务成本	5953589	4552939	435134	1401560	1965676	750570
营业税金及附加	260507	204433	20235	52223	107409	24566
其他业务利润	6412	2918	10	126	2991	－208
销售费用	246155	187285	37583	41367	85871	22464
管理费用	176340	127681	15245	30800	65998	15638
研发费用	620	619		617	2	
财务费用	48499	32701	2712	4362	24602	1025
投资收益	58136	56762	21333	36	35344	50
营业利润	2024564	1749395	111393	326086	543418	768499
营业外收入	16644	7540	778	1334	3110	2318
营业外支出	41176	32416	263	11089	18464	2600
利润总额	1997398	1722233	109692	315815	528989	767739
应交所得税	224275	177944	25834	26037	97285	28787
三、人工成本及增值税						
应付职工薪酬	118760	86074	9698	14667	45032	16678
应交增值税	249001	221859	33083	78156	92722	17899

4－8　续表　（2020年）　单位:万元

项　　目	宝　应	仪　征	高　邮
企业个数	36	42	54
一、期末资产负债			
流动资产合计	1685396	2827599	2015769
#应收账款	90859	49905	120947
存货	821454	1589773	1428728
固定资产原价	32143	20916	90051
累计折旧	9187	4594	13286
#本年折旧	5689	1680	1909
在建工程		4643	492651
资产总计	1794832	3247895	3729823
流动负债合计	1284104	1869409	1801706
负债合计	1525846	2716639	2622576
所有者权益合计	268986	531256	1107247
二、损益及分配			
营业收入	666431	636266	551001
主营业务收入	666412	633979	550071
商品房销售收入	664072	629031	547913
自持物业收入	75	1598	
房屋出租收入	75	1574	
其他主营业务收入	2265	3351	2158
营业成本	547907	433804	420015
主营业务成本	547907	433749	418994
营业税金及附加	13580	30101	12394
其他业务利润		664	2830
销售费用	10858	33037	14975
管理费用	9387	20866	18407
研发费用			1
财务费用	7667	5040	3091
投资收益	21	1274	79
营业利润	76977	115080	83111
营业外收入	6425	489	2191
营业外支出	3253	3927	1580
利润总额	80149	111663	83354
应交所得税	7503	27132	11697
三、人工成本及增值税			
应付职工薪酬	9326	11827	11533
应交增值税	7224	10658	9260

4－9　分地区建筑业生产经营情况

（2020 年）

项　　目	全 市	市 区	开发区	广 陵	邗 江	江 都
企业个数（个）	877	524	39	134	189	162
一、建筑业合同情况（万元）						
签订合同额	66668823	35938295	1063926	11735762	6969907	16168700
上年结转合同额	22809013	14638941	407539	4651388	1569008	8011006
本年新签合同额	43859810	21299354	656387	7084374	5400900	8157694
二、承包工程完成情况（万元）						
直接从建设单位承揽工程完成的产值	40993696	21668053	803120	6534015	4703820	9627099
自行完成施工产值	40970552	21656173	802687	6530412	4698241	9624834
分包出去工程的产值	23144	11880	433	3603	5580	2265
从建设单位以外承揽工程完成的产值	4189864	2412954	301304	174433	418346	1518870
三、建筑业总产值（万元）	**45160416**	**24069127**	**1103991**	**6704845**	**5116587**	**11143704**
其中：装配式建筑工程产值	818976	517732	423291	12717	12036	69688
装饰装修产值	1795064	1101105	24459	307184	621127	148335
在外省完成的产值	25787973	14710496	218868	4658966	2021651	7811012
建筑工程产值	41705652	21030197	1079939	6483237	4436578	9030444
安装工程产值	2920415	2788856	21327	214195	672776	1880557
其他建筑业产值	534349	250074	2725	7413	7233	232703
四、竣工产值（万元）	**36862656**	**18994083**	**942694**	**6093941**	**3948051**	**8009398**
五、房屋施工面积（万平方米）	**30821**	**13832**	**135**	**4752**	**2297**	**6647**
其中：房屋新开工面积	13949	5044	27	1788	1203	2025

4－9　续表　　　　　　　　　　　　　　　（2020 年）

项　　　目	宝　应	仪　征	高　邮
企业个数(个)	128	92	133
一、建筑业合同情况(万元)			
签订合同额	8559840	5475146	16695541
上年结转合同额	1947223	1535437	4687412
本年新签合同额	6612617	3939710	12008129
二、承包工程完成情况(万元)			
直接从建设单位承揽工程完成的产值	5074533	3537081	10714029
自行完成施工产值	5074497	3527072	10712811
分包出去工程的产值	36	10010	1218
从建设单位以外承揽工程完成的产值	942647	188530	645732
三、建筑业总产值(万元)	**6017145**	**3715602**	**11358543**
其中:装配式建筑工程产值	30950	5500	264794
装饰装修产值	200886	117888	375185
在外省完成的产值	3982601	2232121	4862754
建筑工程产值	6000153	3625987	11049315
安装工程产值	6488	77959	47112
其他建筑业产值	10504	11655	262116
四、竣工产值(万元)	**4870124**	**3112067**	**9886382**
五、房屋施工面积(万平方米)	**6463**	**2370**	**8156**
其中:房屋新开工面积	3654	1136	4115

4－10　分地区建筑业财务情况

（2020年）　　单位:万元

项　　目	全　市	市　区	开发区	广　陵	邗　江	江　都
一、期末资产负债						
流动资产合计	17802849	10937614	1128655	3253240	3100738	3454980
其中:应收工程款	6087222	3706253	330177	1104764	1169593	1101719
存货	5093711	2953013	204781	1024378	818059	905796
固定资产原价	2480055	1361888	81984	542404	303531	433970
其中:累计折旧	1104020	654967	32685	277905	135338	209040
本年折旧	161297	88802	9820	51077	11194	16711
在建工程	395349	171291	4	21560	54290	95437
资产合计	22659611	12662302	1267506	3834891	3580876	3979029
流动负债合计	11510729	6835195	691032	2337722	2099050	1707391
其中:应付账款	3610521	2663061	191859	1144694	894177	432331
非流动负债合计	504872	386032	91718	153911	103450	36954
负债合计	12432014	7304940	785432	2492511	2250167	1776830
所有者权益	10227597	5357362	482073	1342380	1330709	2202199
二、损益及分配						
营业收入	35569578	19870057	1051438	6167118	4859011	7792489
主营业务收入	35110418	19464987	1021237	5968307	4748848	7726595
营业成本	31910969	18173913	934760	5561174	4506595	7171383
主营业务成本	31418645	17738496	933497	5433525	4484549	6886924
营业税金及附加	325553	154358	12411	36232	39995	65721
主营业务税金及附加	298974	135430	12142	31126	39244	52918
其他业务利润	58165	57059	878	54994	642	545
销售费用	199651	40984	1864	11392	11223	16505
管理费用	959733	534554	37807	173309	96496	226942
研发费用	70403	28763	22	6155	3937	18649
财务费用	274502	148434	17759	59172	37751	33752
投资收益	14967	8338		6934	1307	98
营业利润	2043444	910090	88329	335577	183364	302820
营业外收入	19580	11014	27	6789	953	3245
营业外支出	10333	7912	532	5501	－233	2113
利润总额	2045830	906285	87806	336865	184518	297097
应交所得税	474410	210248	20870	68468	44232	76678
三、人工成本及增值税						
本年应付职工薪酬	6958246	3828348	107398	1120035	915522	1685393
应交增值税	1058495	541087	29683	173747	135294	202363

4－10　续表　　　　　　　　　　　　　　　（2020 年）　　　　　　　　　　　　　　　单位:万元

项　　目	宝　应	仪　征	高　邮
一、期末资产负债			
流动资产合计	2264108	1509909	3091218
其中:应收工程款	806367	517272	1057330
存货	669365	251883	1219450
固定资产原价	433269	235423	449475
其中:累计折旧	172605	109701	166747
本年折旧	27307	15128	30060
在建工程	24588	82041	117429
资产合计	2590208	3703183	3703919
流动负债合计	1118088	2352258	1205188
其中:应付账款	288999	262245	396215
非流动负债合计	63233	46720	8887
负债合计	1181535	2421968	1523571
所有者权益	1408672	1281215	2180348
二、损益及分配			
营业收入	4312558	2757568	8629396
主营业务收入	4279215	2741910	8624306
营业成本	3761799	2530915	7444342
主营业务成本	3717532	2522739	7439878
营业税金及附加	89485	23715	57995
主营业务税金及附加	85718	22660	55167
其他业务利润	66	626	414
销售费用	60188	2944	95536
管理费用	127099	50855	247225
研发费用	4	2052	39584
财务费用	58593	21863	45612
投资收益	6	366	6258
营业利润	258436	129593	745324
营业外收入	1036	4575	2956
营业外支出	261	1133	1027
利润总额	259211	133082	747252
应交所得税	62357	27462	174342
三、人工成本及增值税			
本年应付职工薪酬	1221497	717710	1190692
应交增值税	123386	99271	294751

4－11　分资质等级建筑业企业生产经营情况

（2020 年）

项　　目	施工总承包	特　级	一　级	二　级	三　级
企业个数	540	11	52	153	324
一、建筑业合同情况（万元）					
签订的建筑合同额	63323526	31738043	20367630	7380509	3837344
上年结转建筑合同额	22019433	12116008	6444164	2456857	1002404
本年新签建筑合同额	41304093	19622036	13923465	4923652	2834940
二、承包工程完成情况（万元）					
直接从建设单位承揽工程完成的产值	38883114	18963940	12751654	4659499	2508021
自行完成施工产值	38863044	18963940	12751654	4647828	2499622
分包出去工程的产值	20070			11672	8399
从建设单位以外承揽工程完成的产值	3174971	378540	1115918	997165	683348
三、建筑业总产值（万元）	**42038014**	**19342480**	**13867572**	**5644993**	**3182970**
其中：装配式建筑工程产值	768138	30677	680511	22589	34361
装饰装修产值	795365	458920	190756	127614	18075
在外省完成的产值	24325934	13624492	7280711	2436906	983825
建筑工程产值	39612813	18630499	12475291	5368857	3138166
安装工程产值	1911368	501818	1125131	258707	25712
其他建筑业产值	513834	210163	267150	17428	19092
四、竣工产值（万元）	**35036029**	**15434864**	**11180362**	**5645162**	**2775642**
五、房屋施工面积（万平方米）	**30661281**	**14674414**	**9914602**	**3745820**	**2326446**
其中：房屋新开工面积	13941569	6801661	4559797	1572229	1007882

4－11　续表　　(2020年)

项　　目	专业承包	一　级	二　级	三　级	不分等级
企业个数	337	54	131	137	15
一、建筑业合同情况(万元)					
签订的建筑合同额	3345297	1798934	911639	625666	9058
上年结转建筑合同额	789580	565139	184261	39560	620
本年新签建筑合同额	2555717	1233794	727377	586107	8438
二、承包工程完成情况(万元)					
直接从建设单位承揽工程完成的产值	2110582	1051114	592395	460496	6577
自行完成施工产值	2107509	1051002	591762	458169	6577
分包出去工程的产值	3073	112	634	2328	
从建设单位以外承揽工程完成的产值	1014893	770953	190979	52626	335
三、建筑业总产值(万元)	**3122402**	**1821955**	**782741**	**510794**	**6912**
其中:装配式建筑工程产值	50838	14854	33541	2444	
装饰装修产值	999699	802037	93194	104468	
在外省完成的产值	1462038	1022969	297784	139515	1770
建筑工程产值	2092839	1218605	570460	299644	4130
安装工程产值	1009047	597922	208725	199850	2550
其他建筑业产值	20515	5427	3556	11300	231
四、竣工产值(万元)	**1826627**	**924785**	**514319**	**381195**	**6328**
五、房屋施工面积(万平方米)	**159718**	**57988**	**68766**	**32965**	
其中:房屋新开工面积	7710	2000	4684	1026	

4－12　分行业建筑业企业生产经营情况

（2020 年）

项　　目	建筑业	房屋建筑业	土木工程建筑业	建筑安装业	建筑装饰和其他建筑业
企业个数	877	383	194	136	164
一、建筑业合同情况（万元）					
签订的建筑合同额	66668823	57584473	5329064	2309464	1445823
上年结转建筑合同额	22809013	20878138	1182652	511804	236420
本年新签建筑合同额	43859810	36706335	4146412	1797660	1209404
二、承包工程完成情况（万元）					
直接从建设单位承揽工程完成的产值	40993696	34789529	3693820	1655286	855060
自行完成施工产值	40970552	34783066	3679417	1653554	854515
分包出去工程的产值	23144	6463	14404	1732	545
从建设单位以外承揽工程完成的产值	4189864	2100191	554111	1103894	431668
三、建筑业总产值（万元）	**45160416**	**36883257**	**4233528**	**2757448**	**1286183**
其中：装配式建筑工程产值	818976	336795	442397		39785
装饰装修产值	1795064	808603	8989	19404	958069
在外省完成的产值	25787973	22281249	1436653	1643253	426817
建筑工程产值	41705652	35474886	4115351	960505	1154911
安装工程产值	2920415	906363	100846	1788750	124457
其他建筑业产值	534349	502008	17332	8194	6815
四、竣工产值（万元）	**36862656**	**30634077**	**3585444**	**1805660**	**837476**
五、房屋施工面积（万平方米）	**30820999**	**30236004**	**370978**	**152422**	**61596**
其中：房屋新开工面积	13949279	13713687	210852	13223	11516

4－13 全市建筑企业总产值前50名

（2020年）

单 位 名 称	地区	位次
江苏省华建建设股份有限公司	广陵区	1
江苏江都建设集团有限公司	江都区	2
江苏弘盛建设工程集团有限公司	高邮市	3
江苏邗建集团有限公司	邗江区	4
安宜建设集团有限公司	宝应县	5
江苏扬建集团有限公司	广陵区	6
江苏省江建集团有限公司	江都区	7
江苏天宇建设集团有限公司	宝应县	8
江苏弘发建设工程有限公司	高邮市	9
江苏兴厦建设工程集团有限公司	高邮市	10
江苏瑞沃建设集团有限公司	高邮市	11
江苏润扬建设工程集团有限公司	高邮市	12
江苏建宇建设集团有限公司	高邮市	13
江苏华江建设集团有限公司	江都区	14
江苏省龙源润泽建工集团有限公司	高邮市	15
江苏仪征苏中建设有限公司	仪征市	16
江苏东晟新诚建设集团有限公司	仪征市	17
扬州一建集团有限公司	仪征市	18
江苏华泰路桥建设集团有限公司	高邮市	19
江苏扬州建工建设集团有限公司	江都区	20
江苏华轩建设工程有限公司	宝应县	21
江苏鑫圣建设工程有限公司	江都区	22
江苏新纪元公用事业建设有限公司	开发区	23
江苏沪武建设集团有限公司	江都区	24
江苏清源建设有限公司	开发区	25

4－13　续表　　（2020 年）

单　位　名　称	地区	位次
江苏鼎鑫建设工程有限公司	江都区	26
扬州市江都第六建设工程有限公司	江都区	27
江苏江安集团有限公司	江都区	28
江苏龙腾坤鑫建设发展有限公司	江都区	29
江苏兴业环境集团有限公司	邗江区	30
江苏省水利建设工程有限公司	广陵区	31
江苏亘顺建设工程有限公司	仪征市	32
扬州市第五建筑安装工程有限公司	江都区	33
江苏威达建设有限公司	江都区	34
江苏丰祥建设工程有限公司	宝应县	35
江苏华坤建设工程有限公司	高邮市	36
扬州市宝祥建设工程有限公司	江都区	37
扬州裕元建设有限公司	邗江区	38
江苏中都建设工程有限公司	江都区	39
江苏港宇建设工程有限公司	宝应县	40
仪征市交通工程处有限公司	仪征市	41
江苏协和装饰工程有限公司	邗江区	42
江苏龙坤集团有限公司	江都区	43
江苏华宇装饰集团有限公司	邗江区	44
江苏伟业安装集团有限公司	邗江区	45
扬州市建设安装工程有限公司	江都区	46
江苏亚鹏建设工程有限公司	宝应县	47
江苏空间新盛建设工程有限公司	江都区	48
江苏天润环境建设集团有限公司	广陵区	49
江苏弘扬建设工程有限公司	高邮市	50

5

人民生活

编辑:叶进　周晶晶

5－1　历年居民家庭人均收入和支出

单位:元

年　份	城镇居民		农村居民	
	可支配收入	消费支出	可支配收入	消费支出
1985	813	725	500	432
1986	1021	893	556	504
1987	1127	958	619	568
1988	1423	1474	717	665
1989	1604	1414	805	745
1990	1750	1555	941	798
1991	2012	1790	903	841
1992	2562	2268	1012	885
1993	3294	2937	1276	993
1994	4423	3687	1660	1432
1995	5378	4636	2390	2020
1996	5535	4352	2937	2307
1997	5892	4686	3126	2590
1998	6101	4432	3257	2307
1999	6389	4663	3364	2245
2000	6734	4990	3464	2312
2001	7205	5416	3690	2396
2002	7833	5575	3926	2391
2003	8705	5910	4172	2648
2004	9851	6509	4677	3034
2005	11379	7388	5215	3710
2006	12945	8273	5813	4314
2007	15057	9696	6586	4945
2008	17398	11562	7450	5447
2009	19416	12888	8295	5930
2010	19228	12224	9173	7072
2011	22474	14301	10870	8123
2012	25306	15684	12294	9085
2013	27700	17116	13775	10140
2014	30322	18417	15284	11266
2015	32946	19780	16619	12316
2016	35659	21064	18057	13722
2017	38828	22093	19694	14766
2018	41999	23718	21457	15848
2019	45550	25696	23333	17215
2020	47202	25342	24813	16550

5－2 居民家庭基本情况

（2020 年）

项　　目	单位	全体居民	城镇居民	农村居民
一、调查户数	户	1150	660	490
二、平均每户家庭人口	人	3.07	3.05	3.10
三、平均每户就业人口	人	1.77	1.65	1.98
四、平均每一就业人口负担人数	人	1.75	1.85	1.57
五、平均每户就业面	（%）	57.65	54.10	63.87
六、平均每人现住房建筑面积	平方米	52.7	47.5	61.3
七、人均可支配收入	元	38843	47202	24813
八、人均非收入所得	元	1351	1535	1041
#非经常性转移所得	元	1115	1286	829
九、人均借贷性所得	元	1167	1202	1107
#提取储蓄存款	元	887	983	726
十、人均总支出	元	33976	36561	29638
#消费支出	元	22059	25342	16550
转移性支出	元	1860	2425	912
生产经营费用支出	元	1653	1120	2547
借贷性支出	元	1817	1715	1988
十一、人均通过互联网购买的商品和服务	元	303	441	72
十二、恩格尔系数	%	29.1	29.1	29.2
十三、百户接入互联网的移动电话	部	227.3	226.4	228.8
十四、百户接入互联网的计算机	台	67.2	76.9	51

5－3　居民家庭居住情况

（2020 年）　　单位:%

项　　目	全体居民	城镇居民	农村居民
一、按住宅建筑式样分	100.0	100.0	100.0
1. 单栋住宅	64.9	45.2	98.2
2. 四居室及以上单元房	1.7	2.6	0.2
3. 三居室单元房	20.2	31.6	1.0
4. 二居室单元房	12.1	19.0	0.4
5. 一居室单元房	0.7	1.1	0.0
6. 其他	0.4	0.5	0.2
二、按主要建筑材料分	100.0	100.0	100.0
1. 钢筋混凝土	39.6	48.1	25.3
2. 砖混材料	53.1	46.7	63.9
3. 砖瓦砖木	7.2	5.2	10.6
4. 其他	0.1	0.0	0.2
三、按房屋来源分	100.0	100.0	100.0
1. 租赁房	1.7	2.4	0.6
2. 自建住房	61.7	41.4	95.8
3. 购买商品房	26.8	42.0	1.4
4. 购买房改住房	3.5	5.4	0.2
5. 其他来源	6.3	8.8	2.0
四、按建筑面积分	100.0	100.0	100.0
1. 30 平方米以内	0.2	0.2	0.2
2. 30－60 平方米	2.6	3.6	1.0
3. 60－90 平方米	14.1	17.7	8.0
4. 90－120 平方米	23.6	29.1	14.5
5. 120－200 平方米	33.1	31.4	35.9
6. 200 平方米以上	26.4	18.0	40.4

5-4　居民家庭主要收支情况

（2020 年）　　　　单位:元

项　　目	全体居民	城镇居民	农村居民
可支配收入	38843	47202	24813
一、工资性收入	23063	28137	14532
1. 工资	22259	27073	14165
2. 实物福利	95	96	92
3. 其他	709	968	275
二、经营净收入	6389	6651	5958
1. 第一产业经营净收入	1423	525	2935
2. 第二产业经营净收入	1289	1259	1340
3. 第三产业经营净收入	3677	4867	1683
三、财产净收入	3171	4696	618
1. 利息净收入	434	618	124
2. 红利收入	226	307	91
3. 出租房屋财产性收入	433	629	103
四、转移净收入	6220	7718	3705
1. 转移性收入	8179	10343	4548
#养老金或离退休金	5289	7969	790
2. 转移性支出	1959	2625	843
消费支出	22060	25342	16550
一、食品烟酒	6428	7382	4831
1. 食品	4400	5030	3346
2. 烟酒	909	932	871
3. 饮料	148	166	119
4. 饮食服务	971	1254	495
二、衣着	1742	2135	1081
1. 衣类	1405	1720	877

5－4　续表　　　　（2020年）　　　　单位：元

项　　目	全体居民	城镇居民	农村居民
2. 鞋类	337	415	204
三、居住	5153	6025	3689
1. 租赁房房租	178	176	182
2. 住房维修及管理	745	739	756
3. 水电燃料及其他	1046	1152	868
4. 自有住房折算租金	3184	3958	1883
四、生活用品及服务	1303	1471	1021
1. 家具及室内装饰品	173	189	145
2. 家用器具	396	402	387
3. 家用纺织品	118	138	85
4. 家庭日用杂品	334	385	247
5. 个人用品	201	254	113
6. 家庭服务	81	103	44
五、交通通信	2509	2716	2158
1. 交通	1592	1743	1337
2. 通信	917	973	821
六、教育文化娱乐	3160	3721	2219
1. 教育	1634	1732	1471
2. 文化娱乐	1526	1989	748
七、医疗保健	1189	1239	1105
1. 医疗器具及药品	381	419	318
2. 医疗服务	808	820	787
八、其他用品和服务	576	653	446
1. 其他用品	350	397	271
2. 其他服务	226	256	175

5－5　居民家庭全年人均主要食品消费量

（2020年）　　　　单位:公斤

项　　目	全体居民	城镇居民	农村居民
粮食	124.5	121.3	129.8
#谷物	110.6	107.1	116.6
豆类	12.3	12.5	12.0
油脂类	14.6	12.1	18.9
#植物油	14.3	11.9	18.2
蔬菜及菜制品	123.5	124.7	121.6
#鲜菜	109.0	110.2	106.9
肉类	32.1	33.6	29.5
#猪肉	24.4	24.8	23.7
禽类	21.3	24.8	15.5
#鸡	12.1	14.2	8.6
水产品	21.6	24.0	17.7
#鱼类	14.9	15.9	13.3
蛋类及蛋制品	12.6	13.5	11.0
#鲜蛋	11.7	12.6	10.3
奶和奶制品	18.3	20.1	15.2
#鲜奶	11.7	13.4	8.9
干鲜瓜果类	42.7	48.2	33.6
#鲜瓜果	38.8	43.7	30.6
糖果糕点类	5.7	6.1	4.9
酒	9.0	7.8	11.1

5－6　居民家庭年末平均每百户耐用消费品拥有量

（2020 年）

项　　目	单位	全体居民	城镇居民	农村居民
家用汽车	辆	47.8	50.2	43.7
摩托车	辆	15.8	11.5	22.9
助力车	台	170.5	166.8	176.7
洗衣机	台	106.7	106.4	107.1
电冰箱(柜)	台	123.4	112.3	142.1
微波炉	台	95.2	95.9	93.9
彩色电视机	台	192.3	191.8	193.1
空调	台	223.4	234.2	205.3
热水器	台	117.5	122.5	109.2
洗碗机	台	1.5	1.9	0.8
排油烟机	台	77.0	88.8	57.1
固定电话	线	35.7	35.1	36.7
移动电话	部	266.9	263.8	272.1
#接入互联网	部	227.3	226.4	228.8
计算机	台	71.6	81.3	55.2
#接入互联网	台	67.2	76.9	51.0
照相机	台	17.0	23.8	5.5
中高档乐器	架	6.1	8.5	2.2
健身器材	台	5.5	6.7	3.5

5－7 分地区全体居民人均收入和支出

（2020 年）

单位:元

项　　目	全市	广陵	邗江	江都	宝应	仪征	高邮
可支配收入	**38843**	**47492**	**49108**	**38714**	**29579**	**36862**	**32551**
一、工资性收入	23063	29304	34570	22800	17019	24563	19253
二、经营净收入	6389	6198	8209	6475	5204	6501	5955
三、财产净收入	3171	4051	1165	3352	2368	1153	2329
四、转移净收入	6220	7939	5164	6087	4988	4645	5014
消费支出	**22060**	**33343**	**31860**	**23703**	**17043**	**20632**	**20367**
一、食品烟酒	6428	9469	9336	6940	5102	6058	5940
二、衣着	1742	2227	2017	2010	1313	2106	1552
三、居住	5153	6138	4161	5652	3651	4133	4514
四、生活用品及服务	1303	2014	1718	1256	966	1646	1222
五、交通通信	2509	3624	3428	2865	2116	2119	2417
六、教育文化娱乐	3160	5265	6150	3219	2423	3315	2977
七、医疗保健	1189	2559	2876	1067	949	807	1209
八、其他用品和服务	576	2047	2174	694	523	448	536

5－8　分地区城镇居民人均收入和支出

（2020 年）　　　　单位：元

项　　目	全市	广陵	邗江	江都	宝应	仪征	高邮
可支配收入	**47202**	**50597**	**53008**	**48487**	**35799**	**48005**	**41650**
一、工资性收入	28137	30792	37539	28924	20369	33058	25133
二、经营净收入	6651	6240	8665	6760	4871	8034	5962
三、财产净收入	4696	4767	1237	5427	4107	1758	4004
四、转移净收入	7718	8798	5567	7376	6452	5155	6551
消费支出	**25342**	**35689**	**34046**	**27581**	**19521**	**24712**	**24807**
一、食品烟酒	7382	10248	9963	7556	5845	7251	7225
二、衣着	2135	2463	2154	2595	1568	2911	2093
三、居住	6025	6262	4449	6825	4213	4526	5708
四、生活用品及服务	1471	2322	1855	1458	1052	2197	1439
五、交通通信	2716	3552	3685	3320	2339	2343	2774
六、教育文化娱乐	3721	5791	6531	3758	2901	3914	3736
七、医疗保健	1239	2704	3043	1345	956	1033	1203
八、其他用品和服务	653	2347	2366	724	647	537	629

5－9 分地区农村居民人均收入和支出

（2020 年）

单位:元

项　　目	全市	广陵	邗江	江都	宝应	仪征	高邮
可支配收入	**24813**	**33505**	**27775**	**26664**	**23302**	**23942**	**23315**
一、工资性收入	14532	22612	18333	15250	13638	14713	13283
二、经营净收入	5958	5996	5715	6123	5540	4723	5949
三、财产净收入	618	828	768	794	613	451	629
四、转移净收入	3705	4069	2959	4497	3511	4055	3454
消费支出	**16550**	**22774**	**19905**	**18921**	**14543**	**15901**	**15860**
一、食品烟酒	4831	5955	5905	6178	4353	4675	4636
二、衣着	1081	1162	1266	1289	1055	1172	1002
三、居住	3689	5578	2585	4205	3084	3677	3302
四、生活用品及服务	1021	629	973	1007	880	1008	1002
五、交通通信	2158	3949	2018	2305	1890	1860	2054
六、教育文化娱乐	2219	2897	4069	2555	1941	2620	2207
七、医疗保健	1105	1907	1964	725	942	545	1216
八、其他用品和服务	446	697	1125	657	398	344	441

6

居民消费价格指数

编辑:季杰

6－1　历年居民消费价格指数

（以上年价格为100）

项　　目	2018年	2019年	2020年
居民消费价格总指数	**102.2**	**103.0**	**102.5**
非食品烟酒价格指数	102.4	101.5	100.3
服务价格指数	101.6	101.8	100.7
消费品价格指数	102.7	103.7	103.7
扣除鲜菜鲜果价格指数	102.0	103.0	102.6
按类别分			
一、食品烟酒	101.7	106.8	108.0
#1、粮食	100.7	99.3	100.1
2、鲜菜	107.8	97.0	107.9
3、畜肉	99.5	130.6	135.5
4、水产品	96.5	99.4	105.4
5、蛋	114.5	105.2	89.0
6、鲜果	107.6	111.1	89.0
二、衣着	104.2	103.3	99.4
三、居住	101.8	101.1	100.5
四、生活用品及服务	105.2	101.4	101.8
五、交通和通信	104.2	97.5	97.6
六、教育文化和娱乐	101.1	104.9	101.4
七、医疗保健	100.2	100.4	100.5
八、其他用品和服务	101.7	104.5	104.3
商品零售价格总指数	**102.9**	**102.3**	**102.0**

6-2 居民消费价格分类指数

（2020 年）

项　　目	以 2019 年价格为 100
居民消费价格总指数	**102.5**
非食品烟酒价格指数	**100.3**
服务项目价格指数	**100.7**
消费品价格指数	**103.7**
扣除鲜菜鲜果价格指数	**102.6**
一、食品烟酒	**108.0**
1. 食品	111.2
(1)粮食	100.1
#大米	98.6
(2)薯类	110.2
(3)豆类	103.8
(4)食用油	107.1
(5)菜	106.9
#鲜菜	107.9
(6)畜肉类	135.5
#猪肉	143.3
(7)禽肉类	106.5
#鸡	105.5
(8)水产品	105.4
#淡水鱼	114.1
(9)蛋类	89.0
#鸡蛋	86.1
(10)奶类	101.7
(11)干鲜瓜果类	93.8
(12)糖果糕点类	103.0
(13)调味品	100.3
(14)其他食品类	102.6
2. 茶及饮料	99.7
3. 烟酒	101.8
(1)烟草	100.0

6－2　续表1　　（2020年）

项　　目	以2019年价格为100
(2)酒类	104.2
4.在外餐饮	102.7
二、衣着	**99.4**
1.服　装	98.1
(1)男式服装	98.1
(2)女式服装	98.3
(3)儿童服装	97.1
2.服装材料	102.4
3.其他衣着及配件	99.4
4.衣着加工服务费	100.0
5.鞋类	104.5
三、居住	**100.5**
1.租赁房房租	100.7
2.住房保养维修及管理	101.6
3.水电燃料	100.4
4.自有住房	100.2
四、生活用品及服务	**101.8**
1.家具及室内装饰品	97.3
2.家用器具	97.7
3.家用纺织品	99.9
4.家庭日杂用品	103.2
5.个人护理用品	104.2
6.家庭服务	111.2
五、交通和通信	**97.6**
1.交通	96.8
(1)交通工具	102.1
(2)交通工具用燃料	85.9
(3)交通工具使用和维护	99.5
(4)交通费	99.2
2.通信	99.2

6－2　续表2　　（2020年）

项　　目	以2019年价格为100
（1）通信工具	98.0
（2）通信服务	99.6
六、教育文化和娱乐	**101.4**
1.教育	103.8
（1）教育用品	119.9
（2）教育服务	103.4
2.文化娱乐	98.60
（1）文娱耐用消费品	96.7
（2）其他文娱用品	101.3
（3）文化娱乐服务	97.3
（4）旅游	99.1
七、医疗保健	**100.5**
1.药品及医疗器具	101.0
（1）中药	101.5
（2）西药	101.2
（3）滋补保健品	100.0
（4）医疗卫生器具	102.9
（5）保健器具	97.7
2.医疗服务	100.3
（1）综合医疗类	100.0
（2）诊断类	100.0
（3）治疗类	100.0
（4）康复类	100.0
（5）中医医疗服务类	106
（6）其他医疗服务	100
八、其他用品和服务	**104.3**
1.其他用品类	110.9
2.其他服务类	99.2

6－3　分月份居民消费价格指数

（以2019年同月价格为100）

项　　目	1月	2月	3月	4月	5月	6月
居民消费价格总指数	**104.7**	**105.1**	**103.9**	**103.3**	**103.3**	**103.4**
非食品烟酒价格指数	**101.8**	**101.4**	**100.8**	**100.8**	**101.1**	**100.6**
服务价格指数	**102.1**	**101.6**	**101.3**	**101.6**	**101.0**	**100.7**
消费品价格指数	**106.5**	**107.4**	**105.6**	**104.5**	**104.9**	**105.2**
扣除鲜菜鲜果价格指数	**104.8**	**105.4**	**104.3**	**103.8**	**104.0**	**103.7**
一、食品烟酒	112.5	114.8	111.9	110.0	109.2	110.8
1.食品	118.0	121.3	116.7	113.8	112.5	115.1
(1)粮食	96.8	95.6	95.6	96.5	100.1	99.2
(2)薯类	105.1	121.2	117.0	120.7	116.9	110.3
(3)豆类	102.3	102.7	102.5	102.1	104.5	104.4
(4)食用油	101.9	99.6	105.4	102.5	104.5	107.2
(5)菜	109.7	103.5	97.5	94.7	95.6	117.6
(6)畜肉类	169.5	185.3	170.9	160.2	155.2	154.5
(7)禽肉类	120.2	122.3	118.6	115.4	111.5	108.8
(8)水产品	100.0	109.0	102.9	103.7	110.3	113.7
(9)蛋类	98.9	99.4	95.9	93.6	85.7	85.6
(10)奶类	102.3	101.7	101.1	102.5	103.2	102.6
(11)干鲜瓜果类	94.9	93.4	96.0	94.5	85.7	81.7
(12)糖果糕点类	100.3	100.6	100.3	101.3	101.0	102.8
(13)调味品	97.1	96.9	98.5	98.0	100.4	102.4
(14)其他食品类	100.8	98.9	97.7	102.2	105.4	105.3
2.茶及饮料	99.1	101.0	101.2	99.9	98.2	100.3
3.烟酒	103.2	103.9	104.0	104.0	103.7	103.5
4.在外餐饮	103.1	103.1	103.1	103.6	104.2	103.6

6－3　续表1　　（以2019年同月价格为100）

项　　目	1月	2月	3月	4月	5月	6月
二、衣着	99.4	100.6	98.0	97.1	102.6	100.7
三、居住	102.0	102.2	101.5	102.1	101.0	100.3
四、生活用品及服务	100.6	101.0	99.7	102.5	103.1	102.0
五、交通和通信	101.6	99.5	99.4	98.2	98.1	97.6
六、教育文化和娱乐	103.4	101.7	102.0	101.2	101.5	102.0
七、医疗保健	100.8	100.8	100.9	101.0	100.6	100.6
八、其他用品和服务	107.0	106.3	106.2	105.4	105.7	105.5
商品零售价格总指数	104.4	104.6	103.5	102.6	103.0	103.0
一、食品	115.9	118.6	114.7	112.4	111.4	113.6
二、饮料、烟酒	102.9	103.9	103.9	103.8	103.1	103.4
三、服装、鞋帽	99.3	100.6	97.9	97.0	102.6	100.7
四、纺织品	98.8	99.3	97.6	100.8	97.6	95.2
五、家用电器及音像器材	98.2	97.9	97.8	97.5	98.4	97.9
六、文化办公用品	95.8	97.0	99.5	100.2	100.8	102.1
七、日用品	102.9	104.1	103.2	105.7	106.2	103.4
八、体育娱乐用品	98.2	98.0	97.3	98.2	99.6	102.3
九、交通、通信用品	101.1	100.9	104.6	103.9	104.7	102.5
十、家具	98.3	98.9	99.2	98.3	98.1	96.6
十一、化妆品	102.3	101.7	101.2	101.2	103.7	104.0
十二、金银珠宝	115.9	117.3	119.7	120.2	121.2	118.3
十三、中西药品及医疗保健用品	101.8	101.7	101.9	102.1	101.1	101.0
十四、书报杂志及电子出版物	104.4	105.1	108.4	108.4	109.2	109.6
十五、燃料	108.0	100.9	90.8	86.9	86.4	88.5
十六、建筑材料及五金电料	104.2	104.1	105.2	103.5	102.5	103.4

6－3　续表2　　（以2019年同月价格为100）

项　　目	7月	8月	9月	10月	11月	12月
居民消费价格总指数	**102.6**	**102.2**	**101.6**	**100.3**	**99.5**	**100.3**
非食品烟酒价格指数	**99.2**	**99.5**	**99.7**	**99.7**	**99.7**	**99.7**
服务价格指数	**99.4**	**99.3**	**99.8**	**100.2**	**100.5**	**100.8**
消费品价格指数	**104.7**	**104.0**	**102.7**	**100.4**	**98.9**	**100.0**
扣除鲜菜鲜果价格指数	**102.8**	**102.1**	**101.2**	**100.0**	**99.3**	**100.0**
一、食品烟酒	111.3	108.9	106.2	101.9	99.0	101.8
1.食品	116.2	112.7	108.9	102.4	98.4	102.7
(1)粮食	99.7	99.2	102.9	105.2	107.4	103.8
(2)薯类	101.9	99.2	97.5	112.6	109.7	112.0
(3)豆类	104.2	104.1	103.9	103.6	104.2	106.7
(4)食用油	108.2	109.7	110.9	111.7	110.7	112.8
(5)菜	114.8	114.8	119.3	110.1	103.7	107.0
(6)畜肉类	159.0	143.8	118.9	99.3	90.4	100.5
(7)禽肉类	108.3	103.2	99.1	95.0	92.3	91.6
(8)水产品	110.7	100.7	104.1	102.0	102.7	106.1
(9)蛋类	83.8	86.1	83.5	85.4	84.1	89.4
(10)奶类	101.4	101.6	100.3	102.6	101.0	100.1
(11)干鲜瓜果类	83.3	88.0	98.3	105.4	106.0	106.4
(12)糖果糕点类	102.3	105.9	105.5	106.4	105.0	104.6
(13)调味品	102.9	103.7	99.7	100.2	102.5	101.5
(14)其他食品类	102.6	103.4	101.6	103.8	103.8	106.1
2.茶及饮料	101.0	99.5	99.2	98.3	99.3	100.0
3.烟酒	101.9	99.6	99.6	99.5	99.8	99.6
4.在外餐饮	103.1	103.3	102.1	101.9	100.9	100.1

（以2019年同月价格为100）

项　　目	7月	8月	9月	10月	11月	12月
二、衣着	96.6	96.5	99.5	100.2	100.3	101.2
三、居住	100.0	99.4	99.1	99.8	99.8	99.3
四、生活用品及服务	101.9	101.9	102.3	102.4	101.9	101.8
五、交通和通信	97.2	98.6	96.9	95.4	94.6	94.0
六、教育文化和娱乐	98.5	99.2	100.9	101.5	102.2	103.3
七、医疗保健	100.6	100.3	100.2	100.2	100.2	100.0
八、其他用品和服务	104.1	105.0	103.4	100.4	102.2	100.9
商品零售价格总指数	102.4	102.1	101.3	99.6	98.8	99.0
一、食品	114.5	111.8	108.1	102.3	98.6	102.0
二、饮料、烟酒	102.1	99.7	99.5	99.3	99.7	99.8
三、服装、鞋帽	96.3	96.4	99.6	100.3	100.3	101.2
四、纺织品	99.5	97.4	100.3	99.4	105.3	108.1
五、家用电器及音像器材	96.8	96.3	96.4	96.6	96.0	95.7
六、文化办公用品	101.6	105.2	103.3	106.0	107.4	105.4
七、日用品	102.7	102.6	102.3	101.5	100.8	99.9
八、体育娱乐用品	99.6	100.2	101.9	102.0	100.9	102.1
九、交通、通信用品	100.9	102.5	100.4	98.2	97.1	94.9
十、家具	96.8	96.7	95.0	95.0	96.0	96.4
十一、化妆品	104.3	105.5	106.2	105.4	104.4	104.9
十二、金银珠宝	115.4	117.1	112.9	111.4	115.5	109.0
十三、中西药品及医疗保健用品	101.0	99.9	99.9	99.5	99.7	99.7
十四、书报杂志及电子出版物	108.7	110.6	109.4	109.3	109.2	109.7
十五、燃料	90.8	91.5	90.1	87.8	87.5	87.8
十六、建筑材料及五金电料	102.5	102.0	102.9	102.4	101.7	101.9

7

农　业

编辑:丁超　熊庆全　陈甜甜

7－1　农村基层组织情况

项　　目	单位	2000 年	2005 年	2010 年	2014 年	2015 年	2016 年	2017 年	2018 年	2019 年	2020 年
一、农村组织情况											
乡个数	个	16	7	7	5	5	5	5	5	3	3
镇个数	个	87	70	70	61	61	62	62	62	62	62
村委会个数	个	1511	1200	1130	1021	1020	1012	1014	1015	1012	1011
村民小组个数	个	18836	18062	18061	18083	18088	18099	18083	18063	17857	17821
二、乡村户数、人口											
乡村户数	万户	97.79	100.32	102.07	101.81	101.18	100.85	100.53	100.22	101.14	101.32
乡村人口	万人	325.34	315.17	329.28	330.75	327.95	325.62	325.2	324.78	326.65	327.53
三、乡村劳动力合计	**万人**	**166.67**	**165.31**	**177.14**	**182.48**	**180.65**	**181.49**	**181.66**	**180.59**	**179.51**	**180.89**
（一）按性别分											
1. 男劳动力	万人	85.42	87.27	93.34	95.91	95.52	95.81	95.87	95.17	94.45	95.26
2. 女劳动力	万人	81.25	78.04	83.8	86.57	85.13	85.68	85.79	85.42	85.06	85.63
（二）按行业分											
1. 农林牧渔业劳动力	万人	79.35	49.79	38.32	34.09	33.69	33.22	32.81	32.15	31.7	31.08
#种植业劳动力	万人	69.44	42.28	30.62	26.57	26.03	26.09	25.36	24.56	23.68	23.63
2. 工业劳动力	万人	28.58	39.67	56.51	65.25	64.57	64.44	65.99	66.12	65.39	65.75
3. 建筑业劳动力	万人	21.29	29.68	32.57	34.4	34.41	34.69	34.65	34.24	34.35	34.91
4. 交通运输、仓储和邮电通讯业劳动力	万人	6.15	6.86	7.92	7.48	7.4	7.61	7.36	7.39	7.34	7.55
5. 批发零售贸易、餐饮业劳动力	万人	7.55	11.32	15.66	16.69	16.24	16.96	16.6	16.43	16.36	16.58
6. 金融、保险业劳动力	万人	0.14	0.46	0.61	0.84	0.89	0.9	0.94	1.02	1.08	1.13
7. 其它非农行业劳动力	万人	23.61	27.53	25.55	23.73	23.45	23.67	23.31	23.24	23.29	23.89

7－2　分地区农村基层组织情况

（2020 年）

项　　目	单　位	全　市	开发区	广　陵	邗　江	江　都
一、农村组织情况						
乡个数	个	3	0	1	0	0
镇个数	个	62	3	4	7	13
村委会个数	个	1011	34	62	101	259
村民小组个数	个	17821	680	1295	2238	4343
二、乡村户数、人口						
乡村户数	万户	101.32	2.63	6.27	11.34	27.03
乡村人口	万人	327.53	7.99	21.10	34.65	78.24
三、乡村劳动力合计	**万人**	**180.89**	**5.11**	**11.27**	**17.65**	**42.73**
（一）按性别分						
1. 男劳动力	万人	95.26	2.66	5.94	9.42	22.85
2. 女劳动力	万人	85.63	2.45	5.33	8.23	19.88
（二）按行业分						
1. 农林牧渔业劳动力	万人	31.08	0.33	1.11	1.79	5.91
#种植业劳动力	万人	23.63	0.30	0.56	1.27	4.74
2. 工业劳动力	万人	65.75	1.91	5.90	6.54	15.71
3. 建筑业劳动力	万人	34.91	0.61	0.66	2.78	8.95
4. 交通运输、仓储和邮电通讯业劳动力	万人	7.55	0.24	0.49	1.02	1.73
5. 批发零售贸易、餐饮业劳动力	万人	16.58	0.62	1.49	2.19	3.01
6. 金融、保险业劳动力	万人	1.13	0.06	0.07	0.17	0.28
7. 其它非农行业劳动力	万人	23.89	1.35	1.56	3.16	7.14

7－2　续表　　(2020年)

项　　目	单位	宝应	仪征	高邮	生态科技新城	瘦西湖风景区
一、农村组织情况						
乡个数	个	0	0	1	0	1
镇个数	个	14	9	10	2	
村委会个数	个	222	136	170	21	6
村民小组个数	个	2783	3502	2557	417	6
二、乡村户数、人口						
乡村户数	万户	20.41	12.33	19.16	1.56	0.59
乡村人口	万人	72.08	40.24	65.12	5.88	2.22
三、乡村劳动力合计	**万人**	**40.45**	**23.25**	**36.52**	**3.21**	**0.71**
(一)按性别分						
1.男劳动力	万人	21.18	12.32	19.00	1.53	0.36
2.女劳动力	万人	19.26	10.94	17.51	1.69	0.35
(二)按行业分						
1.农林牧渔业劳动力	万人	9.93	3.15	8.62	0.21	0.05
#种植业劳动力	万人	7.76	2.44	6.38	0.17	0.02
2.工业劳动力	万人	11.99	7.57	14.18	1.54	0.41
3.建筑业劳动力	万人	9.76	5.26	6.72	0.10	0.07
4.交通运输、仓储和邮电通讯业劳动力	万人	1.82	0.92	1.21	0.10	0.02
5.批发零售贸易、餐饮业劳动力	万人	3.74	1.91	2.60	0.95	0.06
6.金融、保险业劳动力	万人	0.19	0.22	0.13	0.01	0.01
7.其它非农行业劳动力	万人	3.02	4.22	3.06	0.30	0.08

7－3　农林牧渔业分项产值

（2020 年）　　　　单位:万元

项　　目	当 年 价 格
农林牧渔业总产值	**5419324**
一、农业产值	**2451918**
1. 谷物及其他作物	878569
#谷物	796060
棉花	7
油料	40104
2. 蔬菜园艺作物	1452923
#蔬菜（含菜用瓜）	1090221
花卉	40533
3. 水果、坚果、饮料和香料作物	116785
#水果坚果（含果用瓜）	101320
茶及其他饮料	15465
4. 中药材	3641
二、林业产值	**116427**
1. 林木的培养种植	72154
2. 竹木采运	40648
3. 林产品	3625
三、牧业产值	**634955**
1. 牲畜饲养	22841
#牛的饲养	4082
羊的饲养	11073
奶产品	7686
#牛奶	7686
2. 猪的饲养	335611
3. 家禽	242493
4. 狩猎和捕捉动物	
5. 其他畜牧业	34010
四、渔业产值	**1890957**
1. 海水产品	
2. 淡水产品	1890957
（1）鱼类	635416
（2）甲壳类	1084697
（3）贝类	10653
（4）其它	160191
五、农林牧渔服务业	**325067**

7－4　农林牧渔业总产值、中间消耗及增加值构成

（2020年）

项　　　目	绝对数（万元）	构成（%）
一、农林牧渔业总产值	**5419324**	**100**
农业产值	2451918	45.24
林业产值	116427	2.15
牧业产值	634955	11.72
渔业产值	1890957	34.89
农林牧渔服务业产值	325067	6.00
二、农林牧渔业中间消耗	**2160313**	**100**
农业中间消耗	759565	35.16
林业中间消耗	55254	2.56
牧业中间消耗	372658	17.25
渔业中间消耗	835770	38.69
农林牧渔服务业中间消耗	137066	6.34
三、农林牧渔业增加值	**3259011**	**100**
农业增加值	1692353	51.93
林业增加值	61173	1.88
牧业增加值	262297	8.05
渔业增加值	1055187	32.38
农林牧渔服务业增加值	188001	5.77

7－5　分地区农林牧渔业总产值

（2020 年）　　单位:万元

地　区	农林牧渔业总产值	一、农业产值	二、林业产值	三、牧业产值	四、渔业产值	五、农林牧渔服务业产值
全　市	5419324	2451918	116427	634955	1890957	325067
开发区	25817	13304		3728	4564	4221
广　陵	192570	105429	1832	17735	54104	13470
邗　江	404851	167818	7187	34820	157877	37149
江　都	1215150	727461	35340	125750	280929	45670
宝　应	1482700	557757	31963	156405	659601	76974
仪　征	456736	275601	19709	87385	21378	52663
高　邮	1607359	591062	17364	203610	702816	92507

7－6　分地区农林牧渔业增加值

（2020 年）　　单位:万元

地　区	农林牧渔业增加值	一、农业增加值	二、林业增加值	三、牧业增加值	四、渔业增加值	五、农林牧渔服务业增加值
全　市	3259011	1692353	61173	262297	1055187	188001
开发区	15636	9383		3017	1867	1369
广　陵	95463	55220	1287	8968	24141	5847
邗　江	256694	105017	4100	11717	111786	24074
江　都	760409	538641	18109	44240	132919	26500
宝　应	890197	361046	21028	56776	404799	46548
仪　征	261785	175668	9410	41046	10304	25357
高　邮	959038	437576	5687	93816	364648	57311

7-7 主要年份主要农产品产量

单位:吨

年份	粮食（万吨）	棉花	油料	麻类	蚕茧	水果
1949	64.49	161	7624	70	19	4
1950	79.19	201	8310	90	26	4
1951	81.12	301	7078	85	76	4
1952	83.73	286	8507	60	166	13
1953	92.12	644	8274	170	189	19
1954	84.23	179	6897	5	217	13
1955	107.64	468	9251	155	251	33
1956	88.55	72	9537	140	293	99
1957	92.98	62	8967	200	294	122
1958	97.82	73	12097	90	306	136
1959	69.14	187	8209	110	334	198
1960	65.35	139	4549	170	244	225
1961	65.2	54	2400	15	143	311
1962	57.06	17	2033	20	167	622
1963	87.78	40	2980	55	299	399
1964	96.57	195	6105	200	346	181
1965	113.97	664	5218	975	451	609
1966	110.75	3464	7052	3225	522	591
1967	114.61	4643	8890	2530	767	735
1968	125.66	3616	6371	1660	1326	1174
1969	114.81	3735	8033	900	1467	1398
1970	128.97	5834	7045	1025	1717	1319
1971	150.39	6336	11333	1115	1745	1455
1972	148.75	7095	14873	1345	2058	1683
1973	162.55	12118	18316	3040	2033	2202
1974	163.57	12180	13163	2615	2003	2651
1975	163.06	10457	16994	2450	1861	2475
1976	171.53	13479	11811	3430	1706	2796
1977	151.44	11049	8760	4085	1685	2538
1978	202.49	13275	21848	3880	1525	3076
1979	211.86	15537	35304	2680	1855	3276
1980	197.13	13450	22957	1455	2208	4254
1981	206.69	21709	42129	2203	2318	4395
1982	226.53	18523	51809	2405	2765	6368
1983	240.61	20735	43722	1545	2650	5543
1984	261.82	20180	36514	2075	3341	6494

7－7　续表　　单位:吨

年　份	粮　　食 （万吨）	棉　　花	油　　料	麻　　类	蚕　　茧	水　　果
1985	248.51	16658	52797	5873	3607	7577
1986	258.94	11467	53482	4109	4168	8096
1987	255.57	17414	57667	2038	4040	8410
1988	250.78	18433	29214	1816	4661	9876
1989	255.12	17199	43238	1160	6312	8362
1990	238.65	18141	48296	1068	6165	7923
1991	188.07	14440	49551	698	6313	6685
1992	228.44	19626	60848	709	7418	8541
1993	220.05	18332	57216	726	9373	10528
1994	208.25	21745	55337	568	11217	12650
1995	222.07	26676	73444	401	10784	16370
1996	244.93	26188	85088	436	2218	16873
1997	243.01	23253	76786	223	3948	20575
1998	231.51	24681	51808	209	4922	21999
1999	252.57	8645	88924	105	4888	23869
2000	225.16	10376	124631	55	4431	26861
2001	205.88	16065	140020	65	5537	38532
2002	212.87	10958	117104	37	5100	33862
2003	180.13	10495	125656	31	4511	35831
2004	204.97	10444	137062	19	3956	37646
2005	226.43	6897	122751		3132	39114
2006	245.08	8372	114675		3510	41812
2007	240.63	6225	76137		2628	39376
2008	269.42	6024	79533		2344	45816
2009	282.36	4488	82899		1038	40508
2010	287.09	5378	80124		687	38445
2011	305.68	4523	70279		638	46856
2012	308.35	4695	74122		527	51866
2013	312.19	4637	75724		364	71420
2014	314.1	2482	73855		358	67130
2015	314.41	1066	71660		260	106469
2016	300.3	1144	68669		102	92825
2017	285.42	369	65315		48	94336
2018	287.36	62	38809		48	95223
2019	285.60	11	44843		41	115057
2020	286.65	3	49818		44	108195

7－8　主要农作物播种面积和产量

（2020 年）

项　　目	播种面积（亩）	单　产（公斤/亩）	总产量（吨）
农作物总播种面积	**7167643**		
一、粮食作物总计	**5819300**	**492.58**	**2866458**
1. 夏粮	2662650	381.75	1016461
小麦	2618550	384.15	1005918
大麦	7800	304.62	2376
蚕豌豆	36300	224.99	8167
2. 秋粮	3156650	586.06	1849997
稻谷	2933750	611.49	1793955
中稻	2933750	611.49	1793955
单季晚稻			
双季后作稻			
玉米	32700	368.32	12044
其它谷物	300	300	90
豆类	196950	223.31	43981
薯类	25950	464.78	12061
二、经济作物	**1348343**		
1. 棉花	29	103	3
2. 油料	255885	195	49818
#花生	14475	221	3201
油菜籽	232725	195	45396
芝麻	7740	156	1209
3. 麻类			
#黄麻			
红麻			
苎麻			
4. 糖类	300	2620	786
#甘蔗	300	2620	786
甜菜			
5. 药材	5985		
6. 蔬菜瓜类	958689	2501	2398114
（1）蔬菜	909790	2517	2289919
（2）瓜类	48899	2213	108195
7. 其它农作物	127455		
#青饲料	10155		
绿肥	55515		

7－9　分地区粮棉油播种面积

（2020 年）　　单位：亩

地　区	粮　食	夏　粮	秋　粮	棉　花	油　料	#油菜籽
全　市	5819300	2662650	2933750	29	255885	232725
开发区	50400	27150	21300		1395	900
广　陵	150300	70500	73050		10140	9150
邗　江	270850	100800	155650		9540	6750
江　都	1355850	638400	677550		60840	49950
宝　应	1691200	813150	825400		67665	67215
仪　征	545150	169200	351650	29	32535	26610
高　邮	1708000	818250	808300		71760	70950

7－10　分地区粮棉油产量

（2020 年）　　单位：吨

地　区	粮　食	夏　粮	秋　粮	棉　花	油　料	#油菜籽
全　市	2866458	1016461	1849997	3	49818	45396
开发区	21082	7920	13162		277	239
广　陵	66308	21357	44951		1847	1812
邗　江	125690	31343	94347		1884	1274
江　都	656636	239401	417235		11856	9690
宝　应	871487	331131	540356		13433	13376
仪　征	261454	54001	207453	3	5476	4524
高　邮	843514	323995	519519		14409	14261

7－11　分地区经济作物播种面积

（2020 年）　　　　单位:亩

地　区	麻　类	糖　类	药　材	蔬　菜	瓜果类
全　市		300	5985	909790	48899
开发区				9729	423
广　陵				59795	3190
邗　江				80040	5649
江　都		300		228765	9750
宝　应			4245	216750	15450
仪　征			195	110262	2267
高　邮			1545	193020	11850

7－12　分地区经济作物产量

（2020 年）　　　　单位:吨

地　区	麻　类	糖　类	蔬　菜	瓜果类
全　市		786	2289919	108195
开发区			7999	421
广　陵			133622	8601
邗　江			251224	10350
江　都		786	482350	19400
宝　应			447703	29215
仪　征			296235	4623
高　邮			642794	34848

7－13　水产品生产情况

（2020 年）　　　　公顷、吨

项　　目	全　市	市　区	广陵区	邗江区	江都区	宝应县	仪征市	高邮市
淡水养殖面积合计	69324	11133	1656	2513	6675	26033	1437	30721
池塘	52063	9142	1086	1756	6088	17783	875	24263
湖泊	8824					3365		5459
水库	710	128		128			562	20
河沟	5998	1863	570	629	587	3196		939
其它	1730					1690		40
稻田(不纳入总面积)	5703	887	124	136	627	3470	98	1248
淡水养殖产量合计	375895	63012	3262	12585	45628	134508	6620	171755
池塘	340670	56216	2853	9772	42369	117528	4974	161952
湖泊	12276					6210		6066
水库	1860	270		270			1540	50
河沟	8353	4603	328	1251	2709	1680		2070
其它	1802	1138		1138		580	72	12
稻田	10934	785	81	154	550	8510	34	1605
水产品产量按生产性质分								
1、养殖产量	375895	63012	3262	12585	45628	134508	6620	171755
2、捕捞产量	23294	3669	545	728	2387	14500	920	4205
水产品产量按类别分								
1、鱼类	263659	39593	2575	9100	26667	91016	6256	126794
2、甲壳类	100962	18432	642	1432	16132	37550	351	44629
3、贝类	3551	808		5	750	2555		188
4、藻类								
5、其它	7723	4179	45	2048	2079	3387	13	144

7－14　分县(市)茶叶、水果生产情况

（2020年）　　单位:公顷、吨

地　区	面　积		产　量	
	茶　园	果　园	茶　叶	水　果
全　市	**2240**	**3721**	**651**	**62915**
广　陵		146		3421
邗　江	35	280	5	4779
江　都		796		16928
宝　应		548		11229
仪　征	2155	885	610	8466
高　邮	38	1065	33	18093

7－15　畜牧业生产情况

指标名称	计量单位	2020年
当年出栏量		
一、猪	万头	113.15
二、牛	万头	0.23
三、羊	万只	8.22
四、活家禽	万只	4251.80
期末存栏量		
一、猪	万头	72.85
其中:能繁母猪	万头	7.19
二、牛	万头	0.54
三、羊	万只	2.75
四、活家禽	万只	1304.52
肉类及其其他产量		
一、猪肉	吨	8.75
二、禽肉	吨	6.98
三、牛肉	吨	0.05
四、羊肉	吨	0.09
五、牛奶产量	吨	2.07
六、禽蛋产量	吨	5.73
#鸡蛋	吨	4.64

7－16　生猪、家禽、羊数

（2020年）　　万只、万头

地区	生猪			家禽		羊	
	出栏	存栏	能繁母猪	出栏	存栏	出栏	存栏
全市	**113.15**	**72.85**	**7.19**	**4251.80**	**1304.52**	**8.22**	**2.75**
市区	40.84	24.19	1.89	807.63	284.25	2.71	1.01
广陵	0.14	0.13	0.03	39.56	25.07	0.45	0.33
邗江	12.36	7.64	0.51	66.34	47.23	0.53	0.15
江都	28.31	16.41	1.35	680	202	1.73	0.52
宝应	28.37	18.69	2.24	652	150.55	1.67	0.50
仪征	18.99	14.51	1.24	303.33	114.53	1.14	0.31
高邮	24.95	15.46	1.82	2489	755	2.71	0.93

8

工　业

编辑:张汉翔　马莹波　魏爽

8－1　规模以上工业企业单位数

单位：个

项　　目	合计	市区	开发区	广陵	邗江	江都
总　　计	**2815**	**1373**	**126**	**279**	**387**	**581**
一、按企业登记注册类型分组						
内资企业	2551	1211	80	242	340	549
国有企业	3	1			1	
中央企业						
地方企业	3	1			1	
集体企业	16	10		3	2	5
股份合作企业	2	2	1		1	
联营企业	1	1				1
集体联营企业						
其他联营企业	1	1				1
有限责任公司	214	109	19	24	25	41
国有独资公司	14	10	1	5	2	2
其他有限责任公司	200	99	18	19	23	39
股份有限公司	56	27	4	5	9	9
私营企业	2259	1061	56	210	302	493
私营独资企业	61	36	1	6	4	25
私营合作企业						
私营有限责任公司	2131	984	54	198	283	449
私营股份有限公司	67	41	1	6	15	19
其他企业						
港、澳、台商投资企业	129	78	17	18	26	17
合资经营企业(港或澳、台资)	59	37	9	10	10	8
合作经营企业(港或澳、台资)	2					
港澳台商独资经营企业	67	40	8	8	16	8
港澳台商投资股份有限公司	1	1				1

8－1　续表1　　　　　　　　　　　　　　　　　　　　　　　　　　　　　　单位:个

项　　　目	全市	市区	开发区	广陵	邗江	江都
其他港澳台商投资企业						
外商投资企业	135	84	29	19	21	15
中外合资经营企业	72	45	6	12	14	13
中外合作经营企业	2					
外资企业	59	39	23	7	7	2
外商投资股份有限公司						
二、在总计中:亏损企业	42	26	13	2	3	8
三、在总计中:国有控股企业	83	47	15	12	10	10
四、在总计中:轻工业	965	415	31	126	117	141
重工业	1850	958	95	153	270	440
五、在总计中:大型企业	40	29	12	5	6	6
中型企业	228	137	23	28	45	41
小型企业	2374	1141	87	235	319	500
微型企业	173	66	4	11	17	34
六、按行业分组						
采矿业	1	1	1			
煤炭开采和洗选业						
石油和天然气开采业	1	1	1			
黑色金属矿采选业						
制造业	2768	1356	120	276	384	576
农副食品加工业	69	16	1	2	2	11
食品制造业	23	16	3	9	4	
酒、饮料和精制茶制造业	6	3		1	1	1
纺织业	112	35	1	8	12	14
纺织服装、服饰业	85	37	6	8	18	5
皮革、毛皮、羽毛及其制品和制鞋业	102	57	4	17	21	15

8－1　续表2　　单位:个

项　　目	全市	市区				
			开发区	广陵	邗江	江都
木材加工和木、竹、藤、棕、草制品业	14	6	1	1	1	3
家具制造业	13	10	4		3	3
造纸和纸制品业	19	7	3	2	2	
印刷和记录媒介复制业	18	13		3	4	6
文教、工美、体育和娱乐用品制造业	145	73		6	22	45
石油、煤炭及其他燃料加工业	5	1				1
化学原料和化学制品制造业	125	64	3	14	9	38
医药制造业	38	20	1	4	9	6
化学纤维制造业	25	3			2	1
橡胶和塑料制品业	111	56	3	24	9	20
非金属矿物制品业	144	67	5	6	27	29
黑色金属冶炼和压延加工业	45	16		2	2	12
有色金属冶炼和压延加工业	78	37		2	4	31
金属制品业	223	111	10	12	28	61
通用设备制造业	228	134	9	29	39	57
专用设备制造业	203	135	7	24	41	63
汽车制造业	202	108	6	20	32	50
铁路、船舶、航空航天和其他运输设备制造业	31	14		2	1	11
电气机械和器材制造业	473	196	26	49	47	74
计算机、通信和其他电子设备制造业	143	58	20	12	18	8
仪器仪表制造业	49	40	6	6	24	4
其他制造业	23	19		13	1	5
废弃资源综合利用业	16	4	1		1	2
电力、热力和水的生产和供应业	46	16	5	3	3	5
电力、热力生产和供应业	28	6	4		2	
燃气生产和供应业	10	5		1	1	3
水的生产和供应业	8	5	1	2		2

8－1　续表3　　单位:个

项　　目	宝应	仪征	高邮
总　计	**469**	**409**	**564**
一、按企业登记注册类型分组			
内资企业	440	365	535
国有企业	2		
中央企业			
地方企业	2		
集体企业	3		3
股份合作企业			
联营企业			
集体联营企业			
其他联营企业			
有限责任公司	16	42	47
国有独资公司	3	1	
其他有限责任公司	13	41	47
股份有限公司	10	7	12
私营企业	409	316	473
私营独资企业	10	6	9
私营合作企业			
私营有限责任公司	391	300	456
私营股份有限公司	8	10	8
其他企业			
港、澳、台商投资企业	14	21	16
合资经营企业(港或澳、台资)	6	6	10
合作经营企业(港或澳、台资)		1	1
港澳台商独资经营企业	8	14	5
港澳台商投资股份有限公司			

8－1　续表4　　单位:个

项　　目	宝应	仪征	高邮
其他港澳台商投资企业			
外商投资企业	15	23	13
中外合资经营企业	8	11	8
中外合作经营企业	1		1
外资企业	6	11	3
外商投资股份有限公司			
二、在总计中:亏损企业	4	8	4
三、在总计中:国有控股企业	11	19	6
四、在总计中:轻工业	178	140	232
重工业	291	269	332
五、在总计中:大型企业	3	5	3
中型企业	29	25	37
小型企业	387	343	503
微型企业	50	36	21
六、按行业分组			
采矿业			
煤炭开采和洗选业			
石油和天然气开采业			
黑色金属矿采选业			
制造业	460	401	551
农副食品加工业	24	3	26
食品制造业	2	2	3
酒、饮料和精制茶制造业	2	1	
纺织业	31	36	10
纺织服装、服饰业	9	5	34
皮革、毛皮、羽毛及其制品和制鞋业	15	6	24

8－1　续表5

单位:个

项　　　　目	宝应	仪征	高邮
木材加工和木、竹、藤、棕、草制品业	5		3
家具制造业	2	1	
造纸和纸制品业	4	3	
印刷和记录媒介复制业	5	3	2
文教、工美、体育和娱乐用品制造业	34	28	10
石油、煤炭及其他燃料加工业		2	2
化学原料和化学制品制造业	9	24	28
医药制造业	3	2	13
化学纤维制造业	2	17	3
橡胶和塑料制品业	14	24	17
非金属矿物制品业	33	32	12
黑色金属冶炼和压延加工业	8	4	17
有色金属冶炼和压延加工业	25	4	12
金属制品业	41	36	35
通用设备制造业	29	33	32
专用设备制造业	19	18	31
汽车制造业	36	45	13
铁路、船舶、航空航天和其他运输设备制造业	1	11	5
电气机械和器材制造业	92	32	153
计算机、通信和其他电子设备制造业	14	15	56
仪器仪表制造业	4	3	2
其他制造业	2	2	
废弃资源综合利用业		9	3
电力、热力和水的生产和供应业	9	8	13
电力、热力生产和供应业	8	4	10
燃气生产和供应业	1	2	2
水的生产和供应业		2	1

8－2 规模以上工业企业主要产品产量

产品名称	计量单位	2020年
原油	万吨	
天然气	万立方米	
发电量	亿千瓦小时	
塑料制品	万吨	19.60
化学纤维	万吨	159.42
纱	万吨	13.04
布	万米	10993.62
毛机织物(呢绒)	万米	105.32
服装	万件	9554.92
皮革鞋靴	万双	1087.23
机制纸及纸板	万吨	10.97
纸制品	万吨	91.68
烧碱(折100%)	万吨	20.49
农用氮、磷、钾化学肥料总计(折纯)	万吨	0.19
化学农药原药	吨	9353.50
合成纤维聚合物	万吨	214.72
化学药品原药	吨	5380.70
水泥	万吨	1094.17
钢材	万吨	584.96
附:用外购国产钢材再加工生产的钢材	万吨	13.45
金属切削机床	台	19469
金属成形机床	台	24440
汽车	辆	260948
金属集装箱	万立方米	110.71
电力电缆	万千米	346.27
通信及电子网络用电缆	对千米	61.82
单晶硅	万千克	294.8
交流电动机	万千瓦	1586.05
电动手提式工具	万台	56.89
民用钢质船舶	载重吨	3527482

8－3 规模以上工业企业主要财务指标

单位:万元

项　　目	营业收入	营业成本	利润总额	亏损企业亏损额	销售费用	管理费用	财务费用
总　计	**49399907**	**42008900**	**2266951**	**405854**	**1291953**	**1717764**	**462601**
一、按企业登记注册类型分组							
内资企业	37937730	32291966	1445934	319140	1008105	1386350	428498
国有企业	11070	8260	577		1006	1606	375
中央企业							
地方企业	11070	8260	577		1006	1606	375
集体企业	56289	48261	2136	398	1427	3075	170
股份合作企业	10374	8808	688		89	597	132
联营企业	390	376	－9	9	2	30	
集体联营企业							
其他联营企业	390	376	－9	9	2	30	
有限责任公司	10144975	8970858	207170	192147	163472	342089	109408
国有独资公司	2296292	2137769	－15111	32411	15618	37180	22365
其他有限责任公司	7848683	6833089	222281	159736	147854	304909	87043
股份有限公司	3759321	3161717	116117	28395	167181	96526	64620
私营企业	23955310	20093686	1119256	98191	674928	942428	253793
私营独资企业	195891	172560	3651	394	3500	7481	1700
私营合作企业							
私营有限责任公司	21979116	18588474	970337	89185	574628	829661	233046
私营股份有限公司	1780304	1332652	145268	8612	96801	105286	19047
其他企业							
港、澳、台商投资企业	4964984	4275294	265361	43955	153991	139786	11120
合资经营企业(港或澳、台资)	2016279	1671044	134431	8349	99419	60810	4555
合作经营企业(港或澳、台资)	9763	6492	826		759	993	309
港澳台商独资经营企业	2871278	2549969	118392	35606	52165	74459	4891
港澳台商投资股份有限公司	67664	47789	11712		1648	3525	1365

单位:万元

项　　目	营业收入	营业成本	利润总额	亏损企业亏损额	销售费用	管理费用	财务费用
其他港澳台商投资企业							
外商投资企业	6497192	5441640	555656	42758	129857	191628	22983
中外合资经营企业	3973590	3236937	447203	3655	58827	101977	9050
中外合作经营企业	41798	35889	3478		562	962	228
外资企业	2479203	2166713	104877	39042	70405	88435	13690
外商投资股份有限公司							
二、在总计中:亏损企业	1728195	1554610	2957	40030	25764	46222	22807
三、在总计中:国有控股企业	13656059	11866286	603936	173468	223391	393514	124135
四、在总计中:轻工业	10671906	8851559	479975	43420	455702	449617	90896
重工业	38728001	33157341	1786975	362434	836252	1268148	371705
五、在总计中:大型企业	14014279	12025118	744851	157311	238882	450784	102889
中型企业	12039068	10042840	646201	114661	439139	404684	120682
小型企业	22201908	18981189	799411	125729	599646	834822	207693
微型企业	1144652	959754	76488	8153	14286	27475	31337
六、按行业分组							
采矿业	263587	272749	－109218	109218	2251	49330	18408
煤炭开采和洗选业							
石油和天然气开采业	263587	272749	－109218	109218	2251	49330	18408
黑色金属矿采选业							
制造业	47698676	40567033	2193047	295607	1274164	1633609	386213
农副食品加工业	811751	740499	14916	978	17728	16772	5457
食品制造业	211240	163558	10679	1706	13390	17737	1166
酒、饮料和精制茶制造业	186970	142741	5857	723	25052	8689	48
纺织业	877481	737234	39203	4609	22846	34054	13373
纺织服装、服饰业	571422	482268	27466	3608	12566	30107	8533
皮革、毛皮、羽毛及其制品和制鞋业	666112	567105	24622	4585	15516	27409	6982

单位:万元

项　　目	营业收入	营业成本	利润总额	亏损企业亏损额	销售费用	管理费用	财务费用
木材加工和木、竹、藤、棕、草制品业	251430	238966	2006	1619	3068	2992	2066
家具制造业	203045	156654	6303	714	22251	9486	2250
造纸和纸制品业	487155	456968	-3911	8804	13448	8632	6493
印刷和记录媒介复制业	127126	92036	18357	212	5081	7751	777
文教、工美、体育和娱乐用品制造业	697489	583591	23476	1963	22906	34136	5860
石油、煤炭及其他燃料加工业	237493	173849	4622		1926	8508	-344
化学原料和化学制品制造业	3008075	2329906	318934	24460	128908	92584	21391
医药制造业	693701	406468	104265	1021	100285	37346	7165
化学纤维制造业	1889732	1655288	48972	2694	32897	102591	5458
橡胶和塑料制品业	735841	602355	34585	2632	22661	35622	8323
非金属矿物制品业	1806736	1518900	85368	2147	57980	66689	14350
黑色金属冶炼和压延加工业	3696286	3358129	162221	5775	23704	32403	10270
有色金属冶炼和压延加工业	2430485	2285397	59043	8067	15237	27570	6128
金属制品业	3583147	3188317	90598	5663	61497	85929	31060
通用设备制造业	1778303	1449669	66646	15650	70518	93569	19689
专用设备制造业	1286600	1021399	52605	5857	54546	86605	13969
汽车制造业	7119133	5977142	498408	68742	121108	241454	45402
铁路、船舶、航空航天和其他运输设备制造业	1341819	1225172	-27069	37378	14427	46354	19461
电气机械和器材制造业	7716789	6601429	253716	54288	248887	246761	87509
计算机、通信和其他电子设备制造业	3224641	2762378	145623	27329	52849	129005	23741
仪器仪表制造业	1588583	1247276	103296	2144	80145	86268	12216
其他制造业	289373	248452	12267	13	10194	11489	3922
废弃资源综合利用业	180720	153891	9974	2224	2544	5097	3497
电力、热力、燃气及水的生产和供应业	1437644	1169118	183122	1030	15538	34826	57980
电力、热力生产和供应业	1107756	914390	115082		1051	18998	50387
燃气生产和供应业	236491	190108	28645		7296	7314	-53
水的生产和供应业	93397	64620	39394	1030	7192	8515	7646

8－3　续表3　　单位:万元

项　　目	资产总计	流动资产合　计	应收账款	产成品	负债总计	从业人员年平均人数（人）
总　计	**49485009**	**29339149**	**10011137**	**2383442**	**27400668**	**396870**
一、按企业登记注册类型分组						
内资企业	40095702	23855451	8320851	2051474	22679574	322737
国有企业	35114	31534	2558	4847	19453	261
中央企业						
地方企业	35114	31534	2558	4847	19453	261
集体企业	51620	41098	24564	3214	20643	1210
股份合作企业	13549	11833	8358	164	7096	253
联营企业	1179	885		17	268	2
集体联营企业						
其他联营企业	1179	885		17	268	2
有限责任公司	10625591	5163097	1305575	381441	6316377	50595
国有独资公司	1493067	648247	117405	3275	932684	2857
其他有限责任公司	9132525	4514850	1188170	378166	5383693	47738
股份有限公司	4801919	3120229	1242145	202732	2889083	22158
私营企业	24566731	15486776	5737652	1459059	13426655	248258
私营独资企业	133655	83941	32230	8004	81049	3805
私营合作企业						
私营有限责任公司	21561369	13754376	5227355	1319138	12164952	227055
私营股份有限公司	2871707	1648459	478068	131917	1180654	17398
其他企业						
港、澳、台商投资企业	4540082	2701316	910404	173295	2001161	37017
合资经营企业（港或澳、台资）	1933025	1150508	379856	108474	762736	16948
合作经营企业（港或澳、台资）	59203	8455	837		30570	237
港澳台商独资经营企业	2425226	1464785	510304	61517	1163545	19232
港澳台商投资股份有限公司	122629	77569	19407	3305	44310	600

项目	资产总计	流动资产合计	应收账款	产成品	负债总计	从业人员年平均人数(人)
其他港澳台商投资企业						
外商投资企业	4849225	2782382	779882	158673	2719933	37116
中外合资经营企业	2143088	1342862	296165	66113	1300337	14630
中外合作经营企业	39506	24297	17626	2077	18894	353
外资企业	2653683	1402661	460938	90441	1394218	22071
外商投资股份有限公司						
二、在总计中:亏损企业	2003709	1041600	335763	47466	1104271	13488
三、在总计中:国有控股企业	12233548	6129983	1523385	342828	7551788	46057
四、在总计中:轻工业	10100910	5660444	1821388	532382	4983366	136208
重工业	39384099	23678705	8189749	1851060	22417301	260662
五、在总计中:大型企业	13110726	7326982	2276240	579867	7474384	77328
中型企业	12785079	7662110	2441102	671936	7113937	104270
小型企业	21879522	13514841	5020491	1039315	11803848	211973
微型企业	1709682	835216	273305	92324	1008499	3299
六、按行业分组						
采矿业	773033	267741	3907	4489	736325	5269
煤炭开采和洗选业						
石油和天然气开采业	773033	267741	3907	4489	736325	5269
黑色金属矿采选业						
制造业	45126295	28059357	9790719	2377860	24555202	385908
农副食品加工业	559093	348711	50898	45836	360482	5619
食品制造业	288371	166865	58102	17330	147274	4187
酒、饮料和精制茶制造业	161938	82555	33091	10612	85931	1430
纺织业	892931	468752	151186	54313	378706	12881
纺织服装、服饰业	1028168	588242	114904	40093	589500	19195
皮革、毛皮、羽毛及其制品和制鞋业	573764	439356	172623	51104	395243	16805

8－3　续表5

单位:万元

项　　　　目	资产总计	流动资产合　　计	应收账款	产成品	负债总计	从业人员年平均人数（人）
木材加工和木、竹、藤、棕、草制品业	123379	76272	20138	22768	83114	1082
家具制造业	206161	96891	44445	15138	70348	2328
造纸和纸制品业	482330	205996	61243	13007	382695	3265
印刷和记录媒介复制业	122175	78317	25383	7570	62181	1816
文教、工美、体育和娱乐用品制造业	483426	324762	94511	30818	289710	16816
石油、煤炭及其他燃料加工业	98199	66688	3315	1362	34532	741
化学原料和化学制品制造业	3481581	2053476	465051	143824	1249196	14712
医药制造业	882700	481194	122829	40913	290858	6232
化学纤维制造业	1498811	476242	43551	57666	599397	9836
橡胶和塑料制品业	773512	450048	209742	35373	367458	8754
非金属矿物制品业	1558852	1014799	528778	53193	842943	11626
黑色金属冶炼和压延加工业	2590941	1744958	567190	278880	1518527	13633
有色金属冶炼和压延加工业	1152049	739632	170018	79166	744226	5229
金属制品业	2132973	1454120	562610	128513	1195408	25753
通用设备制造业	2116713	1433079	486834	176631	1094805	25386
专用设备制造业	1437096	1027438	424090	68732	747258	18698
汽车制造业	5915577	3751298	1427237	319090	3838642	42274
铁路、船舶、航空航天和其他运输设备制造业	1923848	995603	135998	7708	1398097	5623
电气机械和器材制造业	8209859	5524106	2428565	351226	4618137	58600
计算机、通信和其他电子设备制造业	3981221	2527030	1007088	157663	1746591	34557
仪器仪表制造业	1866217	1137804	279095	148346	1156630	11375
其他制造业	394036	214944	81513	14145	137121	6127
废弃资源综合利用业	190372	90181	20691	6841	130192	1328
电力、热力、燃气及水的生产和供应业	3585681	1012051	216512	1093	2109141	5693
电力、热力生产和供应业	2489842	553221	191330	127	1443738	2686
燃气生产和供应业	299518	99032	21132	966	82651	1394
水的生产和供应业	796321	359799	4049		582752	1613

8－4　大中型工业企业主要财务指标

单位:万元

项目	营业收入	营业成本	利润总额	亏损企业亏损额	销售费用	管理费用	财务费用
总计	**26053347**	**22067958**	**1391052**	**271972**	**678021**	**855467**	**223571**
一、按企业登记注册类型分组							
内资企业	17613282	14945814	711130	230026	478925	628186	208761
有限责任公司	5498223	4807181	34450	171881	113609	252127	68417
国有独资公司	437455	379039	－29460	32011	10363	20460	16568
其他有限责任公司	5060768	4428142	63910	139870	103247	231667	51849
股份有限公司	3383124	2853197	101532	27598	144847	81802	57910
私营企业	8731935	7285437	575147	30548	220468	294257	82434
私营独资企业	10596	8731	675		251	296	115
私营合作企业							
私营有限责任公司	7459804	6334109	463978	30548	149097	226206	70599
私营股份有限公司	1261536	942597	110494		71121	67755	11720
其他企业							
港、澳、台商投资企业	3703976	3187804	202834	29364	128214	86084	3361
合资经营企业(港或澳、台资)	1101721	871438	79596	1768	85006	28776	1458
合作经营企业(港或澳、台资)							
港澳台商独资经营企业	2534590	2268577	111525	27596	41560	53784	538
港澳台商投资股份有限公司	67664	47789	11712		1648	3525	1365
其他港澳台商投资企业							
外商投资企业	4736090	3934339	477089	12582	70883	141197	11448
中外合资经营企业	2982189	2424275	389579		9635	76718	2100
中外合作经营企业							

8－4　续表1　　　　单位:万元

项　　目	营业收入	营业成本	利润总额	亏损企业亏损额	销售费用	管理费用	财务费用
外资企业	1753901	1510064	87510	12582	61247	64479	9349
外商投资股份有限公司							
二、在总计中:亏损企业	1401016	1253332	－739	35611	22645	37833	18084
三、在总计中:国有控股企业	9751051	8335481	417860	164662	196394	341580	98777
四、在总计中:轻工业	5153282	4245060	265560	17113	243675	216786	39184
重工业	20900065	17822898	1125492	254860	434347	638681	184386
五、按行业分组							
采矿业	263587	272749	－109218	109218	2251	49330	18408
煤炭开采和洗选业							
石油和天然气开采业	263587	272749	－109218	109218	2251	49330	18408
黑色金属矿采选业							
制造业	25499035	21552100	1449556	162754	666980	797400	194590
农副食品加工业	13642	9731	1146		2172	508	－3
食品制造业	89804	74841	3352	692	2772	7825	654
酒、饮料和精制茶制造业	149383	112302	5017		23237	5213	－106
纺织业	304538	262063	9413	3053	6344	9926	7644
纺织服装、服饰业	262682	218573	5903	2039	7823	18520	5708
皮革、毛皮、羽毛及其制品和制鞋业	297423	251407	15606	1922	6934	12902	3304
木材加工和木、竹、藤、棕、草制品业	79931	73736	1139	633	981	1287	1759
家具制造业	151435	115957	5864	219	19070	4898	860
造纸和纸制品业	380355	362171	－5439	8435	10560	4960	5165
印刷和记录媒介复制业	63311	38715	16989		3023	4183	30

8－4　续表2　　单位:万元

项　　目	营业收入	营业成本	利润总额	亏损企业亏损额	销售费用	管理费用	财务费用
文教、工美、体育和娱乐用品制造业	119346	96707	5656	58	3644	6697	1111
石油、煤炭及其他燃料加工业	189586	131753	3402		1535	7188	－922
化学原料和化学制品制造业	1440061	1024060	212483	519	93325	44382	4884
医药制造业	237745	124986	53370		34372	10474	4291
化学纤维制造业	1693030	1467405	45908	696	30819	99142	4000
橡胶和塑料制品业	108880	85911	8828		4084	4699	629
非金属矿物制品业	180374	137437	16473		3444	12052	633
黑色金属冶炼和压延加工业	2785868	2501052	149271	3957	15242	23313	5904
有色金属冶炼和压延加工业	1598092	1514401	44211	1325	7539	8352	－1211
金属制品业	600858	486276	33941		23844	27866	13416
通用设备制造业	535839	435104	27804	6964	26031	22395	2670
专用设备制造业	92281	75083	4131		3277	6647	1337
汽车制造业	5712856	4783111	453771	59277	85255	171763	31092
铁路、船舶、航空航天和其他运输设	981076	901507	－29077	34931	11813	28918	19017
电气机械和器材制造业	4280838	3700530	156222	24775	135383	101590	55867
计算机、通信和其他电子设备制造业	1720391	1450879	105682	12351	26338	75538	13064
仪器仪表制造业	1218589	934180	87952	908	69944	68858	10850
其他制造业	210822	182226	10537		8178	7306	2945
废弃资源综合利用业							
电力、热力、燃气及水的生产和供应业	290725	243108	50714		8790	8738	10573
电力、热力生产和供应业	164845	151365	5090				6092
燃气生产和供应业	75324	56674	10167		3673	4338	－466
水的生产和供应业	50556	35070	35457		5116	4400	4947

单位:万元

项　　目	资产总计	流动资产合计	应收账款	产成品	负债总计	从业人员年平均人数(人)
总　计	**25895805**	**14989092**	**4717342**	**1251803**	**14588321**	**181598**
一、按企业登记注册类型分组						
内资企业	20138017	11428922	3564098	1055098	11550300	131334
有限责任公司	6201823	2914379	613895	244840	3828259	34470
国有独资公司	699157	277910	4415	2776	501921	1394
其他有限责任公司	5502667	2636470	609480	242063	3326339	33076
股份有限公司	4344001	2844908	1124737	175427	2661630	18636
私营企业	9592193	5669634	1825467	634832	5060411	78228
私营独资企业	9915	4672	1169	1301	6414	586
私营合作企业						
私营有限责任公司	7689278	4686616	1522113	551268	4383247	66407
私营股份有限公司	1893000	978347	302185	82263	670750	11235
其他企业						
港、澳、台商投资企业	2902028	1855890	709318	109633	1234619	25447
合资经营企业(港或澳、台资)	994718	656121	277132	69258	315441	10423
合作经营企业(港或澳、台资)						
港澳台商独资经营企业	1784682	1122200	412780	37071	874867	14424
港澳台商投资股份有限公司	122629	77569	19407	3305	44310	600
其他港澳台商投资企业						
外商投资企业	2855760	1704280	443925	87072	1803402	24817
中外合资经营企业	1246655	783033	140232	23793	867010	7175
中外合作经营企业						

8－4　续表4　　　　单位:万元

项　　目	资产总计	流动资产合　计	应收账款	产成品	负债总计	从业人员年平均人数（人）
外资企业	1609105	921247	303693	63279	936392	17642
外商投资股份有限公司						
二、在总计中:亏损企业	1606001	892614	288586	38393	881835	10884
三、在总计中:国有控股企业	9303174	4787871	1168158	282403	6013854	40168
四、在总计中:轻工业	4975624	2516173	823423	249673	2385569	58696
重工业	20920180	12472919	3893919	1002130	12202752	122902
五、按行业分组						
采矿业	773033	267741	3907	4489	736325	5269
煤炭开采和洗选业						
石油和天然气开采业	773033	267741	3907	4489	736325	5269
黑色金属矿采选业						
制造业	24390830	14582238	4687168	1246945	13478704	173599
农副食品加工业	55007	6683	469	303	21529	395
食品制造业	101346	64204	31236	10090	66990	2127
酒、饮料和精制茶制造业	110436	44039	21719	3940	59030	1175
纺织业	327696	185388	37999	26822	130732	5182
纺织服装、服饰业	685741	399230	88456	26139	396664	10865
皮革、毛皮、羽毛及其制品和制鞋业	269634	211984	87092	21121	200129	7606
木材加工和木、竹、藤、棕、草制品业	56226	28763	5430	2380	42147	531
家具制造业	135302	69217	33156	13165	42672	1528
造纸和纸制品业	416808	161023	43049	11298	343574	2185
印刷和记录媒介复制业	51910	35086	12215	3777	17746	724

8－4　续表5

单位:万元

项　　　目	资产总计	流动资产合　计	应收账款	产成品	负债总计	从业人员年平均人数（人）
文教、工美、体育和娱乐用品制造业	75506	50932	12211	4503	43422	4267
石油、煤炭及其他燃料加工业	71882	50384		710	18549	623
化学原料和化学制品制造业	1857714	1007473	226221	75331	528308	6771
医药制造业	293794	159122	35906	7479	96082	1607
化学纤维制造业	1215385	322602	30396	48748	475009	8415
橡胶和塑料制品业	142129	54412	26582	1941	32227	769
非金属矿物制品业	154511	81062	43420	1699	67661	1736
黑色金属冶炼和压延加工业	2114629	1423413	431014	230130	1212930	10984
有色金属冶炼和压延加工业	551643	337165	30083	15125	387857	506
金属制品业	684845	473489	206159	60127	424053	7965
通用设备制造业	763927	505907	95486	60692	376030	6815
专用设备制造业	185681	103402	49445	15305	128397	1903
汽车制造业	4299784	2835455	1047801	223208	2910541	27332
铁路、船舶、航空航天和其他运输设	1380077	701742	3116		1011199	2583
电气机械和器材制造业	4465814	2843281	1215677	163623	2627731	24815
计算机、通信和其他电子设备制造业	2331166	1436057	609123	93482	921991	21588
仪器仪表制造业	1259925	816931	198038	115910	791689	8135
其他制造业	332316	173793	65671	9900	103817	4467
废弃资源综合利用业						
电力、热力、燃气及水的生产和供应业	731941	139113	26268	369	373292	2730
电力、热力生产和供应业	300102	36798	14795		184435	956
燃气生产和供应业	140431	50316	9671	369	21298	850
水的生产和供应业	291409	51999	1802		167559	924

8－5　规模以上私营工业企业主要财务指标

单位:万元

项　　目	营业收入	营业成本	利润总额	亏损企业亏损额	销售费用	管理费用	财务费用
总　　计	**23955310**	**20093686**	**1119256**	**98191**	**674928**	**942428**	**253793**
一、按企业登记注册类型分组							
私营企业	23955310	20093686	1119256	98191	674928	942428	253793
私营独资企业	195891	172560	3651	394	3500	7481	1700
私营合作企业							
私营有限责任公司	21979116	18588474	970337	89185	574628	829661	233046
私营股份有限公司	1780304	1332652	145268	8612	96801	105286	19047
二、在总计中:亏损企业	370460	329372	7810	2232	7224	9687	5025
三、在总计中:轻工业	5708031	4716656	281541	21401	206523	246002	62632
重工业	18247279	15377030	837715	76790	468406	696427	191162
四、在总计中:大型企业	3983600	3389261	305172		58945	99608	16612
中型企业	4748335	3896176	269976	30548	161523	194649	65822
小型企业	14551310	12227618	527784	61193	443137	631025	151950
微型企业	672065	580632	16325	6451	11323	17147	19410
五、按行业分组							
制造业	23787804	19976091	1099918	98191	674191	938412	233191
农副食品加工业	453439	399416	10919	931	13872	12246	3191
食品制造业	121767	96929	2671	1013	7551	10732	1167
酒、饮料和精制茶制造业	8286	5693	－15	76	345	1247	218
纺织业	669181	560713	28409	1617	18572	27887	11015
纺织服装、服饰业	417467	347558	27496	1017	8619	18944	7533
皮革、毛皮、羽毛及其制品和制鞋业	414063	355705	13573	2723	8428	13842	4380
木材加工和木、竹、藤、棕、草制品业	110836	99921	2786	823	1411	2432	2091
家具制造业	188306	146554	6168	555	21064	7243	1531
造纸和纸制品业	82116	72757	630	410	2656	2772	900

8－5　续表1　　单位：万元

项　　目	营业收入	营业成本	利润总额	亏损企业亏损额	销售费用	管理费用	财务费用
印刷和记录媒介复制业	123301	88846	18418	151	4907	7542	715
文教、工美、体育和娱乐用品制造业	558227	468517	18748	1871	16709	25405	4776
石油、煤炭及其他燃料加工业	47907	42096	1220		390	1320	577
化学原料和化学制品制造业	1251341	990301	119290	1057	34065	46919	9071
医药制造业	293700	200170	37329	1021	23482	15452	2106
化学纤维制造业	457564	392867	40067	1155	11086	13090	3209
橡胶和塑料制品业	494750	407263	21363	1439	13403	23687	6343
非金属矿物制品业	1361269	1135842	53498	2029	48640	57280	12319
黑色金属冶炼和压延加工业	3301359	2994260	162018	1864	16129	24962	9993
有色金属冶炼和压延加工业	1006216	942014	15751	2087	6540	16118	9112
金属制品业	1490876	1246022	60555	5639	43158	62284	23264
通用设备制造业	1284946	1049788	37759	14751	51862	69002	17247
专用设备制造业	1078259	844766	47131	2992	47952	75685	11637
汽车制造业	1414295	1135131	68755	15591	48687	83194	18955
铁路、船舶、航空航天和其他运输设备制造业	125200	106752	2532	683	2230	7229	1006
电气机械和器材制造业	4162543	3512859	148508	28419	130825	169087	40590
计算机、通信和其他电子设备制造业	1624989	1356728	88777	5172	30848	62579	13567
仪器仪表制造业	902035	685198	51193	2006	49901	66996	10468
其他制造业	175590	144665	8398		8400	9066	3411
废弃资源综合利用业	167977	146759	5975	1101	2458	4170	2800
电力、热力、燃气及水生产和供应业	167506	117596	19338		738	4016	20602
电力、热力生产和供应业	129440	83245	18744		738	3829	20626
燃气生产和供应业	38066	34350	595			187	－23
水的生产和供应业							

8－5　续表2　　　　单位:万元

项　　目	资产总计	流动资产合　计	应收账款	产成品	负债总计	从业人员年平均人数（人）
总　计	**24566731**	**15486776**	**5737652**	**1459059**	**13426655**	**248258**
一、按企业登记注册类型分组						
私营企业	24566731	15486776	5737652	1459059	13426655	248258
私营独资企业	133655	83941	32230	8004	81049	3805
私营合作企业						
私营有限责任公司	21561369	13754376	5227355	1319138	12164952	227055
私营股份有限公司	2871707	1648459	478068	131917	1180654	17398
二、在总计中:亏损企业	400034	177388	76430	13220	267476	3247
三、在总计中:轻工业	5462103	3446301	1146944	301513	2893714	87887
重工业	19104628	12040475	4590708	1157547	10532941	160371
四、在总计中:大型企业	4260552	2360110	804603	304718	1920029	23636
中型企业	5331641	3309524	1020864	330114	3140381	54592
小型企业	14014889	9391631	3755006	757498	7690969	167422
微型企业	959650	425511	157180	66730	675276	2608
五、按行业分组						
制造业	23842914	15340655	5668539	1458932	12905386	247731
农副食品加工业	360261	188777	38344	25764	212751	4280
食品制造业	141123	81145	35731	14545	82733	2490
酒、饮料和精制茶制造业	6265	3807	787	1571	4735	141
纺织业	632237	373338	112864	46195	300892	10737
纺织服装、服饰业	741184	426833	91644	25488	467200	12027
皮革、毛皮、羽毛及其制品和制鞋业	319676	248814	104557	29256	222743	9087
木材加工和木、竹、藤、棕、草制品业	93910	47150	10134	6796	58286	1044
家具制造业	158176	87342	39327	14494	59321	2095
造纸和纸制品业	47248	32198	10297	1978	26380	1205

8－5　续表3　　单位:万元

项　　目	资产总计	流动资产合　　计	应收账款	产成品	负债总计	从业人员年平均人数（人）
印刷和记录媒介复制业	118086	76436	24824	7460	56556	1754
文教、工美、体育和娱乐用品制造业	373566	248931	83068	21799	224275	13301
石油、煤炭及其他燃料加工业	26318	16303	3315	652	15983	118
化学原料和化学制品制造业	1490667	799761	199001	62180	528122	8943
医药制造业	296293	178723	50505	16992	130226	2982
化学纤维制造业	395392	247289	37296	20921	220713	3448
橡胶和塑料制品业	458463	287935	142591	21146	244328	6307
非金属矿物制品业	1126391	801681	433932	38558	643958	9517
黑色金属冶炼和压延加工业	2193256	1521357	537887	259378	1330202	11474
有色金属冶炼和压延加工业	659134	440486	122776	67097	416591	4060
金属制品业	1563628	1064743	418009	101694	868560	18983
通用设备制造业	1616827	1090674	368570	141572	897466	19096
专用设备制造业	1141037	804665	324641	45796	607478	15399
汽车制造业	1566824	1014386	386357	73435	952012	20037
铁路、船舶、航空航天和其他运输设备制造业	148038	84346	23311	2829	75848	2143
电气机械和器材制造业	4658872	3075099	1391521	223834	2404678	38725
计算机、通信和其他电子设备制造业	1837476	1179127	448935	86233	818258	15409
仪器仪表制造业	1244845	671675	145924	81281	809694	8061
其他制造业	269777	164870	65071	13192	111573	3677
废弃资源综合利用业	157944	82765	17319	6795	113827	1191
电力、热力、燃气及水生产和供应业	723817	146121	69114	127	521269	527
电力、热力生产和供应业	719233	146120	69113	127	516686	517
燃气生产和供应业	4583	1	1		4583	10
水的生产和供应业						

8－6　分地区规模以上工业企业主要财务指标

单位:万元

地　区	营业收入	利润总额	亏损企业亏损额	资产总计	负债总计	销售费用	管理费用	财务费用	从业人员年平均人数（人）
总　计	**49399907**	**2266951**	**405854**	**49485009**	**27400668**	**1291953**	**1717764**	**462601**	**396870**
市　区	24981515	1004650	316640	28605257	15932336	813683	997618	253051	224270
开发区	5951879	196618	157327	6948928	3944411	100366	222630	48700	45564
广陵	4671336	241387	21503	4688813	2429210	133503	164434	29764	44978
邗江	5880642	336822	41951	8172762	4467151	348037	316447	81853	64879
江都	8477657	229823	95860	8794755	5091564	231776	294107	92734	68849
宝　应	6779078	190564	20358	5680410	3427469	151666	173132	88066	48821
仪　征	10389718	765744	43394	8504659	4633015	148533	349743	49780	55555
高　邮	7249596	305993	25462	6694683	3407848	178072	197271	71704	68224

8－7　大中型工业企业名录

单 位 名 称	地　区	序　号
大型企业:		
上海大众汽车有限公司仪征公司	仪征	1
中国石化仪征化纤有限责任公司	仪征	2
扬州恒润海洋重工有限公司	广陵	3
宝胜科技创新股份有限公司	宝应	4
扬州市秦邮特种金属材料有限公司	高邮	5
潍柴动力扬州柴油机有限责任公司	开发区	6
海信容声(扬州)冰箱有限公司	开发区	7
亚普汽车部件股份有限公司	开发区	8
扬州中远海运重工有限公司	江都	9
晶澳(扬州)太阳能科技有限公司	开发区	10
扬州中集通华专用车有限公司	开发区	11
西门子电机(中国)有限公司	仪征	12
中国石化集团江苏石油勘探局有限公司	开发区	13

8－7　续表1

单 位 名 称	地 区	序 号
扬力集团股份有限公司	邗江	14
川奇光电科技(扬州)有限公司	开发区	15
新大洋造船有限公司	广陵	16
扬州扬杰电子科技股份有限公司	邗江	17
江苏长青农化股份有限公司	江都	18
迪皮埃风电叶片(扬州)有限公司	开发区	19
李尔汽车系统(扬州)有限公司	邗江	20
江苏亚威机床股份有限公司	江都	21
扬州亚星客车股份有限公司	邗江	22
森萨塔科技(宝应)有限公司	宝应	23
江苏金飞达电动工具有限公司	高邮	24
骏升科技(扬州)有限公司	宝应	25
江苏传艺科技股份有限公司	高邮	26
扬州诚德钢管有限公司	江都	27
江苏奔宇车身制造有限公司	江都	28
扬州保来得科技实业有限公司	开发区	29
李尔汽车内饰材料(扬州)有限公司	开发区	30
高露洁三笑有限公司	生态	31
扬州依利安达电子有限公司	仪征	32
扬州中燃城市燃气发展有限公司	广陵	33
仪征亚新科双环活塞环有限公司	仪征	34
扬州五亭桥缸套有限公司	邗江	35
扬州乾照光电有限公司	开发区	36
扬州金泉旅游用品有限公司	邗江	37
江苏金鑫电器有限公司	江都	38
倍加洁集团股份有限公司	生态	39
扬州宝亿制鞋有限公司	开发区	40

单　位　名　称	地　区	序　号
中型企业：		
扬州泰富特种材料有限公司	江都	1
江苏江扬电缆有限公司	邗江	2
扬州龙川钢管有限公司	江都	3
江苏丰尚智能科技有限公司	邗江	4
永丰余造纸(扬州)有限公司	开发区	5
江苏瑞祥化工有限公司	仪征	6
实友化工(扬州)有限公司	仪征	7
江苏美钢管业有限公司	江都	8
招商局金陵船舶(江苏)有限公司	仪征	9
扬州石化有限责任公司	江都	10
中铁宝桥(扬州)有限公司	广陵	11
扬州江淮轻型汽车有限公司	江都	12
江苏奥克化学有限公司	仪征	13
江苏华电扬州发电有限公司	邗江	14
扬州联博药业有限公司	邗江	15
海沃机械(中国)有限公司	广陵	16
扬州完美日用品有限公司	邗江	17
扬州曙光电缆股份有限公司	高邮	18
中航鼎衡造船有限公司	江都	19
大连化工(江苏)有限公司	仪征	20
江苏晶旺新能源科技有限公司	高邮	21
扬州富威尔复合材料有限公司	仪征	22
扬州协鑫光伏科技有限公司	开发区	23
扬州顶津食品有限公司	邗江	24
江苏迅达电磁线有限公司	宝应	25
延锋安道拓(仪征)座椅有限公司	仪征	26
宝胜系统集成科技股份有限公司	宝应	27

8－7 续表3

单位名称	地区	序号
扬州锻压机床有限公司	邗江	28
江苏润华电缆股份有限公司	高邮	29
扬州金世缘床上用品有限公司	江都	30
扬州神舟汽车内饰件有限公司	江都	31
扬州北辰电气集团有限公司	开发区	32
江苏扬泰中天管桩有限公司	江都	33
扬州日兴生物科技股份有限公司	高邮	34
扬州市扬子钣金制造有限公司	邗江	35
扬州通利冷藏集装箱有限公司	开发区	36
扬州阿波罗蓄电池有限公司	开发区	37
江苏嵘泰工业股份有限公司	江都	38
迈安德集团有限公司	邗江	39
江苏联环药业股份有限公司	邗江	40
江苏诚德钢管股份有限公司	江都	41
仪化东丽聚酯薄膜有限公司	仪征	42
快乐木业集团有限公司	江都	43
江苏金方圆数控机床有限公司	邗江	44
江苏三笑集团	生态	45
扬州晨化新材料股份有限公司	宝应	46
江苏江扬线缆有限公司	邗江	47
江苏扬力铸锻有限公司	广陵	48
江苏牧羊控股有限公司	邗江	49
江苏中兴派能电池有限公司	仪征	50
江苏奥力威传感高科股份有限公司	邗江	51
两面针(江苏)实业有限公司	生态	52
潍柴(扬州)特种车有限公司	邗江	53
江苏太极实业新材料有限公司	广陵	54
扬州天富龙科技纤维有限公司	仪征	55
高邮市卫星卷烟材料有限公司	高邮	56

8－7　续表4

单位名称	地区	序号
扬州润扬物流装备有限公司	开发区	57
扬州华光橡塑新材料有限公司	广陵	58
龙腾照明集团股份有限公司	高邮	59
扬州祥恒包装有限公司	生态	60
永丰余生活用纸（扬州）有限公司	开发区	61
江苏嘉和热系统股份有限公司	广陵	62
扬州日新通运物流装备有限公司	江都	63
江苏双汇电力发展股份有限公司	江都	64
扬州杰利半导体有限公司	邗江	65
江苏亚洛科技有限公司	宝应	66
江苏爱德福乳胶制品有限公司	江都	67
扬州强凌有限公司	邗江	68
扬州福克斯减震器有限公司	江都	69
江苏菲达宝开电气股份有限公司	宝应	70
江苏金材科技有限公司	生态	71
江苏虎豹集团有限公司	邗江	72
江苏晶科天晟能源有限公司	宝应	73
江苏省阿珂姆野营用品有限公司	邗江	74
扬州东升汽车零部件股份有限公司	仪征	75
江苏宝杰隆电磁线有限公司	宝应	76
江苏宏昌天马物流装备有限公司	广陵	77
江苏捷凯电力器材有限公司	江都	78
江苏璨扬光电有限公司	开发区	79
扬州光明电缆有限公司	高邮	80
扬州通宇散热器有限公司	邗江	81
中航宝胜电气股份有限公司	宝应	82
江苏赛德电气有限公司	高邮	83
江苏新扬新材料股份有限公司	邗江	84
永道无线射频标签（扬州）有限公司	开发区	85

8－7　续表5

单 位 名 称	地 区	序 号
扬州虹扬科技发展有限公司	邗江	86
江苏迈安德智能装备有限公司	邗江	87
扬州晶新微电子有限公司	开发区	88
江苏兴洋管业股份有限公司	宝应	89
扬州电力设备修造厂有限公司	广陵	90
江苏长江水务股份有限公司	开发区	91
扬州国联制衣厂有限公司	邗江	92
仪征同舟汽车零部件有限公司	仪征	93
扬州东园食品有限公司	广陵	94
江苏苏美达车轮有限公司	宝应	95
高邮市经纬纺织有限公司	高邮	96
江苏康源纺织有限公司	宝应	97
扬州市德运塑业科技股份有限公司	高邮	98
江苏汇成光电有限公司	邗江	99
扬州市涵洋工程机械有限公司	江都	100
扬州凯翔精铸科技有限公司	宝应	101
江苏和天下节能科技股份有限公司	邗江	102
扬州天富龙汽车内饰纤维有限公司	仪征	103
胜赛思精密压铸(扬州)有限公司	江都	104
扬州市管件厂有限公司	宝应	105
江苏怡人纺织科技股份有限公司	仪征	106
江苏扬力数控机床有限公司	开发区	107
扬州恒诚织布有限公司	邗江	108
江苏扬力坚城锻压机床有限公司	开发区	109
江苏翔宇纺织品有限公司	宝应	110
创利皮革(扬州)有限公司	开发区	111
江苏九龙汽车制造有限公司	江都	112
江苏荣能集团股份有限公司	邗江	113
江苏金陵特种涂料有限公司	江都	114

8－7　续表6

单 位 名 称	地 区	序 号
江苏庆峰工程集团有限公司	景区	115
扬州和益电动工具有限公司	高邮	116
亚新科凸轮轴(仪征)有限公司	仪征	117
康而富精密电子(宝应)有限公司	宝应	118
扬州荣德新能源科技有限公司	开发区	119
仪征威英化纤有限公司	仪征	120
江苏恒远国际工程有限公司	江都	121
江苏帝一集团有限公司	广陵	122
扬州宏远电子股份有限公司	高邮	123
江苏江源木业有限公司	江都	124
扬州英谛车材实业有限公司	广陵	125
中电科技扬州宝军电子有限公司	广陵	126
昕诺飞工业(中国)有限公司	仪征	127
扬州嵘泰精密压铸有限公司	江都	128
同扬光电(江苏)有限公司	开发区	129
江苏航天水力设备有限公司	高邮	130
扬州市天宇鞋业有限公司	高邮	131
江苏国力锻压机床有限公司	邗江	132
江苏省金鑫安防设备有限公司	江都	133
江苏星浪光学仪器有限公司	高邮	134
扬州戴卡轮毂制造有限公司	高邮	135
江苏虎豹服饰发展有限公司	邗江	136
扬州亿泰纺织有限公司	高邮	137
可瑞尔科技(扬州)有限公司	开发区	138
扬州嘉华电气股份有限公司	邗江	139
扬州三和四美酱菜有限公司	广陵	140
青岛啤酒(扬州)有限公司	广陵	141
扬州市昌盛车业有限公司	江都	142
江苏新光华机械有限公司	江都	143

8－7　续表7

单位名称	地区	序号
扬州市江都永坚有限公司	江都	144
扬州国宇电子有限公司	开发区	145
江苏金丰机电有限公司	高邮	146
国充充电科技江苏股份有限公司	邗江	147
仪征华纳斯化工有限责任公司	仪征	148
扬州宏运车业有限公司	江都	149
江苏中油天工机械有限公司	江都	150
扬州三源机械有限公司	邗江	151
江苏鹏宇化工有限公司	江都	152
江苏苏扬包装股份有限公司	仪征	153
扬州艾笛森光电有限公司	开发区	154
扬州市鸿利达鞋业有限公司	高邮	155
扬州广菱电子有限公司	广陵	156
高邮市永盛纺织饰品有限公司	高邮	157
高邮市民靖针织服饰有限公司	高邮	158
江苏江盈家居用品有限公司	开发区	159
江苏大成羽绒科技有限公司	宝应	160
扬州市邗江扬子汽车内饰件有限公司	邗江	161
江苏柏泰集团有限公司	邗江	162
扬州巨力体育用品有限公司	江都	163
扬州冶春食品生产配送股份有限公司	邗江	164
扬州江新电子有限公司	广陵	165
江苏宝南木业制造有限公司	宝应	166
扬州动易运动用品有限公司	广陵	167
江苏宝乐实业有限公司	宝应	168
江苏天雨环保集团有限公司	江都	169
扬州市庆源电气成套设备有限公司	仪征	170
扬州华瑞金属制品有限公司	宝应	171
扬州市江源供水有限责任公司	广陵	172

8－7　续表8

单位名称	地区	序号
百家丽（中国）照明电器有限公司	仪征	173
扬州赛乐服饰有限公司	邗江	174
扬州市宜楠科技有限公司	宝应	175
扬州祖名豆制食品有限公司	开发区	176
扬州市永昌鞋业有限公司	高邮	177
扬州久扬渔具有限公司	邗江	178
江苏大康实业有限公司	仪征	179
江苏波司登制衣有限公司	高邮	180
江苏金阳光科教设备集团有限公司	宝应	181
扬州三峰刷业有限公司	生态	182
扬州光大帽业有限公司	广陵	183
扬州制药有限公司	邗江	184
江苏江佳电子股份有限公司	江都	185
扬州国汇箱包有限公司	江都	186
高邮市金景服饰有限公司	高邮	187
扬州五丰富春食品有限公司	开发区	188
扬州华盟电子有限公司	高邮	189
扬州艺林玩具有限公司	邗江	190
扬州宝进制衣有限公司	开发区	191
高邮市佰蒂服饰有限公司	高邮	192
江苏摩恩电工有限公司	宝应	193
扬州金陵钢结构工程有限公司	仪征	194
江苏舜天国际集团江都工具有限公司	江都	195
高邮市双宇鞋服辅料厂	高邮	196
江苏欧弟娜工贸有限公司	高邮	197
江苏凤凰扬州鑫华印刷有限公司	邗江	198
扬州市江都区洪业汽车部件有限公司	江都	199
扬州美瑞华工艺礼品有限公司	宝应	200

8－7　续表9

单　位　名　称	地　区	序　号
扬州旭升鞋业有限公司	江都	201
扬州市盈德钢结构有限公司	广陵	202
江苏长宏铝业有限公司	邗江	203
扬州五亭食品集团有限公司	广陵	204
仪征申荣焊接有限公司	仪征	205
扬州市百仕德礼品工艺有限公司	高邮	206
扬州天宇服饰股份有限公司	高邮	207
扬州添茂鞋业有限公司	广陵	208
扬州暻泰车材实业有限公司	广陵	209
扬州嘉盛鞋业有限公司	江都	210
扬州惠众服饰有限公司	高邮	211
昆山沪光汽车电器仪征有限公司	仪征	212
江苏琴曼集团有限公司	邗江	213
江苏坤城实业有限公司	江都	214
扬州市龙祥包装制品有限公司	高邮	215
江苏博鑫泰光电科技有限公司	宝应	216
扬州市恒达服饰有限公司	高邮	217
扬州市智勇电子科技有限公司	宝应	218
扬州市银河制衣有限公司	高邮	219
宝应县天华工艺材料有限公司	宝应	220
江苏陆昂实业有限公司	江都	221
扬州市驰城石油机械有限公司	邗江	222
高邮福荣制衣有限公司	高邮	223
扬州恒胜服饰有限公司	高邮	224
宝应县春然金属制品厂	宝应	225
扬州神游羽绒制衣有限公司	高邮	226
江苏迎浪科技集团有限公司	宝应	227
扬州宝源食品有限公司	宝应	228

9

国内贸易

编辑:孔安安　戴征宇　叶建军

9－1 主要年份全市社会消费品零售总额

单位:万元

年份	全市	市区		宝应	仪征	高邮
		邗江	江都			
1978	65629	36110	7125	16564	10036	7330	12153
1979	81506	44510	9907	19732	12483	9117	15396
1980	102669	56192	13080	24534	16066	11961	18450
1981	112404	62099	13746	26490	17568	12653	20084
1982	129602	70256	15807	31219	21194	15979	22173
1983	143034	76844	15977	34709	23149	17599	25442
1984	167000	90949	16806	41079	26979	19036	30036
1985	217443	128236	18796	57990	30028	24764	34415
1986	256891	151866	22933	60441	33202	31453	40370
1987	297686	167194	26914	66312	39220	43973	47299
1988	389049	218449	37116	83648	50839	56032	63730
1989	418993	235732	38997	89379	55484	57684	70093
1990	411172	230291	40804	83773	55672	55670	69539
1991	448889	254144	42005	95672	57608	73108	64029
1992	519588	298409	109829	104327	62429	82564	76186
1993	712218	413760	150782	117502	55020	174666	68773
1994	847159	525562	178242	150656	81006	145757	94834
1995	1004881	651954	222733	198151	92412	154852	105664
1996	1168454	744974	233572	233234	114182	186846	122452
1997	1259957	810072	241190	264074	125321	193754	130810
1998	1298047	833310	247713	274632	133039	197359	134339
1999	1364736	882347	278679	288456	139604	203707	139078
2000	1463788	950321	302059	310508	148737	218368	146362
2001	1710995	1113474	317381	363238	172694	255240	169588
2002	1943406	1266537	337035	411285	194328	287249	195291
2003	2255193	1452657	361863	478358	233355	337995	231186
2004	2509764	1625607	404468	535071	255054	377007	252097
2005	2837506	1852740	496782	552886	300800	388356	295610
2006	3268309	2152603	636591	605517	347430	427573	340703
2007	3829262	2532756	796637	707010	403399	498711	394396
2008	4733191	3181997	966918	856743	503083	569278	478833
2009	5504457	3656441	1184529	1029680	586853	689372	571792
2010	6506727	4326718	1448617	1271406	690179	818449	671381
2011	7629898	5075030	1649135	1489731	806251	964922	783694
2012	8607778	5716240	1875156	1685729	906741	1095827	888969
2013	9704593	6507243	2146433	1913159	1022651	1193523	981177
2014	9561774	6648921	2294046	1751054	1034325	842187	1036341
2015	10404198	7276449	2562012	1886287	1085863	913463	1128424
2016	11298959	7889935	2797358	2040210	1186291	990920	1231812
2017	12339342	8622349	3087216	2223660	1293037	1085072	1338884
2018	13368662	9339556	3374618	2406595	1408178	1166708	1454221
2019	14232002	9636724	3017847	2684105	1659393	1177174	1758711
2020	13792905	9338209	2528097	2580759	1593846	1145236	1715614

9－2 限额以上批发和零售业企业财务状况

（2020年） 单位：万元

指标名称	资产总计	主营业务收入	主营业务成本	营业利润	应付职工薪酬
总 计	**5961487**	**15714727**	**13892804**	**673914**	**243273**
一、批发业	**4338345**	**12197594**	**10747308**	**568369**	**111992**
其中：国有控股	771321	1413871	1193057	80785	24347
1、按登记注册类型分组					
内资企业	3406588	8900226	8269226	216898	110367
国有企业	491040	911281	716369	87385	13930
集体企业	5972	9718	8122	98	112
有限责任公司	792813	1043577	972612	16364	16504
国有独资公司	69015	70127	67920	958	1923
其他有限责任公司	723798	973450	904691	15406	14581
股份有限公司	55847	179192	169493	610	3562
私营企业	2045496	6703289	6346234	110424	74505
私营独资公司	29132	74994	72945	355	787
私营有限责任公司	1991508	6541254	6189944	109875	72916
私营股份有限公司	20499	76751	73956	233	461
其他企业	15094	50996	54700	2004	1463
外商投资企业	718577	3159791	2328930	350901	783
外资企业	718577	3159791	2328930	350901	783
2、按国民经济行业分组					
农、林、牧、渔产品批发	238397	388697	376422	1918	5241
谷物、豆及薯类批发	184549	240484	230952	－30	3023
种子批发	33200	36990	33352	798	1337
其他农牧产品批发	41		2594	191	
食品、饮料及烟草制品批发	572883	1169307	948988	102456	23685
米、面制品及食用油批发	61000	269036	259324	3637	825
肉、禽、蛋、奶及水产品批发	80159	145366	137448	6450	4084
酒、饮料及茶叶批发	22296	45782	40754	284	1813

9－2　续表1　（2020年）　单位：万元

指标名称	资产总计	主营业务收入	主营业务成本	营业利润	应付职工薪酬
烟草制品批发	359478	617498	427334	90151	13150
其他食品批发	22257	48411	44505	633	632
纺织、服装及家庭用品批发	194715	488102	453271	10615	13563
纺织品、针织品及原料批发	56590	127685	1114795	2491	3455
服装批发	27163	44149	38824	100	1470
鞋帽批发	24005	55803	47939	300	2237
化妆品及卫生用品批发	11580	38319	33533	622	1065
厨具卫具及日用杂品批发	2095	15715	14297	378	233
家用试听设备批发	4489	24001	21411	690	717
其他家庭用品批发	8372	22916	19294	1530	513
文化、体育用品及器材批发	46062	140411	121131	3969	4471
文具用品批发	18718	35222	32404	516	777
体育用品及器材批发	1976	7120	6550	93	192
其他文化用品批发	21238	81796	68720	2522	3033
医药及医疗器材批发	563869	873011	807935	13739	11051
西药批发	491829	680350	637720	8933	7786
中药批发	1628	4410	4099	78	34
矿产品、建材及化工产品批发	1505307	4135210	3967934	57907	32662
煤炭及制品批发	110652	237691	234141	1150	465
石油及制品批发	173147	431004	415904	2789	5821
非金属矿及制品批发					
金属及金属矿批发	466935	1461550	1408060	24281	8071
建材批发	410402	704332	671126	10229	6038
化肥批发	2066	2049	1796	136	88
农药批发	27972	65497	58148	3255	950
其他化工产品批发	314134	1233088	1178761	16067	11230

9-2　续表2　(2020年)　单位:万元

指标名称	资产总计	主营业务收　入	主营业务成　本	营业利润	应付职工薪　酬
机械设备、五金产品及电子产品批发	899039	3901177	2993577	375909	15695
农业机械批发	11338	25395	21990	455	932
汽车及零配件批发	694073	3133617	2293999	357543	2188
五金产品批发	29762	71572	65785	2839	1217
电气设备批发	46854	107184	99775	1749	1882
通讯及广播电视设备批发	14432	268968	247688	3626	4189
其他机械设备及电子产品批发	96590	273471	244937	9093	4657
贸易经纪与代理	52115	216423	209584	-1290	1875
贸易代理	50879	210158	204090	-1229	1590
其他批发业	265958	885255	868467	3146	3748
再生物资回收与批发	193637	311558	305817	-2921	1168
其他未列明批发业	67858	557787	547847	5599	2273
3、按经营方式分组					
独立门店	3478787	10159960	8779119	553542	88909
连锁总店(总部)	2306	3280	2746	65	312
其他	857083	2033687	1964786	14758	22765
4、按单位规模分					
大型	561695	1152534	938463	98824	21305
中型	1171790	2736479	2533522	26773	41470
小型	1340662	3689956	3461989	76560	45862
微型	1264197	4618626	3813334	366212	3355
二、零售业	**1623142**	**3517134**	**3145496**	**105545**	**131282**
其中:国有控股	64082	118940	100819	1591	11339
1、按经济注册类型分组					
内资企业	1213794	2782519	2482795	87515	109992
国有企业	6114	8562	7212	171	1048

9－2　续表3　　　　（2020年）　　　　单位:万元

指标名称	资产总计	主营业务收入	主营业务成本	营业利润	应付职工薪酬
集体企业	1397	3116	2700	261	440
有限责任公司	275034	573472	505244	41661	26619
其他有限责任公司	263440	564754	499044	41584	24859
股份有限公司	46777	160592	146109	2242	4618
私营企业	881157	2032150	1817358	43195	76916
私营独资企业	22830	40577	34121	1770	1849
私营合伙企业	2792	6408	5807	463	359
私营有限责任公司	772986	1888025	1696122	36750	67789
私营股份有限公司	82548	97140	81308	4212	6919
港、澳、台商投资企业	236773	327988	290691	7257	16023
港、澳、台商独资经营企业	219841	300837	265355	6756	15676
2、按国民经济行业分组					
综合零售	340351	550043	452982	40815	27708
百货零售	216508	323929	264680	38681	11092
超级市场零售	122028	216928	180061	2292	15694
其他综合零售	412	3449	3285	103	35
食品、饮料及烟草制品专门零售	61377	104954	90845	1450	5819
粮油零售	4252	5312	4530	157	845
果品、蔬菜零售	3981	6835	6326	99	229
酒、饮料及茶叶零售	20285	25378	21935	428	1820
烟草制品零售	24626	53201	46925	188	2305
其他食品零售	7506	12694	9780	482	335
纺织、服装及日用品专门零售	140185	169213	147837	4796	11245
服装零售	124177	131323	114556	3637	8349
化妆品及卫生用品零售	7850	20065	17828	572	1714

指标名称	资产总计	主营业务收　入	主营业务成　本	营业利润	应付职工薪　酬
自行车等代步设备零售	509	2795	2660	38	96
文化、体育用品及器材专门零售	70995	102042	83563	6849	5838
文具用品零售	7536	15198	12565	902	1065
图书、报刊零售	4690	1083	836	38	225
珠宝首饰零售	33104	25725	20145	2196	1055
工艺美术品及收藏品零售	12489	26558	21417	2337	2192
医药及医疗器材专门零售	83641	170249	132527	6987	16735
药品零售	73872	157720	122222	5945	16377
医疗用品及器材零售	9769	12529	10305	1042	358
汽车、摩托车、燃料及零配件专门零售	596699	1898498	1774463	35225	44702
汽车零售	457392	1391167	1312895	20514	36835
汽车零配件零售	14755	31787	30073	515	1449
摩托车及零配件零售	995	3588	2636	861	38
机动车燃料零售	123558	471956	428859	13335	6380
家用电器及电子产品专门零售	217015	328177	301005	－310	10102
家用视听设备零售	7194	14873	13736	246	408
日用家电设备零售	179751	212826	193882	－1508	6099
计算机、软件及辅助设备零售	3297	11651	10415	330	625
通信设备零售	18542	78843	74240	256	2470
五金、家具及室内装饰材料专门零售	51584	77844	63553	6838	3159
五金零售	12407	29953	25445	3245	1201
灯具零售	4284	8112	4881	915	539
家具零售	2293	6661	5313	77	422
涂料零售	1654	4985	4665	130	133
木质装饰材料零售	852	1001	956	17	

指标名称	资产总计	主营业务收入	主营业务成本	营业利润	应付职工薪酬
其他室内装饰材料零售	26854	18512	15332	1001	621
货摊、无店铺及其他零售业	61296	116113	98721	2894	5974
生活用燃料零售	16163	33042	28597	1052	1534
其他未列明零售业	11839	17185	17184	89	718
3、按经营方式分组					
独立门店	1310791	2932628	2640731	96599	92995
连锁总店（总部）	162861	319873	273644	3756	20520
连锁门店	1079087	2497404	2262134	90885	67056
其他	68843	115351	104953	1958	5419
4、按零售业态分组					
有店铺零售	1554798	3364181	3024932	103171	124892
便利店	113880	157890	131601	6682	10269
超市	16632	41287	36011	1280	3733
大型超市	199880	299463	249257	6630	21171
百货店	166084	298858	244991	38001	7058
专业店	746202	1430424	1282427	30581	53803
专卖店	502410	1346759	1256354	29326	44202
家居建材店	21890	18057	14609	812	1123
厂家直销中心	30926	62335	57320	577	3021
无店铺零售	75084	169611	133778	2998	7199
网上商店	35108	71860	57490	1782	3900
5、按单位规模分					
大型	201894	320318	266875	13812	23562
中型	726771	1852782	1663063	63453	65111
小型	583694	1092170	991146	15904	36620
微型	110783	251863	224411	12376	5989

9－3 限额以上批发和零售业商品购进、销售、库存总额

（2020年） 单位：万元

指标名称	商品购进总额	商品销售总额	批发额	零售额	期末商品库存总额
总计	**15164922**	**17045784**	**12560227**	**4392859**	**723197**
一、批发业					
其中：国有控股	1480000	1860366	1730451	129915	110929
1、按登记注册类型分组					
内资企业	8711871	9771535	8972699	730261	412819
国有企业	785611	991648	962799	28849	69259
集体企业	10446	10541	10541		194
有限责任公司	1008057	1164280	1098372	63635	71029
国有独资公司	71593	77303	77303		1284
其他有限责任公司	936464	1086976	1021069	63635	69745
股份有限公司	148354	198662	129048	69614	8329
私营企业	6702071	7337271	6717165	562293	282371
私营独资公司	69039	81680	81418	261	4032
私营有限责任公司	6539367	7159828	6562733	539282	254772
私营股份有限公司	82944	84058	65607	18451	3301
其他企业	56349	66612	52253	5870	1416
外商投资企业	2903162	3196619	3196568	52	8843
外资企业	2903162	3196619	3196568	52	8843
2、按国民经济行业分组					
农、林、牧、渔产品批发	413904	421937	346219	68528	62104
谷物、豆及薯类批发	258999	255681	214540	36936	45079
种子批发	37731	38407	38220	187	9716
其他农牧产品批发	2892	2882		610	
食品、饮料及烟草制品批发	1046516	1311755	1276447	27084	79461
米、面制品及食用油批发	302968	292276	291148	1128	21370
肉、禽、蛋、奶及水产品批发	124771	164209	150820	9104	9264
酒、饮料及茶叶批发	44756	51520	46524	4996	8638

9－3　续表1　　（2020年）　　单位:万元

指标名称	商品购进总　额	商品销售总　额	批发额	零售额	期末商品库存总额
烟草制品批发	480443	697773	697772		30200
其他食品批发	52299	53796	48859	4937	7461
纺织、服装及家庭用品批发	485412	546833	477728	69105	26794
纺织品、针织品及原料批发	119402	132211	124875	7336	931
服装批发	39007	46483	42189	4295	3345
鞋帽批发	52404	57492	57492		1419
化妆品及卫生用品批发	36648	39991	37225	2765	1659
厨房、卫生间用具及日用杂货批发	14952	17981	17981		1
日用电器批发	108692	124651	104250	20401	15518
其他家庭用品批发	18909	23351	20547	2804	1487
文化、体育用品及器材批发	123771	149943	130570	19373	8580
文具用品批发	36513	37885	34836	3050	3398
体育用品及器材批发	1828	7343	7343		309
其他文化用品批发	74299	88012	72260	15752	4835
医药及医疗器材批发	816175	976639	946507	30133	44693
西药批发	637307	766730	743778	22952	41473
中药批发	4099	4421	4421		463
矿产品、建材及化工产品批发	4199526	4511006	4066906	367667	138069
煤炭及制品批发	256314	257722	219848	37875	6699
石油及制品批发	393868	474745	401497	73248	9681
非金属矿及制品批发					
金属及金属矿批发	1462187	1559514	1407168	112492	61032
建材批发	762874	794250	708112	70391	25506
化肥批发	2001	2254	2254		235
农药批发	64223	69642	59666	9976	2506
其他化工产品批发	1258060	1352878	1268362	63685	32410

指标名称	商品购进总额	商品销售总额	批发额	零售额	期末商品库存总额
机械设备、五金产品及电子产品批发	3541914	4010820	3889147	121414	41727
农业机械批发	23527	25522	24228	1035	2072
汽车及零配件批发	2850245	3152913	3148367	4545	15569
五金产品批发	69876	78881	767115	2170	1269
电气设备批发	92290	120178	104928	15250	8808
通讯及广播电视设备批发	216954	309179	225784	83395	2671
其他机械设备及电子产品批发	268596	301109	286090	15019	10692
贸易经纪与代理	192500	217201	205987	11214	6307
贸易代理	186971	210850	199636	11214	6259
其他批发业	961045	990081	973796	15794	14240
再生物资回收与批发	346916	352937	351855	592	8607
其他未列明批发业	599802	619281	604144	15137	5524
3、按经营方式分组					
独立门店	9718320	10894164	10287135	567124	310076
连锁总店(总部)	3111	3280	3080	201	72
其他	2058639	2238103	2023091	162321	111790
4、按单位规模分					
大型	912737	1307490	1215180	92310	64439
中型	2656126	2907036	2641183	265852	147991
小型	3719414	4052290	3716275	336015	154808
微型	4492485	4869398	4740667	36135	54736
二、零售业					
其中:国有控股	123562	128604	7100	121504	18563
1、按经济注册类型分组					
内资企业	2699155	3041561	180772	2860687	269450
国有企业	7573	8706		8706	2705

（2020年）

单位：万元

指标名称	商品购进总　额	商品销售总　额	批发额	零售额	期末商品库存总额
集体企业	3106	4008		4008	157
有限责任公司	548724	619758	14638	605120	58469
其他有限责任公司	543085	610364	14638	595726	57926
股份有限公司	170434	179941	36754	143187	6530
私营企业	1967180	2224220	128209	2095910	201076
私营独资企业	35777	43571	4708	38863	3698
私营合伙企业	5880	7396	460	6835	318
私营有限责任公司	1867183	2088750	123041	1965709	181436
私营股份有限公司	58341	84503		84503	15623
港、澳、台商投资企业	281589	360899	192	360707	23769
港、澳、台商独资经营企业	253682	330545	192	330353	20300
外商投资企业	403416	507111	65958	441153	8004
中外合资经营企业	9605	8516		8516	1435
外资企业	2648	3063	1261	1802	112
2、按国民经济行业分组					
行业类别（GB/T 4754－2011）					
综合零售	441951	602666	4374	598292	44404
百货零售	262425	350231		350231	19531
超级市场零售	170835	242595	3341	239255	24663
其他综合零售	3496	3852	1033	2819	160
食品、饮料及烟草制品专门零售	98218	116601	22420	94181	15126
粮油零售	3067	3535	552	2983	775
果品、蔬菜零售	6892	8336		8336	457
酒、饮料及茶叶零售	23296	27753	4882	22871	4365
烟草制品零售	50056	61425	15039	46386	7613
其他食品零售	13179	13851	1946	11905	1838

（2020年） 单位：万元

指标名称	商品购进总额	商品销售总额	批发额	零售额	期末商品库存总额
纺织、服装及日用品专门零售	165190	183731	47447	136285	35798
服装零售	130008	141113	44417	96697	33637
化妆品及卫生用品零售	19288	23365	1379	21986	842
自行车等代步设备零售	1215	3136		3136	31
文化、体育用品及器材专门零售	87535	114807	6681	108127	15011
文具用品零售	14021	16670	1263	15407	610
图书、报刊零售	427	1170		1170	1104
珠宝首饰零售	20047	28390		28390	7810
工艺美术品及收藏品零售	21223	29371	301	29070	3273
医药及医疗器材专门零售	143688	183523	5859	177664	23039
药品零售	132443	169782		169782	22202
医疗用品及器材零售	11245	13741	5859	7882	837
汽车、摩托车、燃料及零配件专门零售	1969655	2155712	83147	2072565	132190
汽车零售					
汽车零配件零售	31517	34671	8772	25900	4802
摩托车及零配件零售	2666	4054		4054	27
机动车燃料零售	462380	580326	66778	513548	8108
家用电器及电子产品专门零售	298883	338524	41479	297045	23965
家用视听设备零售	15420	17074	5880	11193	522
日用家电设备零售	189052	217811	7720	210091	17050
计算机、软件及辅助设备零售	8637	9951	3215	6737	406
通信设备零售	76854	82476	22065	60412	5652
五金、家具及室内装饰材料专门零售	70287	86120	11694	74325	5093
五金零售	27058	34269	1707	32460	991
灯具零售	7761	8511	1410	7101	809
家具零售	3153	7056	583	6473	498

指标名称	商品购进总额	商品销售总额	批发额	零售额	期末商品库存总额
涂料零售	4932	5391	1316	4074	453
木质装饰材料零售	842	876	868	8	34
其他室内装饰材料零售	18749	20348	5809	14539	1796
货摊、无店铺及其他零售业	108753	127886	23822	104064	6597
生活用燃料零售	30953	35182	5606	29576	516
其他未列明零售业	19952	21138	8968	12170	874
3、按经营方式分组					
独立门店	2873875	3288269	206082	3082086	222044
连锁总店(总部)	275763	329862	13781	316082	40273
连锁门店	2489353	2832895	165352	2667442	167495
其他	108759	125512	26949	98562	14276
4、按零售业态分组					
有店铺零售	3239326	3742897	221157	3521639	285026
便利店	108900	147577	1833	145744	22324
超市	26128	32696	4529	28168	3129
大型超市	140715	201403	242	201162	17506
百货店	292041	340004	33598	306406	13961
专业店	1256444	1508222	137489	1370632	85003
专卖店	1360415	1444999	24164	1420836	137300
家居建材店	14284	19907	349	19558	1984
厂家直销中心	28690	33680	18372	15309	1736
无店铺零售	144834	166672	25764	140908	16197
网上商店	53905	66895	9032	57863	4832
5、按单位规模分					
大型	265513	322572	32644	289929	39938
中型	1800531	2091555	108902	1982653	151794
小型	1078117	1212485	58994	1153491	90515
微型	240000	282958	46382	236474	18977

9－4　限额以上批发和零售业基本情况

（2020 年）

指标名称	企业法人（个）	所属全部批零住餐活动单位（个）	从业人员（人）	销售额（万元）
总　　计	**1358**	**1358**	**36422**	**17045784**
一、批发业	**793**	**793**	**15953**	**13136214**
其中:国有控股	29	29	2070	1860366
1、按登记注册类型分组				
内资企业	777	777	15610	9771535
国有企业	10	10	859	991648
集体企业	3	3	25	10541
有限责任公司	61	61	2114	1164280
国有独资公司	6	6	138	77303
其他有限责任公司	55	55	1976	1086976
股份有限公司	6	6	374	198662
私营企业	682	682	11913	7337271
私营独资公司	11	11	153	81680
私营有限责任公司	662	662	11607	7159828
私营股份有限公司	7	7	96	84058
其他企业	14	14	279	66612
外商投资企业	3	3	48	3196619
外资企业	3	3	48	3196619
2、按国民经济行业分组				
农、林、牧产品批发	27	27	996	421937
谷物、豆及薯类批发	15	15	643	255681
种子批发	5	5	190	38407
其他农牧产品批发	1	1		2882
食品、饮料及烟草制品批发	62	62	2724	1311755
米、面制品及食用油批发	11	11	165	292276

9－4　续表1　　　　　　　　　　（2020年）

指标名称	企业法人（个）	所属全部批零住餐活动单位（个）	从业人员（人）	销售额（万元）
肉、禽、蛋、奶及水产品批发	20	20	702	164209
酒、饮料及茶叶批发	9	9	348	51520
烟草制品批发	1	1	734	697773
其他食品批发	8	8	149	53796
纺织、服装及家庭用品批发	83	83	2067	546833
纺织品、针织品及原料批发	24	24	365	132211
服装批发	9	9	266	46483
鞋帽批发	9	9	290	57492
化妆品及卫生用品批发	6	6	159	39991
厨房、卫生间用具及日用杂货批发	2	2	29	17981
日用电器批发	15	15	610	124651
其他家庭用品批发	5	5	105	23351
文化、体育用品及器材批发	33	33	665	149943
文具用品批发	10	10	169	37885
体育用品及器材批发	2	2	26	7343
其他文化用品批发	17	17	382	88012
医药及医疗器材批发	41	41	1562	976639
西药批发	10	10	984	766730
中药批发	1	1	11	4421
矿产品、建材及化工产品批发	374	374	4708	4511006
煤炭及制品批发	8	8	72	257722
石油及制品批发	24	24	722	474745
非金属矿及制品批发				
金属及金属矿批发	127	127	1292	1559514
建材批发	95	95	1046	794250

指标名称	企业法人（个）	所属全部批零住餐活动单位（个）	从业人员（人）	销售额（万元）
化肥批发	1	1	15	2254
农药批发	8	8	190	69642
农用薄膜批发				
其他化工产品批发	111	111	1371	1352878
机械设备、五金产品及电子产品批发	122	122	2412	4010820
农业机械批发	8	8	142	25522
汽车及零配件批发	29	29	318	3152913
五金产品批发	16	16	203	78881
电气设备批发	16	16	243	120178
通讯及广播电视设备批发	6	6	713	309179
其他机械设备及电子产品批发	41	41	652	301109
贸易经纪与代理	16	16	301	217201
贸易代理	14	14	262	210850
其他批发业	35	35	518	990081
再生物资回收与批发	10	10	123	352937
其他未列明批发业	22	22	345	619281
3、按单位规模分				
大型	4	4	1608	1307490
中型	115	115	6152	2907036
小型	512	512	7658	4052290
微型	162	162	535	4869398
二、零售业				
其中:国有控股	13	13	1682	128604
1、按经济注册类型分组				
内资企业	548	548	18222	3041561

9－4 续表3 （2020年）

指标名称	企业法人（个）	所属全部批零住餐活动单位（个）	从业人员（人）	销售额（万元）
国有企业	3	3	153	8706
集体企业	3	3	19	4008
有限责任公司	41	41	3641	619758
其他有限责任公司	40	40	3381	610364
股份有限公司	6	6	555	179941
私营企业	490	490	13763	2224220
私营独资企业	31	31	373	43571
私营合伙企业	6	6	66	7396
私营有限责任公司	451	451	11681	2088750
私营股份有限公司	2	2	1643	84503
其他	3	3	75	3060
港、澳、台商投资企业	12	12	1892	360899
港、澳、台商独资经营企业	10	10	1848	330545
外商投资企业	5	5	355	507111
中外合资经营企业	2	2	124	8516
外资企业	2	2	61	3063
2、按国民经济行业分组				
综合零售	33	33	5263	602666
百货零售	13	13	2201	350231
超级市场零售	15	15	2881	242595
其他综合零售	2	2	8	3852
食品、饮料及烟草制品专门零售	46	46	928	116601
粮油零售	4	4	103	3535
果品、蔬菜零售	3	3	52	8336
营养和保健品零售				
酒、饮料及茶叶零售	20	20	349	27753

9－4　续表4　　　　　　　　　　（2020年）

指标名称	企业法人（个）	所属全部批零住餐活动单位（个）	从业人员（人）	销售额（万元）
烟草制品零售	10	10	298	61425
其他食品零售	7	7	64	13851
纺织、服装及日用品专门零售	41	41	2252	183731
服装零售	17	17	1790	141113
化妆品及卫生用品零售	11	11	255	23365
自行车等代步工具零售	2	2	22	3136
文化、体育用品及器材专门零售	60	60	1029	114807
文具用品零售	15	15	169	16670
图书、报刊零售	2	2	38	1170
珠宝首饰零售	5	5	141	28390
工艺美术品及收藏品零售	19	19	434	29371
照相器材零售				
医药及医疗器材专门零售	26	26	2682	183523
药品零售	18	18	2615	169782
医疗用品及器材零售	8	8	67	13741
汽车、摩托车、燃料及零配件专门零售	153	153	4881	2155712
汽车零售	109	109	4102	
汽车零配件零售	12	12	233	34671
摩托车及零配件零售	1	1	5	4054
机动车燃料零售	31	31	541	580326
家用电器及电子产品专门零售	70	70	1683	338524
家用视听设备零售	7	7	79	17074
日用家电设备零售	38	38	1006	217811
计算机、软件及辅助设备零售	7	7	88	9951
通信设备零售	12	12	431	82476
五金、家具及室内装饰材料专门零售	50	50	572	86120

9－4　续表5　　（2020年）

指标名称	企业法人（个）	所属全部批零住餐活动单位（个）	从业人员（人）	销售额（万元）
五金零售	26	26	203	34269
灯具零售	7	7	97	8511
家具零售	2	2	69	7056
涂料零售	3	3	33	5391
木质装饰材料零售	1	1	4	876
其他室内装饰材料零售	8	8	118	20348
货摊、无店铺及其他零售业	86	86	1179	127886
生活用燃料零售	16	16	336	35182
其他未列明零售业	8	8	125	21138
3、按零售业态分组				
有店铺零售	477	477	19223	3742897
便利店	15	15	2263	147577
超市	19	19	630	32696
大型超市	10	10	2248	201403
百货店	18	18	881	340004
专业店	233	233	7376	1508222
专卖店	151	151	5281	1444999
家居建材店	7	7	209	19907
厂家直销中心	17	17	191	33680
无店铺零售	88	88	1246	166672
网上商店	54	54	621	66895
4、按单位规模分				
大型	6	6	4184	322572
中型	76	76	8966	2091555
小型	279	279	6255	1212485
微型	204	204	1064	282958

9－5　限额以上住宿餐饮业基本情况

（2020年）

指标名称	企业法人（个）	所属全部批零住餐活动单位（个）	从业人员（人）	营业额（万元）
总　　计	**237**	**237**	**12922**	**261885**
一、住宿业	**84**	**84**	**5520**	**104745**
其中：国有控股	17	17	1923	41421
1、按登记注册类型分组				
内资企业	81	81	4966	97784
国有企业	1	1	108	1162
集体企业	1	1		
有限责任公司	19	19	2209	46961
其他有限责任公司	14	14	1642	32694
股份有限公司				
私营企业	60	60	2649	49662
私营独资企业	1	1	42	499
私营有限责任公司	57	57	2542	46928
港、澳、台商投资企业	2	2	385	4878
港、澳、台商独资经营企业	2	2	385	4878
外商投资企业	1	1	169	2084
中外合资经营企业				
外资企业	1	1	169	2084
2、按国民经济行业分组				
旅游饭店	46	46	3959	72561
一般旅馆	34	34	1245	19174
其他住宿服务	3	3	304	5932
3、按星级等级分组				
二星	3	3	98	854
三星	13	13	642	9228
四星	8	8	1063	17891
五星	7	7	1199	24136
其他	53	53	2518	52638
4、按经营方式分组				
独立门店	67	67	4791	88773
连锁门店				3430
其他	7	7	533	12543
5、按单位规模分				
中型	14	14	2683	55094
小型	66	66	2822	48521
微型	4	4	15	1131

9－5　续表　　　　　　　　　　　　（2020 年）

指标名称	企业法人（个）	所属全部批零住餐活动单位（个）	从业人员（人）	营业额（万元）
二、餐饮业	**153**	**153**	**7402**	**157139**
其中:国有控股	10	10	1756	44603
1、按登记注册类型分组				
内资企业	149	149	6791	149036
国有企业	2	2	214	8368
集体企业				
有限责任公司	27	27	2324	54973
其他有限责任公司	24	24	1971	47917
股份有限公司	1	1	457	4235
私营企业	119	119	3796	81460
私营独资企业	19	19	502	16145
私营合伙企业				
私营有限责任公司	98	98	3162	59572
私营股份有限公司	2	2	132	5742
港、澳、台商投资企业	2	2	193	3087
港、澳、台商独资经营企业	2	2	193	3087
外商投资企业	2	2	418	5017
外资企业	2	2	418	5017
2、按国民经济行业分组				
正餐服务	117	117	6265	128702
快餐服务	12	12	733	10695
其他餐饮业	2	2	74	1630
其他未列明餐饮业	2	2	74	1630
3、按经营方式分组				
独立门店	114	114	5105	117147
连锁总店（总部）	3	3	514	6608
连锁门店	13	13	725	14853
其他	23	23	1058	18532
4、按单位规模分组				
大型	1	1	325	18054
中型	8	8	2401	38121
小型	114	114	4549	91146
微型	30	30	127	9818

9－6 限额以上住宿和餐饮业经营情况

（2020 年） 单位：万元

指标名称	营业额	客房收入	餐费收入	商品销售额
合计	**261885**	**67879**	**166268**	**9194**
一、住宿业	**104745**	**51898**	**38525**	**2092**
其中：国有控股	41421	16498	12411	1669
1、按登记注册类型分组				
内资企业	97784	48599	34879	2081
国有企业	1162	626	346	113
集体企业				
有限责任公司	46961	18416	15918	1565
其他有限责任公司	32694	14329	10987	369
股份有限公司				
私营企业	49662	29557	18615	404
私营独资企业	499	158	341	
私营有限责任公司	46928	28948	16548	346
港、澳、台商投资企业	4878	2816	2045	11
港、澳、台商独资经营企业	4878	2816	2045	11
外商投资企业	2084	483	1601	
中外合资经营企业				
外资企业	2084	483	1601	
2、按国民经济行业分组				
旅游饭店	72561	32289	28296	1820
一般旅馆	19174	11950	5460	230
其他住宿服务	5932	1445	4031	18
3、按星级等级分组				
二星	854	318	53	20
三星	9228	3099	4745	67
四星	17891	5449	9139	1217
五星	24136	10583	9940	101
其他	52638	32450	14648	688
4、按经营方式分组				
独立门店	88773	42401	33008	1966
连锁门店	3430	3212	154	35
其他	12543	6285	5363	91
5、按单位规模分				
中型	55094	21533	23707	1359
小型	48521	29477	14577	732
微型	1131	889	240	1

9－6 续表 （2020 年） 单位:万元

指标名称	营业额	客房收入	餐费收入	商品销售额
二、餐饮业	**157139**	**15980**	**127743**	**7102**
其中:国有控股	44603	5126	34128	1145
1、按登记注册类型分组				
内资企业	149036	14771	121347	6897
国有企业	8368	1489	4434	77
集体企业				
有限责任公司	54973	5161	45337	2569
其他有限责任公司	47917	3226	40915	2423
股份有限公司	4235		3860	
私营企业	81460	8121	67718	4251
私营独资企业	16145	2270	12344	1510
私营合伙企业				
私营有限责任公司	59572	5852	49663	2708
私营股份有限公司	5742		5710	32
港、澳、台商投资企业	3087	651	2050	195
港、澳、台商独资经营企业	3087	651	2050	195
外商投资企业	5017	559	4347	11
外资企业	5017	559	4347	11
2、按国民经济行业分组				
正餐服务	128702	15980	101220	6269
快餐服务	10695		10243	294
餐饮配送及外卖送餐服务	7011		6748	264
其他餐饮业	1630		1626	4
3、按经营方式分组				
独立门店	117147	14143	93022	4981
连锁总店(总部)	6608		4898	1493
连锁门店	14853	712	13538.4	148
其他	18532	1125	16286	480
4、按单位规模分组				
大型	18054		17237	817
中型	38121	5191	27821	1602
小型	91146	10540	75175	3624
微型	9818	249	7511	1059

9－7　限额以上住宿和餐饮业企业财务状况

（2020 年）　　单位：万元

指标名称	资产总计	主营业务收　入	主营业务成　本	营业利润	应付职工薪酬（本年贷方累计发生额）
合　计	**693456**	**248716**	**130793**	**－16215**	**65186**
一、住宿业					
其中：国有控股	202215	39539	11432	－9541	12527
1、按登记注册类型分组					
内资企业	335517	92188	37475	－16100	26219
国有企业	7112	1048	242	10	552
集体企业					
有限责任公司	212841	45033	12991	－10873	14496
其他有限责任公司	179792	31729	8655	－11502	9911
股份有限公司					
私营企业	115564	46107	24241	－5236	11171
私营独资企业	485	482	235	－14	96
私营有限责任公司	111642	43489	22391	－5378	10779
港、澳、台商投资企业	48659	4845	4263	－1112	3120
港、澳、台商独资经营企业	48659	4845	4263	－1112	3120
外商投资企业	13406	1967	608	－584	754
中外合资经营企业					
外资企业	13406	1967	608	－584	754
2、按国民经济行业分组					
旅游饭店	337526	67572	26236	－16249	22542
一般旅馆	52519	25623	11553	－1417	6243
其他住宿服务	7217	5554	4336	－276	1278
3、按星级等级分组					
二星	1051	782	466	－384	526
三星	30964	8677	3312	－1079	2835
四星	62409	16123	6890	－3490	4529
五星	110111	22576	13416	－3768	8089
其他	193048	50841	18261	－9074	14114
4、按经营方式分组					
独立门店	359818	84488	35985	－18331	26833
连锁门店	5644	3450	1869	－49	707
其他	32120	11061	4491	584	2553
5、按单位规模分					
中型	175149	51275	22172	－7067	16528
小型	220406	47063	19544	－10909	13451
微型	2027	661	630	181	115

指标名称	资产总计	主营业务收入	主营业务成本	营业利润	应付职工薪酬（本年贷方累计发生额）
二、餐饮业	**295873**	**149717**	**88447**	**1581**	**35093**
其中：国有控股	112544	42021	18369	－644	11781
1、按登记注册类型分组					
内资企业	275251	141520	83969	2172	32414
国有企业	47144	7918	2870	216	1217
集体企业					
有限责任公司	99896	51924	24989	－188	14177
其他有限责任公司	94751	45213	22547	470	11704
股份有限公司	13997	3860	1878	620	1542
私营企业	114215	77817	54233	1524	15478
私营独资企业	13788	14726	11603	434	2137
私营合伙企业					
私营有限责任公司	97658	57600	38214	1115	12881
私营股份有限公司	2769	5491	4416	－26	460
港、澳、台商投资企业	12968	2907	1011	－123	1025
港、澳、台商独资经营企业	12968	2907	1011	－123	1025
外商投资企业	7654	5290	3468	－468	1654
外资企业	7654	5290	3468	－468	1654
2、按国民经济行业分组					
正餐服务	284782	121337	70204	－2675	30671
快餐服务	3984	10125	7940	1046	2312
餐饮配送及外卖送餐服务	3382	6417	5828	－199	799
其他餐饮业	607	1625	1394	14	133
3、按经营方式分组					
独立门店	240660	110303	63038	－2199	26208
连锁总店（总部）	20853	6226	3480	－152	1989
连锁门店	6601	16231	10404	3138	2832
其他	27761	16957	11525	793	4063
4、按单位规模分组					
大型	24234	18054	7819	140	3970
中型	90749	36588	20166	－649	10846
小型	172462	86701	54423	1062	19275
微型	8428	8374	6040	1028	1002

9－8　全市住宿餐饮企业营业额前20名排序

（2020年）

单位名称	地区	位次
江苏扬城一味餐饮管理有限公司	景区	1
扬州会议中心	邗江区	2
扬州花园国际大酒店有限公司	开发区	3
扬州富春饮服集团有限公司	广陵区	4
扬州广德酒店管理有限公司	广陵区	5
扬州方正国际大酒店有限公司	江都区	6
扬州锦泉花屿酒店管理有限公司	景区	7
江苏长青投资实业有限责任公司	江都区	8
扬州二十四桥宾馆管理有限公司	邗江区	9
扬州市西园饭店有限责任公司	景区	10
扬州迎宾馆经营管理有限公司	景区	11
江苏百润餐饮管理股份有限公司	广陵区	12
冶春餐饮股份有限公司	景区	13
江苏恒邦后勤服务有限公司	广陵区	14
扬州景诚国际饭店有限公司	江都区	15
扬州鼎正餐饮管理有限公司	邗江区	16
江苏福思得有限责任公司	广陵区	17
扬州中集华宇酒店投资有限公司	邗江区	18
扬州京华大酒店有限公司	邗江区	19
扬州扬子江会议中心经营管理有限责任公司	邗江区	20

9－9　全市批发零售企业商品销售额前20名排序

（2020年）

单位名称	地区	位次
上海上汽大众汽车销售有限公司仪征公司	仪征市	1
江苏省烟草公司扬州市公司	邗江区	2
江苏威达电源有限公司	高邮市	3
中国石化销售股份有限公司江苏扬州石油分公司	广陵区	4
国药控股扬州有限公司	广陵区	5
永丰余工纸(扬州)投资有限公司	开发区	6
扬州市众成金属材料有限公司	广陵区	7
江苏中天顺粮油贸易有限公司	仪征市	8
扬州金鹰国际实业有限公司	广陵区	9
江苏华伦星聚河化工销售有限公司	江都区	10
中国石油天然气股份有限公司江苏扬州销售分公司	邗江区	11
扬州利之星汽车维修服务有限公司	邗江区	12
江苏东风南方汽车销售服务有限公司	邗江区	13
扬州新伟仓储有限公司	邗江区	14
扬州信宝行汽车销售服务有限公司	邗江区	15
扬州中油石油销售有限公司	开发区	16
扬州源胜达物资回收有限公司	高邮市	17
扬州顺泰能源实业有限公司	景区	18
江苏宏信超市连锁股份有限公司	江都区	19
江苏宏信商贸股份有限公司	江都区	20

10

服 务 业

编辑：钱坤

10－1　规模以上服务业企业主要经济指标(一)

(2020年)　　单位:万元

指标名称	单位数(个)	固定资产原　价	资产总计	所有者权益合计	营业收入
总　　计	**877**	**4975242**	**27975804**	**10900200**	**5236271**
按登记注册类型分组					
内资企业	858	4425610	27120580	10584784	4956033
国有企业	34	515203	1151333	479566	560712
集体企业	13	74527	88718	22924	20910
股份合作企业	1	20	283	214	1057
有限责任公司	144	2392091	21913658	8763032	1384217
股份有限公司	15	505933	366740	74636	292990
私营企业	632	803400	3397234	1163366	2580142
其他企业	19	134435	202615	81047	116005
港、澳、台商投资企业	8	198041	446118	114626	102018
外商投资企业	11	351591	409105	200790	178220
按企业控股情况分组					
国有控股	129	3104429	20935397	8280190	1976710
集体控股	27	106166	161068	77866	86098
私人控股	670	1104812	3920250	1309653	2714153
港澳台商控股	9	199150	449240	115563	103276
外商控股	6	190057	254959	86005	128133
其他	34	197029	2139068	998751	148778
按行业分组					
道路运输业	140	783005	1096072	515626	675761
水上运输业	30	267815	215262	125430	211263
航空运输业	1	200908	315023	185123	14547
多式联运和运输代理业	14	5941	23914	10354	67077
装卸搬运和仓储业	19	379656	837534	234240	350974
邮政业	13	61851	92277	62111	216091
电信、广播电视和卫星传输服务	7	1320862	648669	157194	576047
互联网和相关服务	3	49	8027	1765	21599
软件和信息技术服务业	48	25094	181669	93329	241940
房地产业	69	125118	433614	157954	198462

10－1　续表　　(2020年)　　单位:万元

指标名称	单位数(个)	固定资产原价	资产总计	所有者权益合计	营业收入
租赁业	15	21811	462440	143873	58671
商务服务业	216	1011264	17528641	6653403	1364425
研究和试验发展	10	4384	65624	24082	75773
专业技术服务业	103	250832	3941111	1654847	644047
科技推广和应用服务业	25	11825	43949	27211	62635
生态保护和环境治理业	6	45034	61895	34527	25706
公共设施管理业	20	135137	655901	275953	67406
土地管理业					
居民服务业	18	9025	23601	9022	22679
机动车、电子产品和日用产品修理业	11	1982	4081	1847	12039
其他服务业	3	40	638	217	3343
教育	18	87185	140483	68676	58111
卫生	11	149005	192893	60176	155948
社会工作	3	26126	37584	11364	3369
新闻和出版业	4	15418	229184	196837	31860
广播、电视、电影和录音制作业	27	12745	87271	18797	17844
文化艺术业	8	2321	579822	143306	9522
体育	2	6031	6946	5501	3078
娱乐业	33	14780	61682	27437	46054
按地区分组					
广陵区	107	734040	7047233	2525508	472494
邗江区	238	1079016	4301161	1733276	1463619
江都区	59	517090	790052	398868	529474
宝应县	84	198867	428886	130727	372967
仪征市	102	436255	4363823	1569776	494338
高邮市	110	419668	5923086	2162699	567528
开发区	85	1203734	1616271	488141	936999
蜀岗瘦西湖景区	55	194704	1299707	635958	228128
生态科技新城	37	191869	2205584	1255248	170724

10－2　规模以上服务业企业主要经济指标(二)

(2020 年)　　　　单位:万元

指标名称	税　金 及附加	销售费用	管理费用	财务费用	营业利润	利润总额
总　　计	**42227**	**201543**	**414736**	**118826**	**358343**	**410181**
按登记注册类型分组						
内资企业	40473	193864	404350	109716	329483	381155
国有企业	1610	12052	43894	1656	19176	23418
集体企业	131	195	3549	489	－478	－296
股份合作企业	13	0	490	0	209	233
有限责任公司	18985	58169	139334	82053	111907	147982
股份有限公司	795	41438	14202	842	31983	32688
私营企业	18801	80962	182928	23120	161201	171501
其他企业	138	1047	19954	1557	5483	5629
港、澳、台商投资企业	659	5446	3106	3562	4263	4296
外商投资企业	1094	2233	7280	5548	24598	24730
按企业控股情况分组						
国有控股	18094	97551	175888	62719	154694	194563
集体控股	490	1126	9440	771	3977	4507
私人控股	20558	94115	204089	40989	164233	174920
港澳台商控股	730	5446	3209	3571	4293	4326
外商控股	716	1295	4310	5237	4369	4512
其他	1639	2010	11858	4064	23930	24505
按行业分组						
道路运输业	6488	6280	65352	7441	21963	44538
水上运输业	693	2000	5645	557	18380	18684
航空运输业	4	65	1784	692	－10718	－10794
多式联运和运输代理业	106	1082	2710	167	1253	1255
装卸搬运和仓储业	762	8725	9452	5346	8787	8669
邮政业	757	3408	14211	229	16888	17083
电信、广播电视和卫星传输服务	1559	70567	28361	2233	82957	84197
互联网和相关服务	89	568	593	14	697	867
软件和信息技术服务业	805	11496	12780	1236	19838	21464
房地产业	2906	10703	22713	3418	3706	4390

10－2　续表　　　　　　（2020 年）　　　　　　单位：万元

指标名称	税　金 及附加	销售费用	管理费用	财务费用	营业利润	利润总额
租赁业	240	887	2114	132	8841	8815
商务服务业	18988	39890	112830	84293	96397	107676
研究和试验发展	337	1435	3444	117	9817	10162
专业技术服务业	5656	25107	52751	5547	57164	58858
科技推广和应用服务业	296	1669	4254	453	4690	5322
生态保护和环境治理业	324	500	3061	653	6351	6990
公共设施管理业	253	3590	14854	2191	－3357	3312
土地管理业						
居民服务业	289	2785	3055	226	2940	2942
机动车、电子产品和日用产品修理业	116	275	1713	41	480	513
其他服务业	109	89	233	99	175	177
教育	44	1718	14561	7	3946	4042
卫生	165	1067	19055	1608	3892	3819
社会工作	3	28	1650	78	－11	－9
新闻和出版业	283	1593	5144	190	2343	5932
广播、电视、电影和影视录音制作业	185	3696	4794	1387	－2782	－2393
文化艺术业	55	598	2782	241	－199	－462
体育	3	208	493	－14	1135	1248
娱乐业	713	1516	4348	245	2771	2883
按地区分组						
广陵区	9198	8964	57929	40310	15682	20818
邗江区	10123	77224	113817	46688	140412	145582
江都区	1936	11009	20644	3067	12785	13485
宝应县	2660	9638	15172	3130	13918	14754
仪征市	2903	5202	46247	964	51311	66932
高邮市	5420	16531	33157	13082	49546	54950
开发区	5314	61910	72433	4586	46511	59243
蜀岗瘦西湖景区	2456	6536	40927	4554	17206	21702
生态科技新城	2217	4528	14410	2446	10973	12716

10－3 全市规模以上服务业企业资产前20名排序

（2020年）

单 位 名 称	地 区	位 次
扬州市城建国有资产控股(集团)有限责任公司	广陵区	1
扬州化工产业投资发展有限公司	仪征市	2
扬州市广陵新城投资发展集团有限公司	广陵区	3
扬州新盛投资发展有限公司	生态科技新城	4
扬州市交通产业集团有限责任公司	邗江区	5
高邮市建设投资发展集团有限公司	高邮市	6
扬州维扬发展投资有限公司	邗江区	7
高邮市水务产业投资集团有限公司	高邮市	8
仪征市枣林湾文化体育旅游发展有限公司	仪征市	9
扬州科丰高新产业投资开发集团有限公司	高邮市	10
扬州市扬子江投资发展集团有限责任公司	蜀冈瘦西湖景区	11
中央储备粮扬州直属库	开发区	12
高邮市振驿新农村建设投资发展有限公司	高邮市	13
扬州泰州国际机场投资建设有限责任公司	江都区	14
扬州市瘦西湖风景区管理处	蜀冈瘦西湖景区	15
中国电信股份有限公司扬州分公司	开发区	16
江苏如家酒店设施设备租赁有限公司	仪征市	17
高邮市古驿名城文化旅游开发集团有限公司	高邮市	18
高邮市国有资产投资运营有限公司	高邮市	19
江苏华东文化科技融资租赁有限公司	蜀冈瘦西湖景区	20

10－4　全市规模以上服务业企业营业收入前20名排序

（2020年）

单 位 名 称	地 区	位 次
中国移动通信集团江苏有限公司扬州分公司	邗江区	1
中国电信股份有限公司扬州分公司	开发区	2
中国石化集团江苏石油勘探局有限公司	开发区	3
中国邮政集团公司扬州市分公司	邗江区	4
扬州泰富港务有限公司	江都区	5
扬州化工产业投资发展有限公司	仪征市	6
江苏星通北斗航天科技有限公司	江都区	7
中央储备粮扬州直属库	开发区	8
扬州市江都区粮食收储总公司	江都区	9
扬州顺丰速运有限公司	邗江区	10
江苏宝应湖粮食物流中心有限公司	宝应县	11
扬州天工建筑劳务有限公司	高邮市	12
扬州市城建国有资产控股（集团）有限责任公司	广陵区	13
扬州中网视讯网络技术有限公司	邗江区	14
江苏笛莎公主文化创意产业有限公司	邗江区	15
扬州市江都区万源粮食购销有限公司	江都区	16
中国联合网络通信有限公司扬州市分公司	开发区	17
扬州洪泉医院	江都区	18
江苏宝胜物流有限公司	宝应县	19
扬州柯莱斯物流有限公司	广陵区	20

11

交通运输和邮电

编辑:项月

11－1　主要年份全社会客货运输量

年　份	客运量（万人）	公　路	水　运	货运量（万吨）	公　路	水　运
1957	420	336	84	166	60	106
1962	625	502	123	188	68	120
1965	813	650	163	303	109	194
1970	1218	974	244	380	137	243
1975	2460	1968	492	629	226	403
1978	3369	2538	831	875	320	555
1979	3810	2959	851	853	325	528
1980	4451	3535	916	1104	405	699
1981	5338	4440	898	953	347	606
1982	6057	5121	936	1081	383	698
1983	6717	5813	904	1178	399	779
1984	7003	6327	676	871	355	516
1985	7127	6531	596	2134	1109	1025
1986	7085	6519	566	2325	893	1432
1987	7096	6555	541	2115	1133	982
1988	6905	6408	497	2429	1282	1147
1989	6210	5829	381	2229	1248	981
1990	5768	5494	274	1985	1112	873
1991	5599	5333	266	2256	1183	1073
1992	6404	6250	154	3593	1890	1703
1993	6561	6378	183	2917	2013	904
1994	2652	2597	55	3040	1462	1578
1995	4961	4903	58	5718	3040	2678
1996	4451	4415	36	3442	2437	1005
1997	5915	5876	39	3860	2637	1223
1998	5928	5874	54	3802	2638	1164
1999	6095	6065	30	4633	3473	1160
2000	6207	6180	27	4686	3516	1170
2001	6353	6331	22	4867	3692	1175
2002	6590	6571	19	4933	3740	1193
2003	6897	6880	17	5223	3977	1246
2004	7473	7413	17	5518	4197	1317
2005	8144	8096	15	5855	4433	1373
2006	8703	8595	15	6407	4902	1480
2007	9619	9476	15	7270	5598	1645
2008	10564	10400	15	8057	6209	1827
2009	6507	6330	33	8022	5069	2932
2010	7276	7101	39	9333	5886	3426
2011	8194	8152	42	11112	6881	4231
2012	8908	8878	30	12244	7645	4599
2013	4769	4746	23	10528	5924	4604
2014	4804	4792	12	11596	6504	5092
2015	4159	4146	13	12162	6419	5743
2016	3852	3840	12	12324	6546	5778
2017	3427	3421	6	13374	7112	6262
2018	3101	3094	7	14127	7634	6493
2019	2942	2931	11	11829	4898	6931
2020	2079.72	2073	6.72	12748	5228	7520

11－2 全社会客货运输量

（2020年）

项目	单位	数值
公路客运量	万人次	2073
公路旅客周转量	万人公里	155255
公路货运量	万吨	5228
公路货物周转量	万吨公里	876506
水路客运量	万人次	6.72
水路旅客周转量	万人公里	40.35
水路货运量	万吨	7520
水路货物周转量	万吨公里	3299479
机场旅客吞吐量	万人	237.16
机场货邮吞吐量	万吨	1.26
铁路旅客发送量	万人次	239.53
铁路货运量	万吨	24.81

11－3 分地区客货运输量

（2020年）

项目	单位	全市	广陵	邗江	江都	宝应	仪征	高邮
客运量	万人	2080	7	53	90	343	182	497
旅客周转量	万人公里	155295	511	3940	6724	25685	13653	37205
货运量	万吨	12748	1331	804	2808	1662	4475	1033
货物周转量	万吨公里	4175985	286225	147883	956584	621864	1748020	284356

11－4　公路、航道基本情况

（2020 年）

指　　标	全　市	邗　江	江　都	宝　应	仪　征	高　邮
公路总里程（公里）	**9632**	**1240**	**2137**	**1769**	**1677**	**2167**
按等级分						
高速	294	54	92	40	47	44
一级	646	77	154	78	127	125
二级	1498	234	255	304	155	421
三级	1041	138	225	172	197	203
四级	6154	737	1410	1174	1151	1375
等外						
按行政等级分						
国道	490	36	150	104	73	98
省道	598	86	112	118	117	112
县道	1310	103	276	233	225	387
乡道	4203	497	931	740	743	935
村道	3030	518	668	574	519	634
按路面标准分						
高　级	9632	1240	2137	1769	1677	2167
次高级						
其　他						
公路桥梁（座）	**4193**	**221**	**918**	**1090**	**198**	**1640**
公路桥梁长度（延米）	198333	25503	49419	37931	13683	60586
内河航道总里程（公里）	**2297**	**235**	**651**	**595**	**108**	**630**
#水深 1 米以上里程	2122	191	543	595	102	620
船闸（座）	**6**		**3**	**1**		**2**

11－5　历年扬州港吞吐量

年　份	货运吞吐量(万吨)		集装箱吞吐量(万标箱)
		外贸吞吐量	
1999	1396	42	5.00
2000	1429	56	6.13
2001	1506	94	6.00
2002	1611	133	9.90
2003	1769	177	13.60
2004	2256	213	13.15
2005	4658	249	8.00
2006	5133	301	23.30
2007	5549	333	26.53
2008	5787	370	27.98
2009	6423	339	23.20
2010	7385	405	31.86
2011	8453	409	41.00
2012	8823	484	41.10
2013	10007	115	51.76
2014	12138	710	56.25
2015	11026	903	62.04
2016	12160	915	50.88
2017	13223	1132	50.93
2018	14132	1114	50.70
2019	13917	1132	52.34
2020	14377	1107	52.93

11－6　扬州港基本情况

（2020 年）

指　　标	单　位	数　值
1. 生产用码头泊位个数	个	179
总延长	米	19008
设计吞吐能力	万吨	13627
2. 泊位中万吨级码头	个	34
3. 全社会港口货物吞吐量	万吨	14377
其中：外贸吞吐量	万吨	1107
其中：长江干流港口吞吐量	万吨	12175
京杭运河吞吐量	万吨	2202
4. 集装箱吞吐量	万 TEU	52.93
货重	万吨	448.17

11－7　全社会港口货物吞吐量

（2020 年）　　单位：万吨

指　　标	总　　计	按进出港分	
		出　港	进　港
总计	**14377**	**4906**	**9471**
煤炭及制品	3727	1336	2391
石油、天然气及制品	1729	765	964
金属矿石	2190	859	1331
钢铁	670	392	278
矿建材料	3736	494	3242
水泥	694	437	257
木材	118	27	91
非金属矿石	118	50	68
化肥及农药	268		268
盐	33		33
粮食	58	55	3
机械、设备、电器	125	121	4
化工原料及制品	400	69	331
有色金属			
轻工、医药产品	4.1	4	
农、林、牧、渔业产品	8.4		8
其他	499	297	202

11－8　全社会营业性运输车船(内河)数

指　标	单位	2014 年	2015 年	2016 年	2017 年	2018 年	2019 年	2020 年
客运车辆	辆	1617	1480	1409	1399	1329	1356	1275
	客位	59088	56445	57525	57225	54581	55019	51378
货运车辆	辆	45917	45626	47150	45449	45120	32051	30326
	吨位	291891	296749	313825	319070	332787	333096	388504
内河运输船舶	艘	3121	2827	2704	2455	2383	2178	2057
	吨位	5578243	6086442	6342755	6124936	5674748	4631830	3762119
其中:客船	艘	15	15	15	15	15	12	12
	客位	1100	1100	1100	1100	1100	1062	1062
货船	艘	2843	2565	2481	2284	2183	1998	1877
	吨位	5518705	6029627	6296255	6080719	5626056	4586966	3713693
拖船	艘	45	41	42	30	39	33	29
	千瓦	7296	6801	7021	5022	7162	6181	5592
驳船	艘	218	206	166	126	146	135	139
	吨位	58943	56448	46133	43850	48325	44497	48020

11－9 邮电通讯基本情况

指　　标	计量单位	2015 年	2016 年	2017 年	2018 年	2019 年	2020 年
邮电业务总量	亿元	75.45	93.92	136.97	232.37	443.13	491.82
#邮政行业业务总量	亿元	20.60	26.61	36.08	42.44	51.70	63.73
电信业务总量	亿元	54.85	67.31	100.89	189.93	391.43	428.09
邮电业务收入	亿元	56.91	61.08	67.39	73.15	78.21	83.81
#邮政行业业务收入	亿元	16.50	19.25	23.36	27.61	31.91	35.62
电信业务收入	亿元	40.41	41.83	44.03	45.54	46.30	48.19
函件	万件	1883.23	1161.61	689.96	441.86	356.02	285.95
包件	万件	12.11	9.27	8.97	8.71	7.25	8.83
报纸累计数	万张	6896.49	6530.74	6276.93	6317.59	6660.69	6936.30
杂志累计数	万份	397.09	354.40	352.59	320.73	290.43	259.54
快递	万件	7782.23	10736.31	13045.89	15459.53	17515.80	21309.92
固定电话用户数	万户	115.75	107.17	99.16	93.48	89.95	85.19
移动电话用户数	万户	450.42	476.50	501.22	531.67	551.15	519.14
宽带用户数	万户	123.42	140.29	160.40	171.56	176.07	200.37

12

对外经济贸易和旅游

编辑:项月

12－1 对外贸易进出口总额

（2020 年）

单位：万元

项　　目	进出口总额	出口总额
总　　计	**7701994**	**5800495**
一、按地区分组		
开发区	1536703	1218515
广　陵	955161	783169
邗　江	1647760	1345483
江　都	1712309	1090317
宝　应	528485	385579
仪　征	950390	512286
高　邮	371186	332447
二、按贸易方式分组		
一般贸易	5882682	
加工贸易	1443323	
其　他	37589	

12－2 外商直接投资情况

（2020 年）

单位:万美元

地　区	实际使用外资金额	协议外资金额
全　　市	**147049**	**579425**
开　发　区	38014	160007
广　　陵	29116	75170
邗　　江	36507	76526
江　　都	14250	43119
宝　　应	10078	44712
仪　　征	25003	49778
高　　邮	15019	130113

12－3 分国别利用外资情况

（2020 年）

国别（地区）	项目个数（个）	实际使用外资金额（万美元）
总计	**145**	**147049**
亚洲	**124**	**127133**
阿富汗	0	0
文莱	0	0
柬埔寨	0	1000
香港	98	116225
印度	0	0
印度尼西亚	0	0
以色列	0	0
日本	1	4621
澳门	1	635
马来西亚	2	219
新加坡	5	1412
韩国	4	800
台湾省	13	2221
哈萨克斯坦	0	0
非洲	**6**	**878**
阿尔及利亚	0	0
喀麦隆	1	0
刚果（布）	1	0
加纳	1	0
毛里求斯	0	435
尼日尔	1	0
塞舌尔	2	443
刚果（金）	0	0

12－3 续表 （2020年）

国别（地区）	项目个数（个）	实际使用外资金额（万美元）
欧洲	**6**	**6783**
丹麦	0	565
英国	4	306
德国	1	530
意大利	1	13
荷兰	0	280
奥地利	0	4649
芬兰	0	0
马耳他	0	0
挪威	0	0
波兰	0	0
瑞士	0	440
俄罗斯联邦	0	0
南美洲	**6**	**7654**
巴西	1	0
开曼群岛	0	812
英属维尔京群岛	5	6842
北美洲	**4**	**1506**
加拿大	0	5
美国	4	558
百慕大	0	943
大洋洲	**0**	**150**
澳大利亚	0	0
新西兰	0	0
萨摩亚	0	150

12－4　分行业利用外资情况

（2020 年）

行　业	项目(企业)个数 (个)	实际使用外资金额 (万美元)
总　计	**145**	**147049**
农、林、牧、渔业	2	221
制造业	27	30624
电力、热力、燃气及水生产和供应业	2	3344
建筑业	15	8807
批发和零售业	38	19439
交通运输、仓储和邮政业	0	0
住宿和餐饮业	1	0
信息传输、软件和信息技术服务业	5	9445
金融业	4	1700
房地产业	8	30712
租赁和商务服务业	11	21249
科学研究和技术服务业	27	21549
水利、环境和公共设施管理业	1	30
居民服务、修理和其他服务业	1	0
教育	1	0
卫生和社会工作	0	0
文化、体育和娱乐业	2	0

12－5　对外经营和投资合作情况

（2020 年）　　　　单位:万美元

地　区	新批对外投资项目（个）	中方对外投资协议完成额	对外直接投资额	对外承包工程完成营业额	对外输出劳务人员实际收入	对外投资总额
全　市	20	9782.6	16695	35454	5974	58123
开发区	1	900	1000	17945	0	18945
广陵区	1	1.4	10	3445	439	3894
邗江区	7	122.9	1340.1	7460	203	9003.1
江都区	8	8473.3	7266.2	6016	811	14093.2
宝应县	2	230	15.7	410	4038	4463.7
仪征市	0	0	190.1	0	483	673.1
高邮市	1	55	242	178	0	420

12－6　旅游业主要指标

指标名称	计量单位	2013 年	2014 年	2015 年	2016 年	2017 年	2018 年	2019 年	2020 年
入境游客人数	万人次	4.78	5.35	5.12	5.86	6.78	7.64	7.96	1.34
旅游总收入	亿元	465.05	535.38	600.71	691.39	796.72	917.90	1010.20	610.33
旅游外汇收入	万美元	3700	4919	5588	6280	7506	8341	8548	2787
国内游客	万人次	3965.36	4545.88	5027.21	5622.02	6290.60	7036.59	7739.11	3839.61
国内旅游收入	亿元	454.42	525.21	592.00	681.91	785.29	904.76	996.33	608.41

12-7 旅行社基本情况

单位名称	地 址	地 区
江苏邮驿国际旅行社有限公司	高邮市文游中路110号	高邮市
扬州中国国际旅行社	扬州工艺坊A区一楼1111室	蜀冈—瘦西湖风景名胜区
扬州市中国旅行社有限责任公司	扬州市汶河北路18号	广陵区
扬州中国青年旅行社有限公司	四望亭路6号	广陵区
江苏盛世旅程国际旅行社有限公司	扬州市经济开发区江阳中路433号(金天城大厦)A座1219、1220	经济技术开发区
国旅(江苏)扬州国际旅行社有限公司	扬州市广陵区汶河北路145号	广陵区
扬州市开元国际旅行社有限公司	仪征市真州镇大庆北路81号	仪征市
扬州舜天国际旅行社有限公司	扬州市蜀冈—瘦西湖风景名胜区鸿福三村35-101	蜀冈—瘦西湖风景名胜区
扬州市旅游集散中心有限公司	扬州市邗江区邗江中路611号47-6、47-7	邗江区
江苏卓悦国际旅行社有限公司	扬州市邗江区文昌西路320-3号	邗江区
扬州苏之旅国际旅行社有限公司	扬州市汶河北路31号	广陵区
扬州小秦淮国际旅行社有限公司	扬州市四望亭路219号	邗江区
扬州市江都中原国际旅行社有限公司	扬州市江都区工农路25号	江都区
江苏环球国际旅游有限公司	扬州市蜀冈—瘦西湖风景名胜区扬子江北路399号商2-42076	蜀冈—瘦西湖风景名胜区
扬州市全景国际旅行社有限公司	仪征市真州镇万年大道新天地花苑2幢111室	仪征市
扬州壹零捌幸福汇旅行社有限公司	扬州市邗江区三盛国际广场3幢601、602室	邗江区
蒲公英国际旅游(江苏)有限公司	扬州市广陵区文昌中路58号3-7层602-1	广陵区
扬州市知合旅行社有限公司	扬州市邗江区文昌西路华城科技广场2幢3楼B030	邗江区
扬州市优行国际旅行社有限公司	扬州市邗江区扬子江北路413号优客工场AR0103-1~6	邗江区
江苏小跟班文化旅游发展有限公司	扬州市邗江区邗江路47号403	邗江区
扬州欣途旅行社有限公司	扬州市蜀冈—瘦西湖风景名胜区史可法路44号10幢308	蜀冈—瘦西湖风景名胜区
扬州泰州国际机场旅游实业有限责任公司	扬州市江都区丁沟镇(扬州泰州机场内)	江都区
扬州驰岳国际旅行社有限公司	扬州市邗江区西峰路9号金叶商业广场508、509	邗江区
百鸣国际旅游(江苏)有限公司	扬州市广陵区文昌中路58号3-7层-602-1	广陵区
江苏慵懒旅游文化有限公司	扬州市广陵区联谊路16号银泰商务中心-328	广陵区
扬州漫森活旅行有限公司	扬州市经济开发区扬子江中路287号(财富广场)商务办公楼-1126	经济技术开发区
宝中(江苏)国际旅行社有限公司	扬州市邗江区翠岗综合楼-A1-4	邗江区
扬州洲际文化旅行社有限公司	仪征市真州镇前进路186-14-5	仪征市
扬州读行学堂研学旅行有限公司	仪征市枣林湾程营村联合组	仪征市
扬州华青国际旅行社有限公司	扬州市邗江区翡翠城8-1210	邗江区
江苏蜂巢国际旅行有限公司	扬州市邗江区环保科技产业园企业社区A幢065室	邗江区
扬州扬汽旅行社有限公司	扬州市广陵区渡江南路27号	广陵区
扬州悠客国际旅行社有限公司	扬州市邗江区翠柳苑(现代广场)9-206	邗江区
扬州潇洒走一回旅行社有限公司	扬州市扬子江中路287号(财富广场)商务办公楼-2726	经济技术开发区
扬州万马国际旅游有限公司	扬州市广陵区江阳东路125号3—605	广陵区
扬州春之旅国际旅行社有限公司	扬州市广陵区四望亭路94号	广陵区
扬州印象旅行社有限公司	扬州市广陵区文昌中路8号首席国际B座226室	广陵区
扬州游天下国际旅行社有限公司	扬州市沙头镇国税大道1号1-9幢	广陵区
扬州唐韵国际旅行社有限公司	扬州市广陵区盐阜西路8号	广陵区
扬州生辉国际旅行社有限公司	扬州市经济开发区维扬路31号金轮星城18幢1302	经济技术开发区
扬州运河风光国际旅行社有限公司	扬州市广陵区文昌中路8号(华泰首席国际大厦)-432	广陵区
扬州漫鹿国际旅行社有限公司	扬州市广陵区安墩新寓9幢沿街16号	广陵区

12－7　续表1

单位名称	地　址	地　区
扬州市明珠国际旅行社有限公司	扬州市江都区人民路39号	江都区
扬州市侠客行国际旅行社有限公司	高邮市花湾路152号	高邮市
扬州畅游国际旅行社有限公司	仪征市真州镇万年大道新天地花苑4幢113、213号	仪征市
志成信(扬州)旅游信息技术有限公司	扬州市邗江区国展路56号	邗江区
扬州交通旅游集散有限公司	扬州市邗江区文昌西路525号新盛商务中心3号楼4楼	邗江区
扬州好望角旅行社有限公司	宝应县安宜北路55号商住楼4号门市	宝应县
高邮春晖国际旅行社有限公司	高邮市佳和城市花园－3	高邮市
江苏芳华旅游有限公司	扬州市邗江区扬子江中路757号1幢515	邗江区
扬州舜禹国际旅行社有限公司	扬州市经济开发区维扬路27号扬州宝龙广场商业街B区7号楼S7－2F－240	经济技术开发区
扬州五亭食品集团旅行社有限公司	扬州市广陵区立新路24号	广陵区
宝应县环宇旅行社有限公司	扬州市	宝应县
扬州三义国际旅行社有限公司	扬州市开发区维扬路31号(金轮星城)18幢820室	经济技术开发区
扬州乐途国际旅行社有限公司	扬州市	广陵区
江苏熊爸爸国际旅行社有限公司	扬州市	邗江区
江苏致程国际旅行社有限公司	高邮市通湖路160－14号	高邮市
江苏小狼欢腾旅行服务有限公司	扬州市邗江区文汇西路215号(华远国际大厦)A区535	邗江区
扬州苏扬文化旅游发展有限公司	扬州市蜀冈－瘦西湖风景名胜区长征西路16号101－2	蜀冈—瘦西湖风景名胜区
扬州中和国际旅行社有限公司	扬州市邗江区文昌西路56号(公元国际大厦)1－706	邗江区
扬州乐程特色小镇旅游发展有限公司	扬州市蜀冈－瘦西湖风景名胜区玉器街1号	蜀冈—瘦西湖风景名胜区
扬州我心飞扬国际旅行社有限公司	扬州市广陵区杉湾东苑7－1004	广陵区
扬州长青国际旅行社有限公司	扬州市江都区文昌东路1002号	江都区
扬州新众力在线国际旅行社有限公司	扬州市广陵区荷花池南街69号汶河文化产业园	广陵区
扬州众途国际旅行社有限公司	扬州市邗江区京华城中城一期西侧商业街(顽乐城)	邗江区
扬州邮缘国际旅行社有限公司	高邮市海潮东路二期8号楼	高邮市
扬州华都国际旅行社有限公司	扬州市江都区人民路31号	江都区
扬州锦江研学国际旅行社有限公司	扬州市邗江区文昌中路650号301	邗江区
扬州大华国际旅行社有限公司	扬州市扬子江北路399号商2－商5－42062	蜀冈—瘦西湖风景名胜区
江苏宏途旅业有限公司	扬州市邗江区四季园新村综合5－302	邗江区
扬州悠游假期国际旅行社有限公司	扬州市邗江区邗江中路山姆月城明珠1栋(物业用房)	邗江区
扬州快乐行旅行社有限公司	宝应县苏中北路6号	宝应县
扬州嘉旭旅游有限责任公司	扬州市邗江区蒋王镇冯庄村厉庄组	邗江区
扬州市拓展国际旅游有限公司	扬州市文昌东路15号江广智慧城东苑四号楼	广陵区
扬州博客旅行社有限公司	扬州市金茂广场3幢507	邗江区
扬州鼎兴国际旅行社有限公司	扬州市广陵区皮坊街3号	广陵区
江苏平安国际旅游有限公司	扬州市文昌中路678号2－2	邗江区
扬州青创国际旅行社有限公司	扬州市江都区龙川北路77号明珠山庄1幢105室(门市)	江都区
扬州市玉屏国际旅行社有限公司	扬州市邗江区扬子江中路729号	邗江区
仪征金太阳国际旅行社有限公司	仪征市真州镇仪化生活区白沙路10号1－	仪征市
扬州市风尚旅行社有限公司	新城花园143幢105室	经济技术开发区
扬州文广旅行社有限公司	文昌中路60号东廊房－3－6轴	广陵区
扬州京彩假日国际旅行社有限公司	文昌中路8号(华泰首席国际大厦)426室	广陵区
扬州康泰国际旅行社有限公司	扬州市邗江区翠柳苑(现代广场)9－711	邗江区

12－7　续表2

单位名称	地　址	地　区
扬州市江都区三元国际旅行社有限公司	扬州市江都区江淮路66号北幢102室	江都区
扬州众诚旅行社有限公司	扬州市润扬广场3幢202室	邗江区
扬州空港国际旅游有限公司	扬州市顺达路138号顺达生活广场2－1316	经济技术开发区
扬州九州行国际旅行社有限公司	扬州市盐阜西路6号	广陵区
扬州华夏国际旅行社有限公司	扬州市广陵区临江路205号	广陵区
扬州市地平线旅行社有限公司	文昌西路56号(公元国际大厦)421室	邗江区
扬州凯风国际旅行社有限公司	扬州市广陵区文昌中路58号3－7层－602－1	广陵区
扬州茉莉花国际旅行社有限公司	扬州市邗江区国展路56号业恒生活广场807	邗江区
扬州路路通国际旅行社有限公司	邗江区百祥路	邗江区
宝应宇通旅行社有限公司	宝应县白田中路58号五洲国际1、6、7－12号商铺	宝应县
扬州春晖旅行社有限公司	扬州市新城河路520号	邗江区
扬州金马国际旅行社有限公司	扬州市江都区新区金城银都嘉苑B3幢	江都区
扬州小骆驼国际旅行社有限公司	扬子江北路259号301、302、303室	邗江区
江苏国都之旅国际旅游有限公司	运河西路588－310、311号(壹位商业广场)	广陵区
扬州市枣林湾国际旅行社有限公司	仪征市枣林湾生态园天池路枣林山庄	仪征市
扬州苏宁旅行社有限公司	扬州市扬子江北路101号双桥商务广场A座629	邗江区
扬州江海旅行社有限公司	扬州市扬子江南路5号江海学院专家楼一楼	经济技术开发区
扬州爱尚国际旅游有限公司	扬子江北路819号1－305	邗江区
扬州市江都区春之秋国际旅行社有限公司	扬州市江都区仙女镇工农西路41号	江都区
扬州新时代商务旅行社有限公司	文化里3号	广陵区
扬州文化商务旅行社有限公司	扬州市渡江南路西侧七里河南侧(江南左岸1幢901室)	广陵区
扬州万里行国际旅行社有限公司	扬州市四望亭路399－8号(旺庭公馆)	邗江区
扬州润扬国际旅行社有限公司	四望亭路190号	邗江区
宝应大众旅行社有限责任公司	宝应县安宜镇叶挺东路59号西首1号、2号门市	宝应县
扬州中康国际旅行社有限公司	仪征市真州镇国庆路139号－1	仪征市
江苏乐游山水文化发展有限公司	扬州市广陵区渡江南路128号奥邦广场1幢12005室	广陵区
扬州中江旅行社有限公司	扬州市文昌中路672号	邗江区
扬州市中原旅行社有限公司	文汇东路263号265号	邗江区
宝应县西湖旅行社有限责任公司	宝应县安宜镇中大街19号	宝应县
哥伦布极限旅行江苏有限公司	泰州路43号	广陵区
扬州燕宇旅行社有限公司	扬州市广陵区汶河北路42号	广陵区
扬州市中友旅行社有限公司	邵伯镇淮江路101号	江都区
扬州天马国际旅游发展有限公司	扬州市盐阜东路9号	广陵区
扬州新视野教育国际旅行社有限公司	扬州市扬子江中路757号312室	邗江区
扬州春江花都国际旅行社有限公司	扬州市江都区中远欧洲城龙川路营业用房170号	江都区
扬州市和平国际旅行社有限公司	扬州市文汇东路201号	经济技术开发区
扬州龙行天下国际旅行社有限公司	扬州市蜀冈—瘦西湖风景名胜区高桥路14号－7	蜀冈—瘦西湖风景名胜区
扬州市纵横旅行社有限公司	扬州市四望亭路279号太和广场347室	邗江区
扬州百乐门旅行社有限责任公司	扬州市江都区仙女镇工农路2号(江都宾馆内)	江都区
扬州环宇国际旅行社有限公司	江阳商贸城18－318	邗江区
扬州世纪康辉国际旅行社有限公司	扬州市江都区三元路33号	江都区
高邮市中原国际旅行社有限公司	高邮市文游中路135号	高邮市

12－7 续表3

单位名称	地 址	地 区
扬州知北游文化旅游有限公司	扬州市邗江区文昌中路650号312室	邗江区
扬州新华旅行社有限公司	扬州市东方名城1－03幢302室	广陵区
扬州市太平洋假日国际旅行社有限公司	扬州市江都区人民路18号	江都区
扬州新世界国际旅行社有限公司	扬州市大虹桥路停车场5号	蜀冈—瘦西湖风景名胜区
扬州天成研学国际旅行社有限公司	扬州市邗江区翠柳苑(现代广场)25－311	邗江区
扬州新天旅行社有限公司	金都汇3幢308室	邗江区
扬州新国航国际旅行社有限公司	扬州市四望亭路399号旺庭公馆3幢621室	邗江区
扬州同程旅行社有限公司	扬州市高桥路28号莱茵苑42栋201室	蜀冈—瘦西湖风景名胜区
仪征市怡华假日旅行社有限公司	仪征市真州镇仪化白沙路(影剧院)	仪征市
扬州自由漫步旅行社有限公司	扬州市泰州路22－1号22号	广陵区
扬州市江都区神州国际旅行社有限公司	扬州市江都区工农路28号	江都区
扬州瘦西湖国际旅行社有限责任公司	扬州市瘦西湖路187号	蜀冈—瘦西湖风景名胜区
高邮市走四方旅行社有限公司	高邮市文游中路176号	高邮市
扬州京华国际旅行社有限公司	扬州大学北路159号	邗江区
扬州二分明月旅行社有限责任公司	润扬广场3－105B	邗江区
扬州中侨国际旅行社有限公司	文汇西路215号华远国际大厦A座509室	邗江区
扬州航空国际旅行社有限公司	扬州市维扬路243号1－日座510室	经济技术开发区
扬州海天商务旅行社有限公司	扬州市蜀冈—瘦西湖风景名胜区瘦西湖路195号扬州北大科技园9号楼二层R－201－3室	蜀冈—瘦西湖风景名胜区
扬州金桥国际旅行社有限公司	扬州市文昌西路佳云阁306室	邗江区
扬州市凤凰岛旅行社有限公司	扬州市生态科技新城泰安镇凤凰岛景区	生态科技新城
扬州烟花三月旅行社有限责任公司	邗江中路汇好数码广场607室	邗江区
扬州景智国际旅行社有限公司	扬州市西城上筑4幢1015	经济技术开发区
扬州顺安招商旅行社有限公司	扬州市开发区江阳中路433号(金天城大厦)1－819	经济技术开发区
扬州天天游旅行社有限公司	文昌中路395号星月宾馆3F	广陵区
扬州夕阳红旅行社有限公司	扬州市四望亭路51号－518	广陵区
扬州市华悦国际旅行社有限公司	扬州市扬子江北路387号	邗江区
扬州市雄都旅行社有限公司	扬州市江都区仙女镇人民路26号	江都区
扬州蓝天国际旅行社有限公司	扬州市广陵区运河西路230号F915室	广陵区
高邮市喜福来旅行社有限公司	高邮市海潮路南海桥头北东侧	高邮市
扬州市春秋国际旅行社有限公司	扬州市丰乐上街9号史可法纪念馆内	蜀冈—瘦西湖风景名胜区
仪征市化纤国际旅行社有限公司	仪征市真州镇胥浦环西路10号	仪征市
扬州西湖国际旅行社有限公司	扬州市邗江区市府西巷2－1	邗江区
宝应县环球旅行社有限公司	叶挺东路47号	宝应县
仪征中北国际旅行社	仪征市真州镇工农北路419号	仪征市
扬州铁道国际旅行社有限责任公司	扬子江北路451号	蜀冈—瘦西湖风景名胜区
扬州光大研学国际旅行社有限公司	扬州市文昌西路56号(公元国际大厦)1－412	邗江区
扬州天地国际旅游有限公司	扬州市汶河南路44号404室(盛世商务楼)	广陵区
扬州金色阳光国际旅行社有限公司	扬州市江都区人民路20号	江都区
扬州金阳光国际旅行社有限公司	扬州市邗江区新城河路160号	邗江区
扬州市国泰旅游有限公司	西城上筑苑4幢626－627号	邗江区
扬州石塔宾馆有限公司石塔旅行社	扬州市文昌中路246号	广陵区
扬州扬子江国际旅行社有限公司	扬州市广陵区盐阜东路二郎庙(雅官人巷)12－1	广陵区

12－8　扬州市 AAA 级以上景区基本情况

旅游景区名称	旅游景区等级
江苏省扬州市瘦西湖风景区	AAAAA
江苏省扬州市大明寺	AAAA
江苏省扬州市个园	AAAA
江苏省扬州市何园	AAAA
江苏省扬州市中国雕版印刷博物馆/扬州博物馆	AAAA
江苏省扬州市茱萸湾景区	AAAA
江苏省扬州市东关历史文化旅游区	AAAA
江苏省扬州高邮市盂城驿景区	AAAA
江苏省扬州市宋夹城景区	AAAA
江苏省扬州市汉陵苑	AAAA
江苏省扬州市马可波罗花世界	AAAA
江苏省扬州市运河三湾风景区	AAAA
扬州市邵伯古镇	AAAA
仪征市捺山地质公园	AAAA
高邮市抗日战争最后一役文化园	AAAA
江苏省扬州市凤凰岛生态旅游区	AAA
江苏省扬州市史可法纪念馆	AAA
江苏省扬州市吴道台宅第	AAA
江苏省扬州宝应县纵棹园	AAA
江苏省扬州仪征市博物馆	AAA
江苏省扬州高邮市镇国寺	AAA
江苏省扬州高邮市文游台	AAA
江苏省扬州宝应县宁国寺景区	AAA
江苏省扬州仪征市红山体育公园	AAA
江苏省扬州市陈园景区	AAA
江苏省扬州市江都开元寺景区	AAA
江苏省扬州市江都朴园景区	AAA
江苏省扬州市润扬森林公园	AAA
江苏省扬州市江都自在公园	AAA
江苏省扬州仪征市陈集孔雀山生态体育公园	AAA
江苏省扬州宝应县曹甸楚甸公园	AAA
江苏省扬州市扬子郊野公园	AAA
江苏省扬州市宝射河休闲体育公园	AAA
江苏省扬州市宝应湖国家湿地公园	AAA
江苏省扬州高邮市菱塘回族乡古清真寺景区	AAA
江苏省扬州高邮市文化体育休闲公园	AAA
江苏省扬州市蜀冈生态公园	AAA
江苏省扬州市花都汇—扬州园艺体验中心	AAA
扬州仪征市天乐湖旅游度假区	AAA
扬州市民歌民乐公园	AAA
扬州市艺术馆	AAA
扬州市科技馆	AAA
江苏省扬州市京华城休闲旅游区	AAA
江苏省扬州市高邮市界首老街文化景区	AAA
江苏省扬州宝应县荷园生态旅游区	AAA
江苏省扬州高邮市清水潭景区	AAA
江苏省扬州荷花池景区	AAA

13

财政　金融

编辑:项月

13－1　主要年份财政收入与支出

单位:万元

年　份	财政收入	一般公共预算收入	财政支出
1980	20572	20572	10899
1981	21433	21433	10649
1982	23811	23811	12220
1983	25791	25791	16170
1984	27846	27846	18356
1985	35589	35589	20080
1986	39919	39919	26928
1987	43978	43978	27939
1988	55651	55651	35559
1989	61256	61256	43213
1990	66570	66570	49303
1991	65988	65988	58939
1992	81867	81867	57804
1993	129289	129289	91088
1994	161162	71576	105017
1995	187999	88693	126160
1996	204067	99718	142919
1997	229962	104600	158873
1998	255303	122882	183928
1999	274958	135651	201069
2000	339920	163357	237079
2001	407071	205101	290539
2002	556114	231613	392554
2003	729081	305517	517835
2004	938888	402425	663373
2005	1170310	495486	873131
2006	1580277	630188	1217880
2007	2136143	856900	1509396
2008	2662005	1048317	2127649
2009	3100890	1280788	2566759
2010	4008818	1677818	3333569
2011	5009588	2180818	4218869
2012	5545139	2249986	4663329
2013	4185402	2592606	5357125
2014	4684615	2951918	3677273
2015	5151816	3367462	4427805
2016	5294500	3453000	4789699
2017	5171922	3201787	5076403
2018	5421167	3400339	5635745
2019	5143320	3287850	6119544
2020	5460607	3372719	6683001

13－2 财政收入与支出

（2020 年）

单位:万元

项　　目	全 市	广 陵	邗 江	江 都	宝 应	仪 征	高 邮
财政总收入	**5460607**	**691689**	**994310**	**927995**	**400526**	**861893**	**610984**
上划中央收入	**2087888**	**257589**	**351352**	**371077**	**151819**	**381878**	**231845**
#增值税	1219531	147322	216850	228742	106248	205451	163796
消费税	185066	3681	402	33574	386	63177	4967
企业所得税（60%）	543509	87557	108554	85985	36598	96829	50608
个人所得税（60%）	139782	19029	25546	22776	8587	16421	12474
一般公共预算收入	**3372719**	**434100**	**642958**	**556918**	**248707**	**480015**	**379139**
#税收收入	2644585	367222	514508	444433	191945	390007	310012
#增值税	1219530	147322	216851	228742	106248	205451	163796
企业所得税（40%）	353095	58361	72340	57319	24286	64484	33739
个人所得税（40%）	93186	12686	17030	15184	5725	10948	8316
一般公共预算支出	**6683001**	**575029**	**991034**	**1167389**	**850604**	**685535**	**831678**
#一般公共服务	756024	93034	154113	89453	79952	77140	82892
科学技术	124703	10642	21470	21137	3156	15491	12949
教育	1064683	77807	185740	184341	154579	111557	147030
文化体育与传媒	176824	22636	19293	22132	16863	13905	25682
医疗卫生	420050	23720	35374	74928	68901	49458	70969
节能环保	151576	15205	49050	33727	4644	9214	19141
城乡社区事务	1030382	109611	189872	226652	149089	78672	109194
交通运输	374830	5303	32891	40629	40374	27769	28815
社会保障和就业	835112	74397	89827	192629	117068	95576	146118
住房保障	251117	40827	7396	66371	4700	3903	6509
农林水事务	563265	36193	61967	79902	103638	92574	87869

13－3　主要年份金融机构存贷款

年　份	本外币各项存款余额（亿元）	本外币各项贷款余额（亿元）	人民币各项存款余额（亿元）	人民币各项贷款余额（亿元）	外汇各项存款余额（亿美元）	外汇各项贷款余额（亿美元）
1996	—	—	234.85	206.14	1.24	2.83
1997	—	—	291.07	236.87	1.41	2.66
1998	—	—	341.60	259.51	1.51	2.13
1999	—	—	394.49	278.76	1.97	1.87
2000	—	—	444.47	276.05	2.52	1.36
2001	—	—	505.77	297.93	2.70	1.38
2002	—	—	592.79	356.23	3.31	1.45
2003	747.34	452.04	720.97	433.86	3.19	2.20
2004	865.46	486.00	839.70	470.68	3.11	1.85
2005	977.39	530.18	952.70	513.33	3.06	2.09
2006	1112.52	609.42	1085.28	597.24	3.49	1.56
2007	1276.27	765.88	1253.85	750.77	3.07	2.07
2008	1583.03	902.26	1551.91	889.40	4.55	1.88
2009	2101.21	1236.17	2067.13	1212.75	4.99	3.43
2010	2471.96	1514.88	2430.55	1486.06	6.25	4.35
2011	2860.65	1751.50	2818.31	1718.03	6.72	5.31
2012	3365.22	2042.98	3310.84	2006.50	8.65	5.80
2013	3888.39	2375.62	3836.87	2341.85	8.45	5.46
2014	4323.54	2766.18	4269.75	2732.42	8.79	5.52
2015	4793.82	3118.17	4719.40	3095.77	11.46	3.45
2016	5448.23	3526.36	5361.55	3508.13	12.49	2.63
2017	5811.97	4028.99	5700.87	4007.76	17.00	3.25
2018	6080.73	4643.49	5997.55	4630.51	12.12	1.89
2019	6787.31	5391.98	6700.46	5374.85	12.45	2.46
2020	7691.30	6293.32	7586.35	6279.75	16.08	2.08

13－4　主要年份城乡居民住户存款

单位：万元

年　份	全　市	市　区	江　都	宝　应	仪　征	高　邮
1980	12225	8018	2933	1597	985	1625
1981	15825	10159	3775	2101	1335	2230
1982	22733	14059	5427	3313	2004	3357
1983	30792	18910	7778	4398	2723	4761
1984	44760	28212	12589	6177	3946	6425
1985	58219	36436	15402	7709	5464	8610
1986	79728	49541	21148	10743	8148	11296
1987	111156	69309	29544	14631	11979	15237
1988	128886	80492	33513	16618	14929	16847
1989	190728	121220	50451	23946	21477	24085
1990	278722	178865	77025	33232	31714	34911
1991	372131	242727	104844	42930	42914	43560
1992	473124	314297	134213	52854	52431	53542
1993	610212	400696	188578	70464	74012	65040
1994	824448	542330	245651	96975	92160	92983
1995	1120957	729561	339773	133228	126901	131267
1996	1563311	1025748	457249	163395	187054	187114
1997	1840674	1227758	547822	186671	211021	215224
1998	2172694	1474612	660747	210575	239872	247635
1999	2470022	1672659	742581	247711	263830	285822
2000	2760458	1860089	808945	295203	284121	321045
2001	3145837	2124931	907901	343683	314344	362879
2002	3780858	2513456	1036607	400155	434916	432331
2003	4491267	2978007	1194163	473871	523535	515854
2004	5227957	3459956	1391055	558581	604747	604673
2005	6046486	3999036	1589804	651018	678679	717753
2006	6755500	4471503	1769047	716012	747887	820098
2007	7114663	4702255	1852424	755371	763744	893293
2008	8991000	5982900	2337200	923500	964400	1120200
2009	10953113	7340739	2780899	1107390	1173990	1330995
2010	12523929	8381899	3135618	1262557	1363619	1515854
2011	14278665	9512654	3503207	1431274	1612511	1722226
2012	16975080	11279876	4140083	1718810	1942330	2034064
2013	19310195	12766330	4672524	1970199	2232298	2341370
2014	21170920	13713008	5145041	2285140	2481310	2691462
2015	23766844	15310188	5794787	2626023	2732089	3098544
2016	25609777	16329203	6196989	2867105	2957311	3456159
2017	26646363	16824140	6337225	3044731	3061639	3715853
2018	28606486	18008475	6782096	3285168	3314576	3998268
2019	32175140	20380593	7536176	3645801	3623226	4525520
2020	36984553	23507750	8530210	4135893	4188568	5152342

13－5　分地区金融机构人民币存贷款情况

(2020年)　　单位:亿元

项　　目	全 市	市 区	#江 都	宝 应	仪 征	高 邮
一、各项存款	**7586.35**	**5366.44**	**1363.58**	**655.44**	**769.12**	**795.35**
(一)境内存款	7581.22	5362.00	1363.21	655.24	768.78	795.20
1. 住户存款	3698.46	2350.78	853.02	413.59	418.86	515.23
(1)活期存款	1013.85	657.85	196.78	116.48	100.66	138.85
(2)定期及其他存款	2684.61	1692.92	656.24	297.11	318.19	376.38
2. 非金融企业存款	2624.64	2090.82	368.12	155.18	208.13	170.50
(1)活期存款	859.62	636.41	110.34	62.14	75.40	85.67
(2)定期及其他存款	1765.01	1454.41	257.78	93.05	132.73	84.83
3. 广义政府存款	1186.13	849.24	140.62	86.46	141.16	109.27
(1)财政性存款	66.26	40.19	9.79	5.08	11.12	9.87
(2)机关团体存款	1119.87	809.05	130.82	81.38	130.04	99.40
4. 非银行业金融机构存款	72.00	71.16	1.45	0.00	0.64	0.20
(二)境外存款	5.14	4.44	0.37	0.21	0.34	0.15
二、各项贷款	**6279.75**	**4580.50**	**880.76**	**504.21**	**606.14**	**588.90**
(一)境内贷款	6279.32	4580.08	880.76	504.21	606.13	588.89
1. 住户贷款	2261.22	1673.15	313.34	193.29	215.84	178.94
(1)短期贷款	478.15	282.63	90.09	59.54	80.71	55.27
消费贷款	102.50	64.43	14.43	10.18	16.03	11.85
经营贷款	375.66	218.19	75.66	49.36	64.69	43.42
(2)中长期贷款	1783.07	1390.52	223.25	133.75	135.13	123.67
消费贷款	1654.75	1290.07	204.72	127.31	121.38	116.00
经营贷款	128.32	100.46	18.53	6.44	13.76	7.67
2. 非金融企业及机关团体贷款	4018.09	2906.93	567.42	310.91	390.29	409.96
(1)短期贷款	1583.12	1160.91	256.94	135.82	130.00	156.38
(2)中长期贷款	2041.15	1421.13	242.18	155.89	242.01	222.12
(3)票据融资	393.18	324.32	68.06	19.15	18.28	31.44
(4)融资租赁						
(5)各项垫款	0.65	0.58	0.23	0.05		0.02
3. 非银行业金融机构贷款						
(二)境外贷款	0.43	0.42				0.01

13－6　证券业务情况（2020年）

单位：万户、亿元

项　　　目	全　市	市　区	江　都	宝　应	仪　征	高　邮
开设资金帐户	84.60	71.54	9.28	5.24	4.74	3.07
保证金余额	38.02	32.68	3.65	1.75	2.31	1.28
当年证券交易额	16287.66	13473.10	1339.56	1346.32	890.63	577.60
#股票	11954.51	9682.97	1158.73	1127.09	694.15	450.31
基金	976.85	910.25	19.14	33.63	9.41	23.56

13－7　历年保险业务情况

单位：亿元

项　　　目	2015年	2016年	2017年	2018年	2019年	2020年
财产险						
保费收入	30.42	31.76	33.66	35.08	37.19	38.37
赔款和给付	16.72	19.54	20.02	21.87	22.45	23.50
人寿险						
保费收入	81.13	106.43	126.38	140.93	138.06	139.90
赔款和给付	22.61	32.70	36.64	28.92	23.49	23.21

14

能源　电力

编辑：高鹏

14－1　全社会用电分月情况

（2020 年）　　单位:万千瓦时

月　份	用电量	其　中			
		第一产业	第二产业	第三产业	居民用电
合　计	**2646630**	**34382**	**1779602**	**402421**	**430225**
第一季度	**535536**	**3860**	**304254**	**96202**	**131220**
1 月	212252	1622	127474	49702	33454
2 月	135383	959	63102	24096	47226
3 月	187901	1279	113678	22404	50540
第二季度	**611950**	**6894**	**437712**	**76626**	**90718**
4 月	188641	1880	127255	22401	37105
5 月	203041	2417	145271	26567	28786
6 月	220268	2597	165186	27658	24827
第三季度	**777617**	**14711**	**521626**	**132521**	**108759**
7 月	241411	3364	175934	34587	27526
8 月	299021	5451	202327	59865	31378
9 月	237185	5896	143365	38069	49855
第四季度	**721527**	**8917**	**516010**	**97072**	**99528**
10 月	216626	4472	135163	30337	46654
11 月	227078	2636	167243	30814	26385
12 月	277823	1809	213604	35921	26489

14－2 分地区全社会用电情况

（20120 年） 单位：万千瓦时

项　　目	全　市	市　区	#江　都	宝　应	仪　征	高　邮
全社会用电合计	**2646630**	**1505745**	**466614**	**251994**	**489351**	**399540**
一、全行业用电合计	2216405	1243124	382499	195421	438104	339756
第一产业	34382	6682	5091	4584	1799	21317
第二产业	1779602	954416	312248	149694	400261	275231
第三产业	402421	282026	65160	41143	36044	43208
二、城乡居民生活用电	430225	262621	84115	56573	51247	59784
城镇居民	248202	173292	34800	27756	25170	21984
乡村居民	182023	89329	49315	28817	26077	37800
全行业用电分类	**2216405**	**1243124**	**382499**	**195421**	**438104**	**339756**
一、农、林、牧、渔业	65962	25889	21305	9825	4118	26130
二、工业	1745433	930084	307391	147509	395553	272287
三、建筑业	34495	24580	4968	2201	4760	2954
四、交通运输、仓储和邮政业	17776	12546	5348	1130	2355	1745
五、信息传输、计算机服务和软件业	31300	20923	4408	3325	3264	3788
六、批发和零售业	93645	62412	15973	8244	10694	12295
七、住宿和餐饮业	25962	16969	4848	2902	2624	3467
八、金融业	6155	4076	940	757	619	703
九、房地产业	48700	38994	3156	4434	2886	2386
十、租赁和商务服务业	21678	19133	983	637	1136	772
十一、公共服务及管理组织	125299	87518	13179	14457	10095	13229

14－3　规模以上工业企业分地区主要能源消费量

（2020年）

地　区	原　煤（吨）	焦　炭（吨）	天然气（万立方米）	原　油（吨）	汽　油（吨）	柴　油（吨）
全　市	**8996910**	**1786681**	**152247**	**541159**	**7659**	**38731**
市　区	7155134	888769	37460	541159	6143	27458
开发区	5568771		2549	48674	1156	14033
广陵	344182	888499	1218		881	4916
邗江	1143599		23306		1049	3190
江都	98582	270	10388	492485	3056	5320
宝　应			3259		685	2895
仪　征	1555727	4253	90446		327	4120
高　邮	286048	893659	21081		505	4258

14－3　续表　（2020年）

地　区	燃料油（吨）	其他石油制品（吨）	电　力（万千瓦时）	能源合计（吨标准煤）	能源合计（吨标准煤）
全　市	**4615**	**43735**	**25944637**	**1599551**	**15313202**
市　区	1478	43735	6602410	831523	9207983
开发区		329	5107735	296708	4527177
广陵	678		180335	185939	2011306
邗江	387		987580	129409	1362372
江都	414	43406	326760	219467	1307129
宝　应	982		288877	103887	380689
仪　征			18822197	439470	3518728
高　邮	2155		231153	224671	2205802

14－4　规模以上工业企业主要能源分行业消费量

（2020年）

项　　目	原　煤（吨）	焦　炭（吨）	天然气（气态）（万立方米）	原　油（吨）	汽　油（吨）
总　　计	**8996910**	**1786681**	**152247**	**541159**	**7659**
采矿业			1960	48674	1041
石油和天然气开采业			1960	48674	1041
制造业	2516390	1786681	40604	492485	6545
农副食品加工业			303		37
食品制造业			91		251
酒、饮料和精制茶制造业					1
纺织业			599		41
纺织服装、服饰业			122		482
皮革、毛皮、羽毛及其制品和制鞋业			211		418
木材加工和木、竹、藤、棕、草制品业					
家具制造业			5		
造纸和纸制品业	305330				6
印刷和记录媒介复制业					30
文教、工美、体育和娱乐用品制造业			57		485
石油、煤炭及其他燃料加工业				492485	
化学原料和化学制品制造业	584558		5228		163
医药制造业	1050		319		100
化学纤维制造业	898397		17938		
橡胶和塑料制品业			525		61
非金属矿物制品业		4341	1231		101
黑色金属冶炼和压延加工业	615184	1757356	4263		
有色金属冶炼和压延加工业	111618	24835	788		194
金属制品业	19	19	2515		119
通用设备制造业			287		875
专用设备制造业			167		868
汽车制造业			2426		736
铁路、船舶、航空航天和其他运输设备制造业			546		42
电气机械和器材制造业	75	130	1912		982
计算机、通信和其他电子设备制造业			969		234
仪器仪表制造业			81		208
其他制造业					92
废弃资源综合利用业	158		21		20
电力、热力、燃气及水生产和供应业	6480520		109683		73
电力、热力生产和供应业	6480520		109679		
燃气生产和供应业			5		66
水的生产和供应业					7

14－4　续表　　　　　　　　　　　　　　（2020年）

项　　目	柴　油（吨）	燃料油（吨）	其他石油制　品（吨）	热　　力（百万千焦）	电　　力（万千瓦时）	能源合计（吨标准煤）
总　　计	**38731**	**4615**	**43735**	**25944637**	**1599551**	**15313202**
采矿业	9398		329	92587	32993	156716
石油和天然气开采业	9398		329	92587	32993	156716
制造业	28463	4615	43406	25658448	1447982	8890563
农副食品加工业	590			64771	10111	21372
食品制造业	67			161970	5355	15030
酒、饮料和精制茶制造业	10			491408	7109	25552
纺织业	22				49369	73829
纺织服装、服饰业	301				8478	13450
皮革、毛皮、羽毛及其制品和制鞋业	177			44602	9055	21132
木材加工和木、竹、藤、棕、草制品业	73			121185	3658	13707
家具制造业				707	2839	12191
造纸和纸制品业	640			4519292	53143	491381
印刷和记录媒介复制业	8				2790	3485
文教、工美、体育和娱乐用品制造业	279				11665	17311
石油、煤炭及其他燃料加工业		95	43406		7316	795052
化学原料和化学制品制造业	1338			13447520	210311	1259295
医药制造业	3			666127	15188	46460
化学纤维制造业	334			5011895	137256	1245878
橡胶和塑料制品业	5			424843	32905	63123
非金属矿物制品业	10711			38592	63893	122611
黑色金属冶炼和压延加工业	3793				227702	3626991
有色金属冶炼和压延加工业	189	2474		44812	58642	194162
金属制品业	509				50091	98059
通用设备制造业	585				31394	44917
专用设备制造业	863	387			16987	26193
汽车制造业	3369			334073	93924	165950
铁路、船舶、航空航天和其他运输设备制造业	3282	678			34220	58113
电气机械和器材制造业	289	982		189165	135070	205254
计算机、通信和其他电子设备制造业	366			97487	122027	167063
仪器仪表制造业	653				29825	40339
其他制造业	7				8929	11177
废弃资源综合利用业					8727	11488
电力、热力、燃气及水生产和供应业	871			193601	118576	6265923
电力、热力生产和供应业	869			193601	102180	6245601
燃气生产和供应业					1161	1585
水的生产和供应业	2				15235	18737

14－5　规模以上工业企业能源消费及库存量

（2020 年）

产品名称	计量单位	工业消费量		期末库存
		合　计	运输工具消费	
能源合计	**吨标准煤**	**15313202**		**378662**
原煤	吨	8996910		312722
无烟煤	吨	527370		53635
一般烟煤	吨	8469539		252253
其他洗煤	吨	1099		20
焦炭	吨	1786681		120369
高炉煤气	万立方米	589584		
转炉煤气	万立方米	51709		
天然气	万立方米	152247		
液化天然气	吨	53946	1255	84
氢气	万立方米	1391		
原油	吨	541159		13454
汽油	吨	7659	5405	153
煤油	吨	227		3
柴油	吨	38731	14439	2654
燃料油	吨	4615		105
液化石油气	吨	2114	24	
炼厂干气	吨	20549		
润滑油	吨	170		1
石油焦	吨	196		
其他石油制品	吨	43735		
热力	百万千焦	25944637		
电力	万千瓦时	1599551	157	
城市生活垃圾(用于燃料)	吨	1096874		9210
生物燃料	吨标准煤	225513		4851
余热余压	百万千焦	5513554		

14－6　规模以上工业企业分行业用水情况

（2020 年）　　　　单位：万立方米

名　　称	合　计	其中			重　复 用水量
		地表淡水	地下淡水	自来水	
总　　计	**69840**	**61571**	**949**	**7314**	**180630**
采矿业	1350	812	470	69	657
石油和天然气开采业	1350	812	470	69	657
制造业	15332	8787	479	6061	151216
农副食品加工业	172	4	80	88	5
食品制造业	120		1	118	
酒、饮料和精制茶制造业	270		51	219	107
纺织业	192	2	6	184	17
纺织服装、服饰业	161	3	7	151	2
皮革、毛皮、羽毛及其制品和制鞋业	166	1	32	134	1
木材加工和木、竹、藤、棕、草制品业	20	1	13	6	12
家具制造业	20	2		18	
造纸和纸制品业	833	802	2	29	566
印刷和记录媒介复制业	14			14	
文教、工美、体育和娱乐用品制造业	75		1	74	
石油、煤炭及其他燃料加工业	81	80		1	4017
化学原料和化学制品制造业	3747	2923	13	807	67618
医药制造业	141		13	128	1028
化学纤维制造业	4263	4145	25	93	73409
橡胶和塑料制品业	102	2	2	98	2101
非金属矿物制品业	245	51	47	147	20
黑色金属冶炼和压延加工业	911	742	1	168	125
有色金属冶炼和压延加工业	41	1	1	40	1
金属制品业	203	2	2	200	13
通用设备制造业	165	3	1	160	1
专用设备制造业	196	2		194	1
汽车制造业	532	1	6	525	1409
铁路、船舶、航空航天和其他运输设备制造业	281	12		269	90
电气机械和器材制造业	999	3	37	959	6
计算机、通信和其他电子设备制造业	1199	1	139	1059	278
仪器仪表制造业	105	3	1	101	327
其他制造业	38			38	
废弃资源综合利用业	40			40	61
电力、热力、燃气及水生产和供应业	53158	51972		1185	28756
电力、热力生产和供应业	7783	7760		23	28756
燃气生产和供应业	7	0		7	
水的生产和供应业	45367	44212		1156	

14－7　全市规模以上工业企业综合能耗前50名排序

（2020年）

单 位 名 称	地 区	位 次
扬州恒润海洋重工有限公司	广陵区	1
扬州市秦邮特种金属材料有限公司	高邮市	2
江苏国信扬州发电有限责任公司	开发区	3
扬州第二发电有限责任公司	开发区	4
中国石化仪征化纤有限责任公司	仪征市	5
江苏华电扬州发电有限公司	邗江区	6
江苏瑞祥化工有限公司	仪征市	7
永丰余造纸(扬州)有限公司	开发区	8
江苏华电仪征热电有限公司	仪征市	9
中国石化集团江苏石油勘探局有限公司	开发区	10
扬州泰达环保有限公司	邗江区	11
扬州港口污泥发电有限公司	开发区	12
江苏优士化学有限公司	仪征市	13
扬州泰富特种材料有限公司	江都区	14
江苏国信高邮热电有限责任公司	高邮市	15
实友化工(扬州)有限公司	仪征市	16
扬州石化有限责任公司	江都区	17
宝应协鑫生物质发电有限公司	宝应县	18
大连化工(江苏)有限公司	仪征市	19
扬州一川镍业有限公司	广陵区	20
江苏国信仪征热电有限责任公司	仪征市	21
江苏奥克化学有限公司	仪征市	22
江苏扬钢特钢有限公司	高邮市	23
高邮泰达环保有限公司	高邮市	24
光大环保能源(宝应)有限公司	宝应县	25

14－7　续表　　（2020 年）

单 位 名 称	地 区	位 次
扬州华航特钢有限公司	江都区	26
远东联石化（扬州）有限公司	仪征市	27
晶澳（扬州）太阳能科技有限公司	开发区	28
江苏长青农化股份有限公司	江都区	29
扬州诚德钢管有限公司	江都区	30
永丰余生活用纸（扬州）有限公司	开发区	31
扬州振邮金属板材有限公司	高邮市	32
上海大众汽车有限公司仪征公司	仪征市	33
扬州联博药业有限公司	邗江区	34
扬州富威尔复合材料有限公司	仪征市	35
仪化东丽聚酯薄膜有限公司	仪征市	36
江苏太极实业新材料有限公司	广陵区	37
通达气体工业（扬州）有限公司	仪征市	38
扬州龙川钢管有限公司	江都区	39
宝胜科技创新股份有限公司	宝应县	40
扬州海螺水泥有限责任公司	江都区	41
江苏扬农锦湖化工有限公司	仪征市	42
扬州中远海运重工有限公司	江都区	43
扬州天富龙科技纤维有限公司	仪征市	44
扬州五亭桥缸套有限公司	邗江区	45
江苏华伦化工有限公司	江都区	46
扬州顶津食品有限公司	邗江区	47
宝胜集团有限公司	宝应县	48
潍柴动力扬州柴油机有限责任公司	开发区	49
普莱克斯（扬州）工业气体有限公司	仪征市	50

14－8　全市规模以上工业企业原煤消费前20名排序

（2020年）

单位名称	地区	位次
江苏国信扬州发电有限责任公司	开发区	1
扬州第二发电有限责任公司	开发区	2
江苏华电扬州发电有限公司	邗江区	3
中国石化仪征化纤有限责任公司	仪征市	4
江苏瑞祥化工有限公司	仪征市	5
扬州港口污泥发电有限公司	开发区	6
扬州恒润海洋重工有限公司	广陵区	7
永丰余造纸(扬州)有限公司	开发区	8
扬州市秦邮特种金属材料有限公司	高邮市	9
扬州泰富特种材料有限公司	江都区	10
江苏国信仪征热电有限责任公司	仪征市	11
实友化工(扬州)有限公司	仪征市	12
扬州一川镍业有限公司	广陵区	13
江苏天和制药有限公司	江都区	14
江苏华伦化工有限公司	江都区	15
扬州锦盛微粉有限公司	仪征市	16
江苏星火照明集团有限公司	高邮市	17
高邮市日月钢业有限公司	高邮市	18
扬州升源金属材料有限公司	江都区	19
江苏天雨铸造股份有限公司	江都区	20

14－9　全市规模以上工业企业成品油消费前50名排序

（2020年）

单位名称	地区	位次
中国石化集团江苏石油勘探局有限公司	开发区	1
扬州市秦邮特种金属材料有限公司	高邮市	2
潍柴动力扬州柴油机有限责任公司	开发区	3
新大洋造船有限公司	广陵区	4
扬州市方正铜业有限公司	高邮市	5
扬州中远海运重工有限公司	江都区	6
扬州恒润海洋重工有限公司	广陵区	7
扬州明扬混凝土有限公司	仪征市	8
扬州市孟仕玻璃有限公司	宝应县	9
扬州永盛混凝土有限公司	广陵区	10
宝金新城江都气体有限公司	江都区	11
宝应县吉宇新型建材有限公司	宝应县	12
扬州润恒建设工程有限公司	宝应县	13
仪征金城混凝土有限公司	仪征市	14
江苏鹏宇化工有限公司	江都区	15
扬州市盛熙新型建材有限公司	高邮市	16
扬州元益混凝土有限公司	仪征市	17
扬州市油田通用实业有限公司	江都区	18
扬州首拓环境科技有限公司	邗江区	19
扬州金城混凝土有限公司	邗江区	20
江苏摩恩电工有限公司	宝应县	21
永丰余造纸（扬州）有限公司	开发区	22
江苏新马新材料开发有限公司	江都区	23
扬州市康都汽车附件有限公司	江都区	24
扬州宝隆混凝土有限公司	宝应县	25

14－9　续表　　　　　　　　　　　　　　（2020 年）

单 位 名 称	地 区	位 次
招商局金陵船舶(江苏)有限公司	仪征市	26
中铁宝桥(扬州)有限公司	广陵区	27
宝应博瑞混凝土有限公司	宝应县	28
扬州迪业混凝土有限公司	邗江区	29
扬州市捷达混凝土有限公司	广陵区	30
扬州祖名豆制食品有限公司	开发区	31
江苏美宇板业有限公司	江都区	32
扬州市百仕德礼品工艺有限公司	高邮市	33
江苏新天宝机械有限公司	江都区	34
扬州平维混凝土有限公司	邗江区	35
扬州市仙娥羽绒制品有限公司	江都区	36
高邮市天大建材科技有限公司	高邮市	37
仪征嘉园混凝土有限公司	仪征市	38
江苏国信扬州发电有限责任公司	开发区	39
扬州市方正商品混凝土有限公司	邗江区	40
扬州中集通华专用车有限公司	开发区	41
江苏宇锋建材股份有限公司	瘦西湖景区	42
中船澄西扬州船舶有限公司	江都区	43
江苏喜尔乐针织服装有限公司	江都区	44
扬州第二发电有限责任公司	开发区	45
江苏立浩建材科技有限公司	仪征市	46
扬州维扬豆制食品有限公司	广陵区	47
扬州五丰冷食有限公司	广陵区	48
扬州市南洋混凝土有限公司	宝应县	49
扬州荣升混凝土有限公司	仪征市	50

14－10　全市规模以上工业企业电力消费前50名排序

（2020年）

单位名称	地区	位次
中国石化仪征化纤有限责任公司	仪征市	1
扬州恒润海洋重工有限公司	广陵区	2
江苏瑞祥化工有限公司	仪征市	3
扬州市秦邮特种金属材料有限公司	高邮市	4
永丰余造纸（扬州）有限公司	开发区	5
扬州华航特钢有限公司	江都区	6
晶澳（扬州）太阳能科技有限公司	开发区	7
中国石化集团江苏石油勘探局有限公司	开发区	8
江苏国信扬州发电有限责任公司	开发区	9
扬州第二发电有限责任公司	开发区	10
扬州一川镍业有限公司	广陵区	11
扬州泰富特种材料有限公司	江都区	12
江苏华电扬州发电有限公司	邗江区	13
远东联石化（扬州）有限公司	仪征市	14
江苏优士化学有限公司	仪征市	15
通达气体工业（扬州）有限公司	仪征市	16
扬州海螺水泥有限责任公司	江都区	17
实友化工（扬州）有限公司	仪征市	18
扬州五亭桥缸套有限公司	邗江区	19
江苏奥克化学有限公司	仪征市	20
普莱克斯（扬州）工业气体有限公司	仪征市	21
宝胜科技创新股份有限公司	宝应县	22
上海大众汽车有限公司仪征公司	仪征市	23
江苏扬钢特钢有限公司	高邮市	24
江苏太极实业新材料有限公司	广陵区	25

14－10　续表　（2020 年）

单 位 名 称	地 区	位 次
扬州中远海运重工有限公司	江都区	26
仪化东丽聚酯薄膜有限公司	仪征市	27
大连化工（江苏）有限公司	仪征市	28
江苏长青农化股份有限公司	江都区	29
亚普汽车部件股份有限公司	开发区	30
扬力集团股份有限公司	邗江区	31
扬州荣德新能源科技有限公司	开发区	32
扬州亚东水泥有限公司	开发区	33
潍柴动力扬州柴油机有限责任公司	开发区	34
扬州依利安达电子有限公司	仪征市	35
江苏长江水务股份有限公司	开发区	36
永丰余生活用纸（扬州）有限公司	开发区	37
仪征亚新科双环活塞环有限公司	仪征市	38
宝金新城江都气体有限公司	江都区	39
扬州富威尔复合材料有限公司	仪征市	40
扬州协鑫光伏科技有限公司	开发区	41
扬州石化有限责任公司	江都区	42
扬州扬杰电子科技股份有限公司	邗江区	43
江苏康源纺织有限公司	宝应县	44
江苏晶品新能源科技有限公司	高邮市	45
江苏晶旺新能源科技有限公司	高邮市	46
扬州盈德气体有限公司	开发区	47
扬州港口污泥发电有限公司	开发区	48
新大洋造船有限公司	广陵区	49
江苏德润光电科技有限公司	高邮市	50

15

科学技术

编辑:石火培　王敏

15－1　全市科技成果获奖情况

单位:项

年　份	国　家 发明奖	国家科技 进 步 奖	省科技 进步奖	市科技 进步奖
1979			14	
1980			9	
1981			18	53
1982			17	56
1983			24	58
1984			22	70
1985		3	26	90
1986		1	18	83
1987		3	23	99
1988		3	24	80
1989		1	18	82
1990		2	25	79
1991		2	29	109
1992			16	120
1993			28	124
1994		1	12	100
1995	1		27	116
1996			11	92
1997		2	7	88
1998			14	107
1999			11	104
2000			5	102
2001			17	84
2002			19	84
2003			13	89
2004		1	10	95
2005			13	82
2006			18	92
2007			13	87
2008			7	83
2009		2	7	82
2010		1	15	81
2011		6	17	82
2012			16	82
2013			16	81
2014		5	19	82
2015		1	17	81
2016		1	17	80
2017		2	17	81
2018		2	26	
2019		2	23	
2020		2	24	

15－2 全市2020年申报高新技术企业认定名单

序号	企业名称	地区	序号	企业名称	地区
1	扬州奇创环保科技有限公司	江都区	36	扬州沃盛车业制造有限公司	江都区
2	江苏海诚照明科技有限公司	高邮市	37	扬州晶樱光电科技有限公司	高邮市
3	宝莲华七彩节能(江苏)有限公司	邗江区	38	扬州立鼎系统工程有限公司	邗江区
4	江苏晟嘉微电子科技有限公司	开发区	39	扬州市腾锐网络科技有限公司	开发区
5	扬州市美华电气有限公司	江都区	40	华富(江苏)电源新技术有限公司	高邮市
6	扬州市恒川环境工程有限公司	江都区	41	江苏大华电气有限公司	高邮市
7	江苏英格菲电器科技有限公司	宝应县	42	扬州振亚线缆有限公司	广陵区
8	扬州市雪龙铜制品有限公司	江都区	43	江苏昊冠精密机械制造有限公司	江都区
9	扬州信尚电子科技有限公司	邗江区	44	扬州骏威机电制造有限公司	江都区
10	江苏金逸电力科技有限公司	江都区	45	江苏舜科科技有限公司	邗江区
11	扬州市安健医疗器械有限公司	仪征市	46	江苏凯莱特灯业有限公司	高邮市
12	扬州地恒科技有限公司	开发区	47	扬州吉山津田光电科技有限公司	宝应县
13	扬州红耀锅炉有限公司	江都区	48	扬州市建筑设计研究院有限公司	邗江区
14	江苏方正钢管有限公司	江都区	49	扬州正德金属科技有限公司	高邮市
15	扬州希德电气有限公司	宝应县	50	扬州国脉电力工具有限公司	邗江区
16	扬州万达散热器有限公司	江都区	51	扬州欧谱机械制造有限公司	江都区
17	扬州市彦君涂装设备有限公司	江都区	52	扬州市思源净水设备有限公司	江都区
18	江苏中骏环保科技有限公司	邗江区	53	扬州伟光机械制造有限公司	邗江区
19	扬州兴佩电力金具有限公司	江都区	54	扬州阿特兰新材料有限公司	高邮市
20	扬州森源电力科技有限公司	广陵区	55	扬州续辉饮料设备有限公司	江都区
21	江苏通济线缆有限公司	江都区	56	扬州来源液压设备有限公司	江都区
22	扬州立泽电子科技有限公司	广陵区	57	扬州恒力碟形弹簧制造有限公司	仪征市
23	宝应仁恒实业有限公司	宝应县	58	扬州市恒安汽车配件有限公司	仪征市
24	扬州裕盛电器有限公司	江都区	59	扬州博恩德机电科技有限公司	邗江区
25	扬州市明鑫压力容器有限公司	江都区	60	江苏通智软件科技有限公司	高邮市
26	扬州市新港电机有限公司	高邮市	61	江苏海通交通集团有限公司	高邮市
27	扬州华联电气设备有限公司	邗江区	62	扬州市吉利太阳能照明集团有限公司	高邮市
28	扬州亚润织物有限公司	仪征市	63	扬州市宇鑫金属制品有限公司	高邮市
29	润海重工江苏有限公司	仪征市	64	扬州旭欣气动液压设备有限公司	江都区
30	扬州宝源印染机械有限公司	江都区	65	江苏威名发电设备有限公司	江都区
31	江苏保视通光缆通信有限公司	广陵区	66	扬州市城市规划设计研究院有限责任公司	广陵区
32	扬州新建水泥技术装备有限公司	广陵区	67	扬州科迪机电制造有限公司	高邮市
33	扬州恒诚织布有限公司	邗江区	68	扬州星辰环境工程有限公司	江都区
34	扬州蒙飞环保科技有限公司	江都区	69	江苏千里马科技有限公司	江都区
35	扬州亚华织造有限公司	仪征市	70	扬州君禾薄膜科技有限公司	仪征市

15－2　续表1

序号	企业名称	地区	序号	企业名称	地区
71	扬州市伊兴机械有限公司	高邮市	106	扬州市智多星科技有限公司	高邮市
72	扬州市中能电缆有限公司	高邮市	107	江苏欧达电气有限公司	宝应县
73	扬州市班德志医疗器械有限公司	仪征市	108	华富（江苏）锂电新技术有限公司	高邮市
74	扬州首佳机械有限公司	广陵区	109	扬州洪顺电器有限公司	江都区
75	扬州市硕成伟业电热设备有限公司	江都区	110	江苏新马新材料开发有限公司	江都区
76	江苏汉威燃烧科技有限公司	宝应县	111	扬州龙达电工材料有限公司	江都区
77	江苏丰登光电科技有限公司	高邮市	112	扬州西湖五金有限公司	邗江区
78	江苏兴华昌发电设备有限公司	江都区	113	仪征金海洋无纺制品有限公司	仪征市
79	扬州日利达光电发展有限公司	邗江区	114	江苏庆安消防装备有限公司	江都区
80	扬州市清瑞化工机械设备有限公司	江都区	115	江苏润泽节能科技有限公司	邗江区
81	扬州明增生物科技有限公司	高邮市	116	江苏国利消防科技有限公司	仪征市
82	扬州博林环保机械有限公司	高邮市	117	扬州云谷微电子有限公司	开发区
83	扬州锦盛机电制造有限公司	江都区	118	扬州上源环保科技有限公司	江都区
84	江苏环宇起重运输机械有限责任公司	宝应县	119	扬州市瑞和机械有限公司	高邮市
85	扬州永存液压机电有限公司	江都区	120	江苏威尔盾耐磨工业有限公司	江都区
86	扬州华康水处理科技有限公司	宝应县	121	扬州信知机械设备有限公司	江都区
87	江苏达晨冠图电气科技有限公司	江都区	122	江苏易立电气股份有限公司	广陵区
88	江苏达鑫电气有限公司	江都区	123	仪征市广达非织造布有限公司	仪征市
89	扬州凯跃车身制造有限公司	江都区	124	扬州聚汇光电机械有限公司	邗江区
90	江苏康茂环保工程有限公司	邗江区	125	扬州市江都区飞跃泵业有限公司	江都区
91	江苏迅拓机械有限公司	仪征市	126	仪征市华诚汽车零部件有限公司	仪征市
92	扬州万锂德能源科技有限公司	高邮市	127	扬州华宝石油仪器有限公司	开发区
93	扬州英泰机械有限公司	江都区	128	扬州华鑫金属制品有限公司	江都区
94	扬州扬子到河复合材料制品有限公司	邗江区	129	扬州双星消防科技有限公司	高邮市
95	扬州飞航电工机械有限公司	邗江区	130	扬州江嘉科技有限公司	江都区
96	扬州力液德机械有限公司	江都区	131	扬州金硕球墨铸铁有限公司	江都区
97	仪征锐翼机械科技有限公司	仪征市	132	扬州市源润工贸有限公司	广陵区
98	江苏启盛线缆有限公司	广陵区	133	江苏鼎范环保服务有限公司	江都区
99	扬州瑞科电子有限公司	邗江区	134	扬州博思特新材料科技有限公司	仪征市
100	江苏诚品电气有限公司	邗江区	135	仪征鼎盛机械制造有限公司	仪征市
101	扬州华腾个人护理用品有限公司	生态科技新城	136	扬州市易通煤矿机械有限公司	江都区
102	星慧照明工程集团有限公司	高邮市	137	扬州市锦标机电设备有限公司	广陵区
103	扬州恒之远机械设备有限公司	邗江区	138	江苏丰庆种业科技有限公司	高邮市
104	江苏金亚益重工科技有限公司	高邮市	139	江苏金双利动力机械有限公司	江都区
105	海亿新能源扬州有限公司	高邮市	140	江苏赛贝尔新材料科技有限公司	仪征市

15－2　续表2

序号	企业名称	地区	序号	企业名称	地区
141	扬州华亨电气有限公司	高邮市	176	扬州星月燃油喷射有限公司	江都区
142	扬州三鹰自动化设备有限公司	江都区	177	江苏正欣工业装备有限公司	邗江区
143	扬州亿斯特新材料科技有限公司	仪征市	178	江苏英达富电子科技有限公司	邗江区
144	扬州市杰耀照明器材有限公司	高邮市	179	江苏鼎良电气科技有限公司	宝应县
145	江苏小笨猴智能科技有限公司	邗江区	180	江苏维尔佳机械科技有限公司	宝应县
146	扬州步微科技有限公司	广陵区	181	扬州高臣科技有限公司	邗江区
147	扬州骏泽精密机械科技有限公司	江都区	182	扬州亿诚线缆有限公司	广陵区
148	扬州风云软件有限公司	广陵区	183	扬州航顺电器有限公司	江都区
149	扬州辉盛网络科技有限公司	开发区	184	江苏蓝图消防装备有限公司	江都区
150	江苏峰润环保科技有限公司	邗江区	185	扬州鑫田汽车科技有限公司	仪征市
151	扬州天开机电有限公司	仪征市	186	扬州集飞新材料科技有限公司	仪征市
152	扬州市鑫伟自动化设备有限公司	广陵区	187	扬州普斯洛自动化科技有限公司	生态科技新城
153	江苏耀联光电科技有限公司	高邮市	188	宏普科技(扬州)有限公司	开发区
154	高邮泰达环保有限公司	高邮市	189	江苏斯锐特工具有限公司	广陵区
155	扬州市超博矿业机电设备有限公司	江都区	190	江苏熊猫电源科技有限公司	仪征市
156	江苏辉鹏成套设备科技有限公司	江都区	191	扬州华航特钢有限公司	江都区
157	扬州盈信电气工程有限公司	邗江区	192	江苏天淳环保科技有限公司	江都区
158	扬州日新通运物流装备有限公司	江都区	193	江苏鑫润辉科技有限公司	宝应县
159	江苏望特电气有限公司	宝应县	194	江苏帝尔保机械有限公司	邗江区
160	扬州聚晶塑化有限公司	仪征市	195	江苏菲利特照明集团有限公司	高邮市
161	扬州科鑫冶金设备有限公司	江都区	196	江苏恒业新能源有限公司	仪征市
162	扬州知润新能源科技有限公司	广陵区	197	江苏飞达液压成套设备有限公司	江都区
163	扬州吉星机械有限公司	邗江区	198	扬州旭乐基脚手架有限公司	江都区
164	江苏筑铭重工科技有限公司	江都区	199	江苏捷凯电力器材有限公司	江都区
165	扬州富龙线缆有限公司	高邮市	200	江苏韩斯特锅炉有限公司	广陵区
166	扬州天润机电有限公司	广陵区	201	江苏亿安电气科技有限公司	江都区
167	江苏通德线缆电器有限公司	广陵区	202	扬州中规电机科技有限公司	江都区
168	扬州万丰机械制造有限公司	邗江区	203	仪征和鑫模塑有限公司	仪征市
169	江苏扬天飞龙金属结构制造有限公司	邗江区	204	江苏宜航环保科技有限公司	宝应县
170	江苏睿岑车业有限公司	江都区	205	江苏昌德嘉电缆有限公司	高邮市
171	高邮市金瓯机电有限公司	高邮市	206	华清(扬州)织物有限公司	仪征市
172	扬州耐盾门窗幕墙有限公司	仪征市	207	扬州领先发电设备有限公司	江都区
173	高邮浩翔石油机械有限公司	高邮市	208	扬州市百通电缆材料有限公司	邗江区
174	高邮市宇航化工机械厂	高邮市	209	江苏巨麦新材料科技有限公司	仪征市
175	扬州罗尔曼轴承有限公司	江都区	210	扬州硕宇高压电气有限公司	江都区

15－2　续表3

序号	企业名称	地区	序号	企业名称	地区
211	扬州市银建电气有限公司	江都区	246	扬州惠特科技有限公司	开发区
212	扬州市安定灯饰制造有限公司	高邮市	247	江苏埃驱奥新能源科技有限公司	仪征市
213	扬州盈实新材料有限公司	邗江区	248	扬州市玉宇电器有限公司	江都区
214	江苏维尔特泵业有限公司	宝应县	249	扬州市永发气动液压设备有限公司	江都区
215	仪征奥马机械有限公司	仪征市	250	扬州地标金属制品有限公司	仪征市
216	扬州市新飞翔焊管机械有限公司	仪征市	251	仪征市仲兴环保科技有限公司	仪征市
217	扬州鑫业工具有限公司	广陵区	252	扬州四菱电子有限公司	广陵区
218	扬州至德电子技术有限公司	邗江区	253	扬州利民车辆设备有限公司	邗江区
219	扬州正扬电力科技有限公司	高邮市	254	扬州宏业船舶配套有限公司	仪征市
220	江苏优凯动力科技有限公司	江都区	255	扬州市德林内燃机配件有限公司	邗江区
221	扬州君品电子科技有限公司	邗江区	256	扬州市玄裕电子有限公司	高邮市
222	扬州得意模具制造有限公司	邗江区	257	扬州市永佳车辆配件有限公司	江都区
223	扬州大山液压气动制造有限公司	江都区	258	扬州市三发电子有限公司	江都区
224	扬州耐盾桶业有限公司	仪征市	259	扬州利松模具有限公司	江都区
225	江苏宇讯线缆有限公司	广陵区	260	国泰消防科技股份有限公司	仪征市
226	宝应县欧达电子陶瓷有限公司	宝应县	261	扬州光华化工设备有限公司	邗江区
227	扬州飞菱工具有限公司	广陵区	262	扬州成威涂装设备有限公司	高邮市
228	扬州港信光电科技有限公司	高邮市	263	扬州市扬大康源乳业有限公司	广陵区
229	江苏工大环保有限公司	江都区	264	扬州市江都区江阳涂装工程有限公司	江都区
230	江苏博恩照明有限公司	高邮市	265	扬州市中太环保设备有限公司	江都区
231	扬州振华航标器材有限公司	江都区	266	扬州江亚消防装备有限公司	江都区
232	江苏尚今光电科技有限公司	高邮市	267	扬州恒宇薄膜有限公司	仪征市
233	江苏擎弓科技股份有限公司	宝应县	268	扬州市佳美纺织有限公司	仪征市
234	大有药业扬州有限公司	高邮市	269	扬州正宇锅炉有限公司	广陵区
235	扬州优特焊管模具有限公司	邗江区	270	江苏中孚动力产业链有限公司	江都区
236	扬州亿芯微电子有限公司	开发区	271	扬州朗科通信科技有限公司	江都区
237	江苏扬园金属制造有限公司	宝应县	272	扬州嵘泰精密压铸有限公司	江都区
238	江苏诚御风电科技有限公司	宝应县	273	扬州智通自动化设备有限公司	邗江区
239	扬州金盛成套电气设备有限公司	江都区	274	扬州海源泵业有限公司	邗江区
240	扬州盈航硅业科技有限公司	高邮市	275	扬州中矿机械有限公司	宝应县
241	江苏长鑫智能交通有限公司	邗江区	276	江苏亚龙汽车有限公司	宝应县
242	扬州骏泰塑业有限公司	仪征市	277	扬州兴龙电器有限公司	高邮市
243	扬州大自然网络信息有限公司	广陵区	278	江苏迎宾照明集团有限公司	高邮市
244	宝胜系统集成科技股份有限公司	宝应县	279	江苏展华光电科技有限公司	邗江区
245	扬州地龙机械有限公司	江都区	280	宝应电器厂	宝应县

15－2　续表4

序号	企业名称	地区	序号	企业名称	地区
281	江苏德润光电科技有限公司	高邮市	316	扬州通宇散热器有限公司	邗江区
282	高邮市华宝颜料有限公司	高邮市	317	扬州彩虹粉末涂料有限公司	江都区
283	扬州市天洪机械有限公司	邗江区	318	扬州伟毅通用设备有限公司	仪征市
284	扬州宜友胜电子有限公司	仪征市	319	扬州嘉源环保设备有限公司	邗江区
285	扬州市崇鑫机械制造有限公司	仪征市	320	扬州市麦瑞电气自动化设备有限公司	邗江区
286	江苏润寅石墨烯科技有限公司	高邮市	321	扬州悦扬光电科技有限公司	邗江区
287	扬州国润新能源科技有限公司	宝应县	322	扬州市禾普照明科技有限公司	高邮市
288	扬州旺源电气有限公司	江都区	323	江苏曙光光电有限公司	开发区
289	高邮市东方消防器材有限公司	高邮市	324	江苏凯通锅炉压力容器有限公司	广陵区
290	扬州市青山环保科技有限公司	宝应县	325	江苏中瀚通讯技术有限公司	江都区
291	扬州茂泰机械有限公司	开发区	326	仪征市金美林建设材料有限公司	仪征市
292	江苏中川通大科技有限公司	江都区	327	江苏友创光电科技有限公司	广陵区
293	扬州正天元石油机械有限公司	江都区	328	扬州市贝斯特电器有限公司	宝应县
294	扬州万发机械有限公司	邗江区	329	江苏韦达半导体有限公司	邗江区
295	江苏成华能源化工设备有限公司	宝应县	330	江苏泰科医疗科技有限公司	江都区
296	江苏金峰电力器材有限公司	江都区	331	扬州市安元涂装机械有限公司	江都区
297	仪征浦泰汽配有限公司	仪征市	332	仪征龙兴塑胶有限公司	仪征市
298	扬州巨神绳缆有限公司	宝应县	333	扬州力天智能科技有限公司	邗江区
299	扬州市兰陵智控阀门有限公司	仪征市	334	扬州市三祥机械制造有限公司	邗江区
300	江苏迪生建设集团有限公司	高邮市	335	扬州市宏威机械设备有限公司	高邮市
301	扬州市工二电力机具有限公司	邗江区	336	扬州泰德涂装设备有限公司	江都区
302	江苏苏铁冶金机械制造有限公司	江都区	337	江苏天雅万印毯业科技有限公司	仪征市
303	扬州市威高机电有限公司	高邮市	338	江苏诺迪新材料科技有限公司	仪征市
304	扬州杰润机械有限公司	仪征市	339	仪征市龙泰铸造有限公司	仪征市
305	扬州瑞德环保科技有限公司	江都区	340	江苏赛尔橡胶股份有限公司	高邮市
306	江苏博壹重工有限公司	仪征市	341	江苏万川液压机械设备有限公司	江都区
307	扬州中康环保设备有限公司	高邮市	342	扬州众诚水处理科技有限公司	宝应县
308	江苏杰特隆电缆科技有限公司	宝应县	343	扬州高新电缆材料有限公司	高邮市
309	扬州通扬化工设备有限公司	开发区	344	扬州永鼎电气科技有限公司	仪征市
310	扬州市辰祥照明科技有限公司	高邮市	345	江苏中油天工机械有限公司	江都区
311	启成(江苏)净化科技有限公司	江都区	346	扬州新棱机械制造有限公司	邗江区
312	江苏科宇互感器有限公司	江都区	347	江苏汉信数据科技有限公司	开发区
313	扬州明博织物有限公司	仪征市	348	扬州烨春涂装成套设备有限公司	江都区
314	扬州昊然机械配件有限公司	仪征市	349	三法特汽车部件(扬州)有限公司	高邮市
315	江苏中动电力设备有限公司	江都区	350	江苏康迪新能源科技有限公司	仪征市

15－2　续表 5

序号	企业名称	地区	序号	企业名称	地区
351	扬州联胜电气有限公司	宝应县	386	扬州鑫科环保成套设备有限公司	江都区
352	江苏金友电气有限公司	宝应县	387	江苏国电南自海吉科技有限公司	开发区
353	扬州市仙娥羽绒制品有限公司	江都区	388	仪征丰益升非织造布有限公司	仪征市
354	扬州鑫润橡塑有限公司	江都区	389	扬州油之福石油机械有限公司	江都区
355	扬州市精固链传动机械制造有限公司	开发区	390	德屹智能科技(扬州)有限公司	江都区
356	江苏康峰高分子材料有限公司	高邮市	391	扬州市鸣庆电气设备有限公司	仪征市
357	江苏永电太阳能照明有限公司	仪征市	392	扬州日发生物设备有限公司	仪征市
358	扬州高通光电科技有限公司	广陵区	393	江苏天诚智能集团有限公司	广陵区
359	江苏微上新材料科技有限公司	高邮市	394	江苏帝一集团有限公司	广陵区
360	扬州中碟弹簧制造有限公司	仪征市	395	扬州华光橡塑新材料有限公司	广陵区
361	江苏德业节能科技发展有限公司	宝应县	396	江苏扬农化工股份有限公司	广陵区
362	江苏卡瓦诺热能科技有限公司	江都区	397	扬州福尔喜果蔬汁机械有限公司	广陵区
363	扬州巨星机械有限公司	江都区	398	扬州瑞威光电科技有限公司	广陵区
364	扬州振光机械有限公司	江都区	399	海沃机械(中国)有限公司	广陵区
365	仪征市佳裕纺织制品有限公司	仪征市	400	江苏耘和线缆有限公司	广陵区
366	扬州佰思特测绘工具有限公司	邗江区	401	扬州长城铁路器材有限公司	广陵区
367	扬州市金盈电器有限公司	广陵区	402	江苏联通智能控制技术股份有限公司	广陵区
368	扬州市江北环保设备有限公司	江都区	403	中电科技扬州宝军电子有限公司	广陵区
369	扬州市金谷机械有限公司	江都区	404	江苏上诚电缆有限公司	广陵区
370	扬州宏盛水产科技有限公司	江都区	405	扬州瑞芯光通信器材有限公司	广陵区
371	扬州鑫禾源机械有限公司	邗江区	406	江苏长虹机具有限公司	广陵区
372	扬州市奇奇动感影院设备有限公司	邗江区	407	扬州良诚汽车部件有限公司	广陵区
373	扬州市水世界环保设备有限公司	江都区	408	江苏扬农化工集团有限公司	广陵区
374	扬州市育英钣金机械有限公司	邗江区	409	江苏乾程医疗器械有限公司	广陵区
375	扬州玖驰机械有限公司	邗江区	410	扬州金威环保科技有限公司	邗江区
376	扬州鑫龙电器有限公司	江都区	411	扬州宏远新材料股份有限公司	江都区
377	江苏万峰铝业有限公司	宝应县	412	扬州市鑫源电气股份有限公司	江都区
378	扬州力泰管业有限公司	仪征市	413	江苏新天宝机械有限公司	江都区
379	扬州中交电气有限公司	高邮市	414	江苏奔宇车身制造有限公司	江都区
380	扬州艾能新能源有限公司	宝应县	415	江苏江桥机械制造有限公司	江都区
381	扬州市华朗照明科技有限公司	高邮市	416	江苏双汇电力发展股份有限公司	江都区
382	扬州三川电气设备有限公司	江都区	417	江苏畅源电气设备有限公司	江都区
383	高邮市诚顺照明电器有限公司	高邮市	418	扬州福克斯减震器有限公司	江都区
384	扬州市泽扬机械有限公司	邗江区	419	扬州青青环保成套设备有限公司	江都区
385	扬州超峰汽车内饰件有限公司	仪征市	420	江苏长青农化股份有限公司	江都区

15－2　续表6

序号	企业名称	地区	序号	企业名称	地区
421	江苏九龙汽车制造有限公司	江都区	456	科创扬州环境工程科技有限公司	宝应县
422	江苏昊普生物医学科技有限公司	江都区	457	江苏江鹤包装机械有限公司	宝应县
423	扬州江电线路器材有限公司	江都区	458	扬州派斯特换热设备有限公司	宝应县
424	扬州石化有限责任公司	江都区	459	江苏苏美达车轮有限公司	宝应县
425	扬州斯帕克实业有限公司	江都区	460	扬州华宇管件有限公司	宝应县
426	江苏群鑫粉体科技股份有限公司	江都区	461	仪征海天铝业有限公司	仪征市
427	扬州恒隆软件有限公司	江都区	462	扬州天富龙汽车内饰纤维有限公司	仪征市
428	扬州华彩光电有限公司	江都区	463	百家丽(中国)照明电器有限公司	仪征市
429	江苏亚威机床股份有限公司	江都区	464	仪征亚新科双环活塞环有限公司	仪征市
430	扬州美达灌装机械有限公司	江都区	465	扬州顺达重工设备有限公司	仪征市
431	扬州市涵洋工程机械有限公司	江都区	466	江苏润扬种业股份有限公司	仪征市
432	扬州五环龙电动车有限公司	江都区	467	扬州东星橡胶股份有限公司	仪征市
433	扬州澄露环境工程有限公司	江都区	468	江苏苏扬包装股份有限公司	仪征市
434	扬州天和药业有限公司	江都区	469	仪征升力防排水材料有限公司	仪征市
435	扬州罗兰新材料有限公司	江都区	470	江苏微浪电子科技有限公司	仪征市
436	江苏新时高温材料股份有限公司	江都区	471	扬州科润德机械有限公司	仪征市
437	江苏稻源微电子有限公司	江都区	472	扬州黎明钻具有限公司	仪征市
438	江苏卡明模具有限公司	江都区	473	仪征雄伟机械科技有限公司	仪征市
439	扬州光辉汽车零部件有限公司	江都区	474	扬州宝陆汽车部件有限公司	仪征市
440	江苏腾飞环境科技有限公司	江都区	475	江苏仪征华宇机械有限公司	仪征市
441	江苏天雨环保集团有限公司	江都区	476	扬州市海牛厨房设备有限公司	仪征市
442	中节能启源雷宇(江苏)电气科技有限公司	江都区	477	扬州大劲电机制造有限公司	高邮市
443	江苏亿科农业装备有限公司	江都区	478	首凯汽车零部件(江苏)有限公司	高邮市
444	江苏悦展新型材料有限公司	江都区	479	江苏金丰机电有限公司	高邮市
445	扬州润达油田化学剂有限公司	江都区	480	江苏富威能源有限公司	高邮市
446	江苏杰威体育设施有限公司	江都区	481	江苏奥普莱医疗用品有限公司	高邮市
447	扬州晨化新材料股份有限公司	宝应县	482	扬州宏远电子股份有限公司	高邮市
448	扬州尼尔工程塑料有限公司	宝应县	483	高邮市金国电缆材料厂有限公司	高邮市
449	扬州巨业耐磨复合材料有限责任公司	宝应县	484	江苏创新包装科技有限公司	高邮市
450	江苏康宝医疗器械有限公司	宝应县	485	扬州润明智能装备股份有限公司	高邮市
451	江苏亚电新材料有限公司	宝应县	486	扬州昇业机械有限公司	高邮市
452	江苏兴洋管业股份有限公司	宝应县	487	扬州市海诚生物技术有限公司	高邮市
453	江苏王牌电机制造有限公司	宝应县	488	扬州华盟电子有限公司	高邮市
454	宝胜科技创新股份有限公司	宝应县	489	扬州曙光电缆股份有限公司	高邮市
455	江苏鑫东方环保设备科技有限公司	宝应县	490	江苏中航百慕新材料技术有限公司	高邮市

15－2　续表7

序号	企业名称	地区	序号	企业名称	地区
491	江苏瑞扬线缆有限公司	高邮市	526	扬州戎星电气有限公司	邗江区
492	江苏科德照明电气有限公司	高邮市	527	扬州国脉通信发展有限责任公司	邗江区
493	扬州市明都照明有限公司	高邮市	528	扬州市勘测设计研究院有限公司	邗江区
494	高邮市北方动力机械有限公司	高邮市	529	江苏奥力威传感高科股份有限公司	邗江区
495	扬州市鑫通智能信息技术有限公司	高邮市	530	江苏省南扬机械制造有限公司	邗江区
496	江苏奥利思特环保科技有限公司	高邮市	531	江苏牛牌纺织机械有限公司	邗江区
497	江苏星火照明集团有限公司	高邮市	532	扬州市驰城石油机械有限公司	邗江区
498	扬州润光照明电器有限公司	高邮市	533	扬州市金威机械有限公司	邗江区
499	江苏博思维光电集团有限公司	高邮市	534	扬州华鼎电器有限公司	邗江区
500	扬州雷笛克光学有限公司	开发区	535	江苏联环药业股份有限公司	邗江区
501	扬州乾照光电有限公司	开发区	536	江苏迈源生物科技有限公司	邗江区
502	江苏双赢锻压机床有限公司	开发区	537	扬州市邗江扬子汽车内饰件有限公司	邗江区
503	三星电梯有限公司	开发区	538	扬州华声电子实业有限公司	邗江区
504	潍柴动力扬州柴油机有限责任公司	开发区	539	扬州金源机器人自动化设备有限公司	邗江区
505	江苏爱克赛实业有限公司	开发区	540	江苏正鼎智能装备有限公司	邗江区
506	扬州北辰通用智能电网有限公司	开发区	541	江苏运博电力科技有限公司	邗江区
507	扬州协鑫光伏科技有限公司	开发区	542	江苏智绿充电科技有限公司	邗江区
508	扬州合晶科技有限公司	开发区	543	扬州亚星客车股份有限公司	邗江区
509	扬州明辰信息科技有限公司	开发区	544	扬州扬子江宝云缸套有限公司	邗江区
510	扬州市精诚电子有限公司	开发区	545	扬州泰达环保有限公司	邗江区
511	扬州晶新微电子有限公司	开发区	546	江苏艾迪药业股份有限公司	邗江区
512	江苏省水利勘测设计研究院有限公司	开发区	547	扬力集团股份有限公司	邗江区
513	亚普汽车部件股份有限公司	开发区	548	扬州众大水利机电设备制造有限公司	邗江区
514	江苏格邦科技开发有限公司	开发区	549	扬州锻压机床有限公司	邗江区
515	晶澳(扬州)太阳能科技有限公司	开发区	550	扬州高力机械有限公司	邗江区
516	江苏扬农锦湖化工有限公司	化工园区	551	江苏威尔萨芙电气科技有限公司	邗江区
517	冠宏化工(扬州)有限公司	化工园区	552	江苏迈安德节能蒸发设备有限公司	邗江区
518	江苏奥克化学有限公司	化工园区	553	扬州精善达伺服成形装备有限公司	邗江区
519	江苏锦禾高新科技股份有限公司	生态科技新城	554	扬州晶彩智能玻璃科技有限公司	邗江区
520	扬州恒生精密模具有限公司	生态科技新城	555	正驰动力扬州有限公司	邗江区
521	扬州海克赛尔新材料有限公司	生态科技新城	556	扬州熙源电子科技有限公司	邗江区
522	江苏省工程勘测研究院有限责任公司	邗江区	557	江苏科仕达实验室环保科技有限公司	邗江区
523	江苏通宇钢管集团有限公司	邗江区	558	安测半导体技术(江苏)有限公司	邗江区
524	江苏江扬特种电缆有限公司	邗江区	559	扬州卓然精密制造有限公司	广陵区
525	江苏江扬电缆有限公司	邗江区			

15－3　全市专利申请受理量及授权量

单位:项

年份	受理量	发　明	实用新型	外观设计	授权量	发　明	实用新型	外观设计
1986	20	2	17	1	16	1	14	1
1987	50	5	44	1	41		40	1
1988	58	8	45	5	45		40	5
1989	79	9	68	2	43	3	38	2
1990	94	10	66	18	52	2	38	12
1991	110	17	87	6	51	4	41	6
1992	119	3	112	4	101		97	4
1993	88	11	66	11	76	1	64	11
1994	124	13	107	14	118		106	12
1995	127	13	95	19	93		75	18
1996	128	10	95	23	119	1	95	23
1997	214	17	149	48	152	2	106	44
1998	176	14	118	44	178	1	133	44
1999	377	43	185	149	287	4	182	101
2000	334	39	204	91	289	6	178	105
2001	389	24	241	124	226	14	142	70
2002	795	75	405	315	380	6	229	145
2003	1029	101	497	431	714	15	317	382
2004	1399	147	549	703	733	18	381	334
2005	2077	271	833	973	895	31	410	454
2006	2573	400	981	1192	1189	54	672	463
2007	4162	514	1288	2360	1577	81	944	552
2008	6124	907	1400	3817	2003	106	1107	790
2009	7468	1157	1949	4362	2524	167	1257	1100
2010	9980	2068	2575	5337	3790	214	2300	1276
2011	14459	3154	3658	7647	5344	284	2449	2611
2012	18996	4222	4242	10532	8091	482	3200	4409
2013	22825	5159	5268	12398	11416	406	4024	6986
2014	22709	4907	5437	12365	11843	467	3787	7589
2015	24814	5771	6253	12790	13948	754	4994	8200
2016	27043	6124	7150	13769	13253	738	4834	7681
2017	32638	8287	10419	13932	14214	996	5022	8196
2018	42792	9717	14890	18185	22804	1346	9976	11482
2019	33786	6806	20728	6252	18736	1345	11600	5791
2020	39039	7585	26377	5077	28486	1490	21593	5403

16

教育、文化和卫生

编辑：项月

16－1　主要年份在校生人数

单位:万人

年 份	高 校	普通中学	小 学
1980	0.66	22.06	61.88
1981	0.63	20.29	57.54
1982	0.53	20.27	52.98
1983	0.61	20.30	49.44
1984	0.78	21.03	46.95
1985	1.05	21.46	45.02
1986	1.17	21.09	45.22
1987	1.24	20.27	43.59
1988	1.34	19.23	42.24
1989	1.33	19.04	40.24
1990	1.34	19.48	37.62
1991	1.30	19.89	34.84
1992	1.39	20.35	32.09
1993	1.61	19.86	31.09
1994	1.77	19.65	31.26
1995	1.81	19.12	32.31
1996	1.89	18.18	34.86
1997	2.12	17.02	37.42
1998	2.31	16.62	38.71
1999	2.55	17.85	38.43
2000	3.07	19.99	37.51
2001	3.41	22.43	36.08
2002	4.07	24.84	33.39
2003	4.74	26.61	30.76
2004	5.30	27.19	28.58
2005	5.91	26.41	26.57
2006	6.98	25.90	25.18
2007	7.61	25.22	24.05
2008	7.85	24.69	23.42
2009	7.60	23.61	22.93
2010	7.33	22.25	22.74
2011	7.78	20.81	22.72
2012	7.26	19.79	22.44
2013	7.64	19.02	22.06
2014	7.53	18.42	21.88
2015	7.56	17.88	21.63
2016	7.44	17.56	21.26
2017	8.28	17.50	21.05
2018	7.90	17.51	21.45
2019	8.70	17.58	21.90
2020	9.92	17.67	22.26

16－2　各级各类教育事业情况

（2020 年）　　单位：人

项　　目	学校数（所）	毕业生数	招生数	在校学生数	专任教师
普通高等学校	8	22034	35729	99193	6183
中等职业教育学校	6	6987	5167	17243	1576
普通中学学校	163	57295	58770	176749	16732
#高中	31	20346	24378	71458	6299
初中	132	36949	34392	105291	10433
职业高中	3	5292	5198	15911	710
技工学校	12	4503	9650	22994	1564
普通小学	201	34624	38302	222582	14589
特殊教育学校	7	222	165	984	229
幼儿园	368			115055	7610

16－3　分地区中、小学情况

（2020 年）

项　　目	全　市	市　区	广　陵	邗　江	江　都	宝　应	仪　征	高　邮
学校总数（所）								
普通中学	163	88	13	19	36	29	20	26
#高中	31	18	2	4	6	5	3	5
小学	201	97	20	21	49	37	28	39
在校学生数（人）								
普通中学	176749	103076	6229	22669	35031	30642	19510	23521
#高中	71458	40591	2230	9202	14824	12770	7872	10225
小学	222582	136596	37070	49295	40454	33047	24444	28495
专任教师数（人）								
普通中学	16732	9272	846	2033	3659	3063	1874	2523
#高中	6299	3464	238	774	1401	1183	594	1058
小学	14589	8686	2278	2914	2899	2292	1621	1990

16－4　分地区普通高校招生录取情况

（2020 年）　　单位：人

项目	全市	市区		宝应	仪征	高邮
			邗江	江都			

项目	全市	市区	邗江	江都	宝应	仪征	高邮
考生人数	21331	11502	2485	4648	3935	2361	3533
录取合计	20708	11193	2441	4521	3838	2293	3384
本科合计	15960	8885	2061	3362	2860	1658	2557
专科合计	4748	2308	380	1159	978	635	827

16－5　分地区幼儿教育情况

（2020 年）

项目	全市	市区	广陵	邗江	江都	宝应	仪征	高邮
幼儿园数（所）	368	201	47	64	73	55	45	67
在园幼儿数（人）	115055	69853	16860	26261	21066	15524	13756	15922
幼儿园教职工数（人）	7610	4527	1098	1600	1472	1102	954	1027

16－6　文体事业基本情况

（2020 年）

项　　目	单　位	全　市	市　区	江　都	宝　应	仪　征	高　邮
广播覆盖率	%	100	100	100	100	100	100
电视覆盖率	%	100	100	100	100	100	100
剧场、影剧院数	个	9	6	1	0	1	2
公共图书馆	个	8	5	1	1	1	1
公共图书馆图书总藏量	千册、件	5758	4376	470	429	505	448
博物馆数	个	16	9	1	2	1	4
体育场馆数	个	15	10	3	1	1	3

16－7　宗教事业基本情况

（2020 年）

项　　目	全　市	市　区	江　都	宝　应	仪　征	高　邮
宗教活动场所（处）	**233**	**96**	**49**	**54**	**34**	**49**
佛教	135	51	32	35	19	30
道教	4	1	0	0	1	2
基督教	84	40	16	18	13	13
天主教	2	1	0	0	0	1
伊斯兰	8	3	1	1	1	3
教职人员（名）	432	275	98	45	40	72

16－8　分地区卫生事业情况

（2020年）

项　　目	单 位	全 市	市 区				宝 应	仪 征	高 邮
				广 陵	邗 江	江 都			
医疗卫生机构数	个	1964	1179	231	465	483	356	176	253
#医院数	个	91	61	19	27	15	14	9	7
卫生院数	个	53	17	1	4	12	14	10	12
医疗卫生机构床位数	张	26316	16046	5949	5071	5026	3560	3032	3678
#医院床位数	张	18906	12470	4589	4375	3506	2056	2320	2060
卫生院床位数	张	4333	1433	128	148	1157	1195	572	1133
卫生技术人员数	人	30964	19023	6494	7135	5394	4228	3683	4030
#执业（助理）医师数	人	13203	7621	2424	2937	2260	2014	1682	1886
注册护士数	人	12800	8307	2941	3203	2163	1517	1429	1547

16－9　主要年份卫生事业情况

年　份	卫生机构数（个）	卫生机构床位数（张）	卫生技术人员数（人）		
				执业（助理）医师数	注册护士数
1980	647	7497	9696	4180	
1985	731	8469	11827	5104	
1990	805	10010	13707	6309	
1991	816	10008	14149	6389	
1992	800	9548	14641	6787	
1993	793	10607	14962	6945	
1994	793	10777	15336	7001	
1995	788	10937	16204	7335	
1996	789	10482	16276	7552	
1997	938	10631	16665	7842	
1998	936	10679	16801	7967	
1999	762	10663	16179	7433	
2000	756	10506	16347	7595	
2001	743	10560	16235	7516	
2002	872	10929	15043	6447	
2003	890	10864	15247	6574	
2004	1140	10991	14788	6417	
2005	1208	11765	15269	7003	
2006	1351	13074	16509	7571	
2007	2100	13646	20589	7640	
2008	2043	13318	21489	7450	
2009	2046	14464	22409	7874	
2010	2028	14685	22826	7881	
2011	1982	15281	23272	8066	
2012	1903	15853	21087	8818	
2013	1815	19202	22464	9276	
2014	1782	19765	23338	9491	9382
2015	1780	20121	26419	9826	9938
2016	1787	20683	27213	10405	10406
2017	1756	15261	28609	10872	11336
2018	1813	23355	29202	11209	11659
2019	1890	24994	30936	12557	12109
2020	1964	26316	30964	13203	12800

17

其他社会事业

编辑:项月

17－1 社会福利事业基本情况

（2020 年）　　　　单位：个、人、张

项　目	全市	市区	江都	宝应	仪征	高邮
社会福利院						
院　数	6	4	1	0	1	1
职工人数	432	315	37	0	46	71
年末床位数	1502	1052	150	0	170	280
年末收养人员	909	656	118	0	81	172
儿童福利院						
院　数	4	1		1	1	1
职工人数	60	41		2	3	14
年末床位数	250	150		30	50	20
年末收养人员	50	41		0	0	9
城市养老服务机构						
院　数	46	24	4	7	9	6
职工人数	1351	851	116	94	258	148
年末床位数	8595	5263	1158	918	1299	1115
年末收养人员	3759	2471	618	305	448	535
农村养老服务机构						
院　数	64	27	13	14	11	12
职工人数	711	318	180	129	160	104
年末床位数	14614	4731	3302	3748	3015	3120
年末收养人员	4464	1155	740	831	1295	1183

17－2　城乡居民最低生活保障情况

（2020 年）　　　　单位：人、万元

项　目	全 市	市 区	江 都	宝 应	仪 征	高 邮
城镇居民最低生活保障人数	2705	1547	381	484	337	337
#在职人员	69	69	7	0	0	0
老年人	881	463	176	146	120	152
灵活就业人员	303	253	80	22	6	22
失业人员	161	159	24	0	1	1
在校生	219	124	40	30	34	31
其他人员	61	27	0	16	18	0
农村居民最低生活保障人数	17966	5737	3617	6533	2300	3396
#农村五保户人数	19329	7229	4627	4412	2888	4800
集中供养的五保户人数	3374	973	648	805	558	1038
分散供养的五保户人数	15955	6256	3979	3607	2330	3762
城镇居民最低生活保障资金	2057.23	1239.83	284.42	286.46	232.72	298.22
农村居民最低生活保障资金	10489.5	3381.73	2127.63	3439.18	1464.33	2204.26

17－3 社会保障情况

（2019 年）

项　　目	单 位	全 市	邗 江	江 都
企业职工基本养老保险参保人数	人	1101013	129331	192032
企业职工基本养老保险离退休人数	人	505327	52196	97587
机关事业单位养老保险在职参保人数	人	87928	10004	17182
机关事业单位养老保险离退休人数	人	58688	6294	12069
城乡居民养老保险参保人数	人	771371	38079	205616
城乡居民养老保险待遇领取人数	人	746498	53776	202003
基本医疗保险参保人数	人	4353633	482265	929671
#城乡居民基本医疗保险参保人数	人	2742419	306405	648464
城镇职工基本医疗保险参保人数	人	1611214	175860	281207
失业保险参保人数	人	743384	114231	108510
工伤保险参保人数	人	950302	122518	157070
生育保险参保人数	人	962689	141980	149781

17－3　续表　（2020 年）

项　　目	单 位	宝 应	仪 征	高 邮
企业职工基本养老保险参保人数	人	107212	142092	145507
企业职工基本养老保险离退休人数	人	53011	58705	56193
机关事业单位养老保险在职参保人数	人	13759	11072	13499
机关事业单位养老保险离退休人数	人	9203	6670	10343
城乡居民养老保险参保人数	人	240338	61822	198206
城乡居民养老保险待遇领取人数	人	175145	91884	172072
基本医疗保险参保人数	人	740195	520055	724438
#城乡居民基本医疗保险参保人数	人	564977	332311	520777
城镇职工基本医疗保险参保人数	人	175218	187744	203661
失业保险参保人数	人	65024	93005	69582
工伤保险参保人数	人	95716	109855	103115
生育保险参保人数	人	135466	105562	89631

17－4　司法工作情况

项　　目	2014 年	2015 年	2016 年	2017 年	2018 年	2019 年	2020 年
律师工作							
律师事务所(所)	58	61	69	77	84	96	99
执业律师(人)	692	735	787	883	912	1044	1507
担任法律顾问(家)	4177	2711	2742	3148	3358	3734	4002
民事案件诉讼代理(件)	8249	10446	13590	18915	21086	28673	24644
刑事诉讼辩护及代理(件)	1114	1421	1317	1589	1924	3547	3077
非诉讼法律事务(件)	1582	570	729	795	552	1167	1966
咨询和代写法律文书(件)	17483	11999	14917	13504	11180	12512	3623
行政诉讼(件)	102	297	260	572	537	756	1053
公证工作							
公证机构(个)	7	7	7	7	8	8	8
公证人员(人)	86	89	93	97	112	116	104
公证员(人)	40	41	39	45	46	47	41
助理公证员(人)	28	27	32	28	41	41	39
办理公证总数(件)	33265	35848	38712	47214	38233	43720	29101
办理国内公证文书(件)	21469	23660	26776	36035	27203	31298	23856
办理涉外及涉港澳台公证(件)	11796	12188	11936	11179	11030	12422	5245
司法鉴定工作							
司法鉴定机构(个)	7	8	8	8	7	7	6
司法鉴定人员(人)	93	98	118	117	116	95	89
法律援助工作							
法律援助中心(个)	7	7	7	7	7	7	7
工作人员(人)	19	29	31	26	23	18	18
民事法律援助(起)	6195	6277	4490	4373	4491	5189	4117
刑事法律援助(起)	562	564	599	671	1050	1600	1468
接待来访咨询(件)	16979	8696	9933	9929	20717	6677	7436
人民调解工作							
调解组织(个)	2091	1823	2288	1650	1632	1562	1547
调解人员(人)	9914	7118	7310	4117	4192	3789	4910
调解纠纷总数(件)	13666	11881	11969	74497	92914	82490	83324
调解纠纷成功数(件)	13536	11748	11808	73935	92692	82452	83296
基层法律服务工作							
基层法律服务所(个)	100	100	94	94	91	93	93
基层法律工作者(人)	387	398	386	380	380	372	373
民事诉讼代理(件)	3685	4210	4653	5543	6898	4853	4411
民事非诉讼代理(件)	935	1056	1247	1392	1980	1251	1241
担任法律顾问(家)	964	1121	1321	1505	1660	86	690
司法所(个)	**86**	**86**	**82**	**85**	**85**	**86**	**86**

18

建设　环保

编辑:项月

18－1　公用事业情况

（2020年）

项　　　目	单　位	全　市	市　区	宝　应	仪　征	高　邮
水资源总量	万立方米	281500	108400	59600	44600	68900
降水量	毫米	1175	1150	1205	1226	1121
用水总量	万立方米	326878	161952	59444	44319	61163
公共供水总量	万立方米	30194	21930	2473	2518	3273
公共汽(电)车运营车辆数	辆	2804	2285	148	234	137
公共汽(电)车客运总量	万人次	13501	11985	411	569	536
出租汽车数	辆	3569	2461	170	601	337
供气总量(人工煤气、天然气)	万立方米	50686	25082	10384	7236	7985
#家庭用量	万立方米	18104	11418	1636	1797	3254
液化石油气供气总量	吨	27208	11470	3076	9516	3145
#家庭用量	吨	14913	7503	1424	3132	2854
城市道路面积	万平方米	4569	2990	522.3	622.06	434
排水管道长度	公里	4391	3417	378	212	384
年末公共供水管道长度	公里	6108	4170	647	802	489
绿化覆盖面积	公顷	15337	10115	2165	1803	1254
建成区绿化覆盖率	%	12854	8301	1572	1761	1220
绿地面积	公顷	44.2	44.7	42.2	44.8	42.8
建成区绿地率	%	13415	9115	1503	1644	1153
公园绿地面积	公顷	41.4	42.0	39.2	41.8	39.0
公园面积	公顷	2140	1922	68	122	28
森林覆盖率	%	15.0		14.7	22.0	10.7
污水处理厂数	座	6	3	1	1	1
垃圾处理站数	个	11	6	3		2
污水处理率	%	94.8	95.6	96.7	92.0	89.1
污水处理厂集中处理率	%	91.5	91.0	96.7	92.0	89.1
生活垃圾无害化处理率	%	100	100	100	100	100

18－2　城市建设用地情况

（2020 年）　　单位：平方公里

项　　目	全 市	市 区	宝 应	仪 征	高 邮
城市现状建设用地面积	277.29	185.36	36.17	31.82	23.94
#居住用地	78.41	51.15	12.29	8.43	6.54
公共管理与公共服务用地	17.37	12.20	1.89	1.01	2.27
商业服务业设施用地	17.70	13.22	1.10	1.00	2.38
工业用地	55.27	39.52	6.70	6.12	2.93
物流仓储用地	3.93	2.13	0.60	0.90	0.30
道路与交通设施用地	49.88	32.25	7.00	6.22	4.41
公用设施用地	4.46	2.95	0.41	0.44	0.66
绿地与广场用地	50.27	31.94	6.18	7.70	4.45
本年征用土地面积	11.72	0.86	1.32	1.71	7.83
其中：耕地	5.92	0.44	0.53	1.03	3.92

18－3　城市自来水情况（公共供水）

（2020 年）

项　　目	全 市	市 区	宝 应	仪 征	高 邮
综合生产能力（万立方米/日）	153	110	13	15	15
水厂个数	9	5	1	1	2
供水管道长度（公里）	6107.94	4170.28	647.02	801.64	489
供水总量（万立方米）	30194.2	21930.26	2473.13	2517.81	3273
#售水量	25984.2	19603.68	1807.73	1949.79	2623
其中：生产运营用水	4176.14	2302.78	414.13	674.23	785
公共服务用水	4064.24	3319.56	350.68	270	124
居民家庭用水	8865.19	5703.44	930.19	985.56	1246
其他用水	8878.63	8277.9	112.73	20	468
#免费供水量	520.19	75	238.98	48.21	158
其中：生活用水	246.34		238.98	7.36	
#漏损水量	3689.81	2251.58	426.42	519.81	492
用水户数（户）	1069373	698391	137000	91847	142135
#家庭用户	933424	629401	129000	84093	90930
用水人口（万人）	196.63	123.84	26.53	21.21	25.05

18－4　城市天然气、液化石油气情况

（2020年）

项　　目	全　市	市　区	宝　应	仪　征	高　邮
天然气					
供气管道长度(公里)	7571.95	4566.58	846.37	650.00	1509.00
供气总量合计(万立方米)	50686.38	25082.00	10383.88	7236.00	7984.50
其中:销售气量	49931.83	24456.00	10383.33	7224.50	7868.00
#居民家庭	18104.09	11418.03	1635.56	1796.50	3254.00
其中:燃气损失量	754.55	626.00	0.55	11.50	116.50
用气户数(户)	783001	496710	86081	87670	112540
#家庭用户	756786	493367	85308	87385	90726
用气人口(万人)	176.27	114.80	20.32	18.50	22.65
天然气汽车加气站(座)	24	14	4	3	3
液化石油气					
供气总量合计(吨)	27208.05	11470.40	3076.41	9516.00	3145.24
其中:销售气量	27358.40	11646.40	3076.00	9494.00	3142.00
#居民家庭	14912.64	7502.64	1424.00	3132.00	2854.00
其中:燃气损失量	28.65	3.00	0.41	22.00	3.24
用气户数(户)	95031	38800	18697	11000	26534
#家庭用户	89207	36360	16372	10800	25675
用气人口(万人)	19.54	8.53	6.00	2.65	2.36

18－5　全市重点调查工业污染排放及处理利用情况

（2020 年）

项　　　目	单　位	2020 年
一、企业基本情况		
1、汇总工业企业数	个	448
2、工业总产值(当年价格)	亿元	2582.8
3、工业锅炉数	台/蒸吨	275/17102.38
4、工业窑炉数	座	491
二、工业废水		
1、废水治理设施数	套	431
2、废水治理设施处理能力	万吨/日	23.88
3、废水治理设施运行费用	万元	211460.16
4、工业废水排放量	万吨	4297.02
#排入污水处理厂的	万吨	2650.52
5、工业废水中污染物排放量		
(1)化学需氧量	吨	3073.47
(2)氨氮	吨	102.32
(3)总氮	吨	593.49
(4)总磷	吨	30.06
(5)石油类	吨	7.25
(6)挥发酚	千克	101.65
(7)氰化物	千克	97.91
(8)砷	千克	2.70
(9)铅	千克	14.82
(10)镉	千克	0.02
(11)汞	千克	0.06
(12)总铬	千克	59.67
(13)六价铬	千克	5.03
三、工业废气		
1、工业废气排放量	亿标立方米	94843.85

项　　　　目	单　位	2019年
2、废气治理设施数	套	1552
#:脱硫设施数	套	107
#:脱硝设施数	套	45
#:除尘设施数	套	639
#:VOCs处理设施数	套	506
3、废气治理设施处理能力	万标立方米/时	77612.03
4、废气治理设施运行费用	万元	6406141.57
5、二氧化硫排放量	吨	4030.66
6、氮氧化物排放量	吨	12106.91
7、烟(粉)尘排放量	吨	8426.15
8、挥发性有机物(VOCs)排放量	吨	10746.06
四、工业固体废物		
1、一般工业固体废物产生量	万吨	585.09
2、一般工业固体废物综合利用量	万吨	554.48
其中:综合利用往年贮存量	万吨	0.99
3、一般工业固体废物处置量	万吨	29.52
其中:处置往年贮存量	万吨	0.81
4、一般工业固体废物贮存量	万吨	2.89
5、一般工业固体废物倾倒丢弃量	万吨	
6、危险废物上年末贮存量	万吨	1.19
7、危险废物产生量	万吨	22.05
8、危险废物利用处置量	万吨	22.87
其中:利用处置往年贮存量	万吨	0.19
9、危险废物本年末贮存量	万吨	0.37
10、危险废物倾倒丢弃量	万吨	

18－6　环境保护基本情况

（2020 年）

项　　　目	单　位	全　市	广　陵	邗　江	江　都	宝　应	仪　征	高　邮
废水排放总量	万吨	24311.87	98.52	1471.89	401.40	315.46	1509.45	526.98
其中:工业源	万吨	4297.02	98.52	1454.02	401.32	315.46	1507.94	519.77
生活源	万吨	19988.16						
集中式治理设施	万吨	26.68		17.87	0.08		1.51	7.21
化学需氧量(COD)排放量	吨	42517.38	79.13	1433.09	202.44	596.60	382.07	420.08
其中:工业源	吨	3577.68	79.13	1406.23	202.44	596.60	379.22	409.86
农业源	吨							
生活源	吨	38899.77						
集中式治理设施	吨	39.93		26.86			2.85	10.22
氨氮排放量	吨	3242.09	4.16	43.15	5.25	31.70	2.34	17.35
其中:工业源	吨	113.96	4.16	41.70	5.25	31.70	2.32	17.20
农业源	吨							
生活源	吨	3126.51						
集中式治理设施	吨	1.63		1.45			0.01	0.16
总磷排放量	吨	465.16	0.63	6.99	1.14	17.33	3.03	1.20
其中:工业源	吨	34.74	0.63	6.85	1.14	17.33	3.02	1.08
农业源	吨							
生活源	吨	430.16						
集中式治理设施	吨	0.26		0.14			0.01	0.12
废水治理设施数	套	431.00	26.00	50.00	136.00	41.00	75.00	103.00
废水治理设施处理能力	万吨/日	23.88	1.60	6.45	2.23	1.01	6.54	6.05
废水治理设施运行费用	万元	211460.16	1327.43	7605.31	6342.84	404.69	189334.66	6445.23
二氧化硫排放量	吨	4543.69	847.80	1461.27	253.44	37.67	312.55	1121.90
其中:工业源	吨	4030.66	847.80	1461.26	253.44	37.67	310.63	1119.86
生活源	吨	509.05						
集中式治理设施	吨	3.98		0.01			1.92	2.05
氮氧化物排放量	吨	25340.37	4722.79	3158.50	665.74	26.24	1121.16	2420.07
其中:工业源	吨	12106.91	4722.79	3158.48	665.74	26.24	1116.27	2417.41
生活源	吨	332.74						
机动车	吨	12893.14						
集中式治理设施	吨	7.58		0.03			4.89	2.66
烟(粉)尘排放量	吨	10647.03	1034.70	4292.31	1410.31	245.35	388.97	1060.50
其中:工业源	吨	8426.15	1034.70	4292.31	1410.31	245.35	383.05	1060.44
生活源	吨	2045.97						
机动车	吨	168.93						

18－6 续表 （2020 年）

项目	单位	全市	广陵	邗江	江都	宝应	仪征	高邮
集中式治理设施	吨	5.99					5.93	0.06
挥发性有机物(VOCs)排放量	吨	21524.14	127.45	1298.63	931.24	19.65	8158.19	210.89
其中:工业源	吨	10746.06	127.45	1298.63	931.24	19.65	8158.19	210.89
生活源	吨	5341.73						
机动车	吨	5436.35						
废气治理设施数	套	1552.00	63.00	258.00	611.00	50.00	279.00	291.00
废气治理设施处理能力	万标立方米/时	77612.03	1449.83	7548.45	2339.45	101.55	1398.24	64774.50
废气治理设施运行费用	万元	6406141.57	2720.27	5650087.13	22947.60	25037.09	681135.24	24214.24
一般工业固体废物产生量	万吨	585.09	224.15	161.56	18.09	11.97	57.82	111.51
一般工业固体废物综合利用量	万吨	554.48	221.64	140.79	16.62	11.96	55.70	107.76
其中:综合利用往年贮存量	万吨	0.99	0.01		0.90	0.05	0.03	
一般工业固体废物综合利用率	%	94.61	98.88	87.15	87.54	99.54	96.30	96.63
危险废物上年末贮存量(万吨)		1.19	0.02	0.02	0.08	0.84	0.13	0.08
危险废物产生量	万吨	22.05	0.37	6.25	5.23	0.19	4.46	5.54
危险废物利用处置量	万吨	22.87	0.40	6.26	5.15	1.03	4.49	5.54
其中:利用处置往年贮存量	万吨	0.19		0.01	0.09		0.06	0.03
危险废物本年末贮存量	万吨	0.37	0.01	0.01	0.16		0.10	0.09
当年完成“三同时”环保验收项目环保投资	万元	33673.40	2430.00		1009.50		30233.90	
工业污染防治施工项目本年完成投资	万元	3055.36		995.00	779.96		1280.40	
废水治理项目	万元	60.00					60.00	
废气治理项目	万元	2247.89		980.00	747.49		520.40	
工业固体废物治理项目	万元							
噪声治理项目	万元							
其它治理项目	万元	747.46		15.00	32.46		700.00	
环境空气质量								
可吸入颗粒物(PM10)	微克/立方米	63.00	63.00	63.00	63.00	57.00	55.00	60.00
细颗粒物(PM2.5)	微克/立方米	36.00	36.00	36.00	37.00	36.00	35.00	37.00
二氧化硫	微克/立方米	8.00	8.00	8.00	8.00	8.00	9.00	8.00
氮氧化物	微克/立方米	32.00	32.00	32.00	26.00	23.00	33.00	28.00
空气质量达到及好于二级的天数比重	%	80.10	80.10	80.10	80.90	81.10	83.00	82.00
水环境质量								
集中式饮用水源地水质达标率	%	100.00	100.00	100.00	100.00	100.00	100.00	100.00
地表水劣V类水体比例	%							
道路交通噪声等效声级	dB(A)	67.00	67.00	67.00	64.50	62.10	63.40	63.60

19

乡镇资料

编辑:丁超　陈甜甜

19－1　全市乡(镇)农村社会经济主要指标(一)

(2020年)

乡镇名称	村民委员会(个)	居委会(个)	通公共交通村(个)	通自来水村(个)	乡镇总户数(户)	乡镇总人口(人)
广陵区						
李典镇	13	2	13	13	13699	44957
沙头镇	7	1	7	7	6853	22392
头桥镇	15	2	15	15	15239	48902
湾头镇	4	4	4	4	7920	24560
汤汪乡	4	6	4	4	22353	69152
生态科技新城						
杭集镇	10	1	10	10	12656	47376
泰安镇	11	1	11	11	6753	23482
邗江区						
蒋王街道	3	5	3	3	12489	40977
汉河街道	9	3	9	9	22541	114120
甘泉街道	9	1	9	9	8248	31845
公道镇	11	3	11	11	11407	36021
方巷镇	18	2	18	18	12750	37977
槐泗镇	13	2	13	13	12322	39854
瓜洲镇	3	2	3	3	4904	14614
杨寿镇	7	1	7	7	6241	22729
杨庙镇	8	1	8	8	6082	23593
西湖镇	7	5	7	7	26870	68036
双桥乡	4	8	4	4	34179	82288
景　区						
平山乡	4	2	4	4	5976	23820
城北乡	2	4	2	2	24701	41592
江都区						
仙女镇	31	33	31	31	54112	162982

19－1　续表1　　（2020年）

乡镇名称	村民委员会（个）	居委会（个）	通公共交通村（个）	通自来水村（个）	乡镇总户数（户）	乡镇总人口（人）
小纪镇	30	3	30	30	29581	91865
武坚镇	14	3	14	14	13892	41891
樊川镇	21	5	20	21	21037	42863
真武镇	18	4	16	18	16887	33834
宜陵镇	11	5	11	11	16662	50968
丁沟镇	17	2	17	17	17409	57241
郭村镇	23	2	23	23	23011	74926
邵伯镇	22	3	22	22	24994	65449
丁伙镇	16	2	16	16	15630	43728
大桥镇	33	8	33	33	49369	145625
吴桥镇	14	2	11	14	10020	33875
浦头镇	13	1	13	13	11615	34999
宝应县						
安宜镇	18	24	15	18	69096	258636
氾水镇	20	7	20	20	21706	66098
夏集镇	14	3	14	14	15097	44669
柳堡镇	16	3	12	16	14840	45213
射阳湖镇	30	3	30	30	23829	65958
广洋湖镇	13	1	13	13	6562	21799
鲁垛镇	12	1	12	12	6718	22825
小官庄镇	9	1	9	9	9117	27353
望直港镇	19	2	13	19	16967	63348
曹甸镇	22	3	22	22	17358	59638
西安丰镇	8	3	5	8	7613	26312
山阳镇	16	2	16	16	13951	52011
黄塍镇	8	1	4	8	6640	21886
泾河镇	18	3	18	18	13499	45983

19－1　续表2　　　　　　　　　　　　　　（2020年）

乡镇名称	村民委员会（个）	居委会（个）	通公共交通村（个）	通自来水村（个）	乡镇总户数（户）	乡镇总人口（人）
开发区						
施桥镇	11	6	11	11	12301	38288
八里镇	8	5	8	8	6499	25045
朴席镇	9	1	9	9	7533	17550
仪征市						
真州镇	9	25	9	9	87896	219500
新集镇	13	2	13	13	11320	41087
新城镇	11	3	11	11	10368	33467
马集镇	9	1	9	9	7871	28230
刘集镇	17	2	17	17	13282	46971
陈集镇	14	2	14	14	10152	32919
大仪镇	18	3	18	18	14248	50411
月塘镇	19	3	19	19	16568	55849
青山镇	9	5	9	9	8606	24477
高邮市						
高邮街道	6	13	6	6	56711	159037
龙虬镇	11	2	11	11	9364	33378
汤庄镇	17	4	17	17	18331	57540
卸甲镇	17	4	17	17	24780	81796
三垛镇	21	4	21	21	23232	73643
甘垛镇	16	3	12	16	18518	53756
界首镇	8	1	8	8	9879	31680
周山镇	8	1	8	8	7651	26254
临泽镇	22	6	22	22	29133	96325
送桥镇	15	4	15	15	20965	70650
菱塘回族乡	6	2	6	6	6823	23985

19－2　全市乡(镇)农村社会经济主要指标(二)

(2020 年)

乡镇名称	乡镇从业人员(人)	#第一产业从业人员(人)	#第二产业从业人员(人)	年末耕地面积(公顷)	农作物总播种面积(公顷)	#粮食播种面积(公顷)
广陵区						
李典镇	24738	3231	13712	2259	4814	3580
沙头镇	12544	2129	7494	1226	2527	870
头桥镇	29595	3201	18470	2724	5400	4090
湾头镇	13820	240	6340			
汤汪乡	20038	185	6812	23	6	
生态科技新城						
杭集镇	33279	1509	25028	896	1798	1530
泰安镇	12568	2656	6756	1314	1882	1420
邗江区						
蒋王街道	23282	368	7129	310	504	215
汊河街道	48644	3557	25113	1797	2711	2215
甘泉街道	17125	1127	10405	1382	1581	1178
公道镇	19793	2135	12706	2666	4921	4584
方巷镇	25178	4132	16132	2730	5035	3961
槐泗镇	23652	2521	13774	2256	4456	2296
瓜洲镇	8452	961	4322	253	280	227
杨寿镇	11331	1349	5575	1536	2050	1641
杨庙镇	14821	1324	7297	1305	1112	787
西湖镇	37481	710	19875	548	211	164
双桥乡	46028		4158			
景　区						
平山乡	7839	380	4735	268	500	345
城北乡	17379	3202	6325	76	76	76
江都区						
仙女镇	99825	8266	48522	3435	4971	4157

19－2　续表1　　　　　　　　　　　　　　（2020年）

乡镇名称	乡镇从业人员（人）	#第一产业从业人员（人）	#第二产业从业人员（人）	年末耕地面积（公顷）	农作物总播种面积（公顷）	#粮食播种面积（公顷）
小纪镇	45081	7124	20765	7534	16618	13642
武坚镇	24967	1410	15082	3520	7970	6531
樊川镇	31547	6857	10256	6034	12123	11543
真武镇	19073	2078	12233	3536	7780	7060
宜陵镇	26129	1625	15467	2304	5343	4400
丁沟镇	36726	4013	12685	4728	9387	8406
郭村镇	42601	5588	22143	6015	9948	8417
邵伯镇	58300	6250	30310	5636	7770	6855
丁伙镇	28884	4174	13367	3712	5801	5141
大桥镇	94378	8936	57379	4876	11363	8822
吴桥镇	24684	2644	12967	2689	6910	4608
浦头镇	22227	3132	14279	2471	3875	3383
宝应县						
安宜镇	113175	8098	49058	3793	7808	6485
氾水镇	42437	11221	23784	7566	15277	13029
夏集镇	27497	9222	11310	5934	11686	10825
柳堡镇	29036	9504	15997	4907	11953	9574
射阳湖镇	41983	13658	14305	8040	16231	15351
广洋湖镇	19913	4771	10330	2994	6457	4533
鲁垛镇	14874	4219	4108	3182	6544	6128
小官庄镇	14617	1895	7598	2889	5959	5632
望直港镇	42236	6923	21286	4496	9174	6515
曹甸镇	34743	6528	17154	4708	10332	9268
西安丰镇	15486	4437	8318	2105	5508	4303
山阳镇	29879	7656	17846	4402	9996	8397
黄塍镇	16404	3089	10205	1773	3960	3452
泾河镇	26424	4898	16967	4479	9860	8695

（2020年）

乡镇名称	乡镇从业人员（人）	#第一产业从业人员（人）	#第二产业从业人员（人）	年末耕地面积（公顷）	农作物总播种面积（公顷）	#粮食播种面积（公顷）
开发区						
施桥镇	23045	705	14975	642	629	279
八里镇	18618	864	8810	395	267	183
朴席镇	15996	3482	3654	2218	3493	2898
仪征市						
真州镇	96100	1710	37190	1405	1519	675
新集镇	26015	4624	11813	3170	3869	3155
新城镇	17914	3647	9627	2698	2512	1831
马集镇	16325	3229	7859	3870	3820	3114
刘集镇	27462	2957	16571	5334	5309	4069
陈集镇	18963	2165	12742	4992	6944	6478
大仪镇	30343	3175	21409	6301	8778	7969
月塘镇	29034	1987	17206	7415	7554	6534
青山镇	16258	1158	12105	554	745	480
高邮市						
高邮街道	83260	2247	45731	802	2418	1962
龙虬镇	17262	5723	8828	2392	6386	4725
汤庄镇	34839	7154	17604	7004	13994	13313
卸甲镇	43742	8505	27999	9851	17457	16090
三垛镇	47634	14758	19142	7027	13236	12142
甘垛镇	31270	11098	10852	7012	14119	11784
界首镇	15355	3149	8938	2421	5954	5041
周山镇	13474	4037	5122	3153	5841	5399
临泽镇	53798	11898	28514	7901	19285	16678
送桥镇	44705	6250	27565	6413	14110	12816
菱塘回族乡	15141	675	8788	1979	4010	3605

19－3　全市乡（镇）农村社会经济主要指标（三）

（2020年）

乡镇名称	粮食产量（吨）	蔬菜产量（吨）	禽蛋产量（吨）	肉类产量（吨）	#猪肉产量（吨）	水产品产量（吨）
广陵区						
李典镇	25051	30369	998	532	57	8511
沙头镇	5029	61568	281	186	6	1087
头桥镇	29818	32946	218	214	45	490
湾头镇						
汤汪乡		275				
生态科技新城						
杭集镇	8913	3005	593	215	0	2028
泰安镇	9890	5655	326	1295	890	680
邗江区						
蒋王街道	1550	12024				178
汊河街道	14556	10464	303	1297	760	2105
甘泉街道	8053	7995	734	461	381	2785
公道镇	31933	8321	497	1218	843	6402
方巷镇	31946	16194	1104	2514	1685	12623
槐泗镇	16210	16978	1365	363	267	2771
瓜洲镇	1381	1763	281	497		646
杨寿镇	12086	4730	481	1069	827	2660
杨庙镇	6029	7499	100	389	285	1084
西湖镇	1040	1899	167	2		192
双桥乡						
景　区						
平山乡	590	112	22	10	8	2
城北乡	532					
江都区						
仙女镇	32426	21506	2166	1722	1413	4696

19－3　续表1　　（2020年）

乡镇名称	粮食产量（吨）	蔬菜产量（吨）	禽蛋产量（吨）	肉类产量（吨）	#猪肉产量（吨）	水产品产量（吨）
小纪镇	114345	55564	7852	6253	2093	23572
武坚镇	49997	54087	2450	3770	410	28520
樊川镇	85051	14828	1790	2648	2034	7083
真武镇	48903	25486	1906	2867	15	15050
宜陵镇	33347	31535	492	5149	4258	1799
丁沟镇	67103	11453	1237	4015	860	1365
郭村镇	61175	25946	2157	5178	4527	3346
邵伯镇	53847	14525	1980	1420	182	13856
丁伙镇	37729	18077	700	2502	20	2909
大桥镇	62656	84716	8787	16706	5513	6592
吴桥镇	33202	17614	693	498	230	1476
浦头镇	26124	10276	476	715	514	2216
宝应县						
安宜镇	56948	43121	1175	2089	2069	11214
氾水镇	103431	48975	700	3827	3827	10653
夏集镇	74235	28024	1408	5391	4951	7990
柳堡镇	76117	52175	863	276	62	24679
射阳湖镇	105968	26381	1510	3425	1458	26203
广洋湖镇	38227	37441	241	1163	1160	20764
鲁垛镇	40213	24685	434	1428	1189	7179
小官庄镇	43835	11726	219	1314	897	1795
望直港镇	53630	49204	425	3239	3219	8759
曹甸镇	71071	37830	184	791	526	11976
西安丰镇	33480	39149	1080	1252	847	6803
山阳镇	71791	19645	1492	4546	1771	20451
黄塍镇	27497	10000	550	4200	3300	1300
泾河镇	71337	17333	326	2096	2088	4418

19－3 续表2 （2020年）

乡镇名称	粮食产量（吨）	蔬菜产量（吨）	禽蛋产量（吨）	肉类产量（吨）	#猪肉产量（吨）	水产品产量（吨）
开发区						
施桥镇	923	2684				77
八里镇	920	1790	5	97	2	868
朴席镇	19239	3525	169	92	20	511
仪征市						
真州镇	5194	21551	173	469	296	875
新集镇	22057	19576	1325	3013	1490	1098
新城镇	12763	18004	162	104	61	110
马集镇	23812	24363	817	1752	1544	310
刘集镇	31039	24694	1252	899	822	491
陈集镇	53682	12834	713	3218	1610	819
大仪镇	58207	29913	752	4958	2235	1961
月塘镇	50850	38945	1250	2615	1213	613
青山镇	3383	6295	130	349	348	131
高邮市						
高邮街道	11103	7339	709	892		6781
龙虬镇	37658	9638	213	2217	1546	18828
汤庄镇	105409	24461	2024	5414	2057	19604
卸甲镇	135650	26028	1163	10913	6160	19261
三垛镇	97107	16079	988	2451	2019	32781
甘垛镇	91017	12312	6521	7804	4804	20798
界首镇	37688	13390	510	1939	1611	7298
周山镇	43184	7937	472	2756	1628	11709
临泽镇	137528	53951	852	7654	4096	21604
送桥镇	100854	22560	3993	17150	3700	9845
菱塘回族乡	27380	5022	950	2355	625	9850

19－4　全市乡(镇)农村社会经济主要指标(四)

(2020年)

乡镇名称	企业个数(个)	#工业企业(个)	农业机械总动力(千瓦)	自来水用水户数(户)	提供住宿的社会工作机构(个)	提供住宿的社会工作机构床位(张)
广陵区						
李典镇	685	479	31500	13699	1	68
沙头镇	258	231	13450	6853		
头桥镇	493	391	31887	15239	1	80
湾头镇	448	85		7920		
汤汪乡	2261	193		20830		
生态科技新城						
杭集镇	1318	1093	11625	12656	2	160
泰安镇	320	255	14350	6753	1	80
邗江区						
蒋王街道	410	33	3675	12489	1	16
汊河街道	3886	2779	18412	16653	2	80
甘泉街道	989	389	7696	8248	1	100
公道镇	356	229	37198	11194	1	130
方巷镇	607	452	35846	12750	1	80
槐泗镇	681	332	35790	12170	2	118
瓜洲镇	56	47	3026	4531	1	120
杨寿镇	410	352	27988	6237	1	48
杨庙镇	360	302	14168	6082	1	12
西湖镇	1304	475	4317	26870	2	81
双桥乡	2476	65		34175	2	185
景　区						
平山乡	241	98	1755	4900		
城北乡	335	2		10312		
江都区						
仙女镇	4736	2660	58637	54112	6	1521

19－4　续表1　　　　　　　　　　　　　（2020年）

乡镇名称	企业个数（个）	#工业企业（个）	农业机械总动力（千瓦）	自来水用水户数（户）	提供住宿的社会工作机构（个）	提供住宿的社会工作机构床位（张）
小纪镇	1693	1211	115224	29581	2	246
武坚镇	623	562	54070	13713	1	190
樊川镇	982	651	84900	21037	1	120
真武镇	746	423	37899	16887	1	186
宜陵镇	1102	846	35688	16175	1	181
丁沟镇	1185	435	48411	17129	1	100
郭村镇	667	462	70776	23011	1	69
邵伯镇	495	423	49000	24994	1	130
丁伙镇	726	522	45322	15000	1	220
大桥镇	2115	994	47709	49369	3	351
吴桥镇	299	125	25580	10009	1	100
浦头镇	998	663	21361	11615	1	100
宝应县						
安宜镇	2345	2013	63153	64025	1	142
氾水镇	2531	2465	81500	21706	1	400
夏集镇	603	588	41400	15097	1	260
柳堡镇	589	478	62920	14676	1	176
射阳湖镇	1201	1032	67004	23829	1	285
广洋湖镇	405	174	21465	6562	1	108
鲁垛镇	236	216	28031	6718	1	106
小官庄镇	439	388	25978	8124	1	100
望直港镇	345	251	27253	16967	1	160
曹甸镇	1694	272	28190	17358	1	180
西安丰镇	337	298	23611	7613	1	135
山阳镇	425	331	33860	13235	1	195
黄塍镇	205	171	15000	6640	1	210
泾河镇	320	265	38067	13499	1	176

（2020年）

乡镇名称	企业个数（个）	#工业企业（个）	农业机械总动力（千瓦）	自来水用水户数（户）	提供住宿的社会工作机构（个）	提供住宿的社会工作机构床位（张）
开发区						
施桥镇	415	304	3929	12301	1	37
八里镇	182	92	9910	6499	1	60
朴席镇	98	48	36682	7533	1	35
仪征市						
真州镇	2695	789	16510	87896	1	90
新集镇	240	225	18500	11255	2	245
新城镇	125	88	18000	10267	1	102
马集镇	406	361	13990	7871	1	148
刘集镇	347	256	51150	13282	1	72
陈集镇	629	542	44042	10152	2	320
大仪镇	796	561	63672	14248	2	312
月塘镇	512	450	19134	16535	1	320
青山镇	336	121	573	8606	1	74
高邮市						
高邮街道	2184	641	20138	54096	5	613
龙虬镇	220	137	89010	9364	1	135
汤庄镇	968	461	53425	18331	1	165
卸甲镇	930	755	122412	24780	3	352
三垛镇	1108	1025	99345	23232	1	138
甘垛镇	385	170	43612	18001	1	340
界首镇	172	152	4300	9726	1	100
周山镇	252	175	22098	7651	1	80
临泽镇	452	357	41296	29133	2	250
送桥镇	1198	1033	53000	20865	3	320
菱塘回族乡	640	545	20125	6823	9	158

19-5 全市乡(镇)农村社会经济主要指标(五)

(2020年)

乡镇名称	剧场、影剧院个数(个)	公园个数(个)	金融机构网点数(个)	农业技术服务机构个数(个)	农业技术服务机构从业人员数(人)	城乡居民最低生活保障人(人)
广陵区						
李典镇	1	23	7	1	8	44
沙头镇	1	2	3	1	29	62
头桥镇	1	2	6	1	30	132
湾头镇		1	2			21
汤汪乡		4	3			13
生态科技新城						
杭集镇	1	3	8	4	28	242
泰安镇	1	19	3	1	4	56
邗江区						
蒋王街道	1	4	4	1	9	29
汊河街道	1	3	7	1	7	112
甘泉街道			2	4	18	130
公道镇	1	6	6	1	28	328
方巷镇	1	2	5	1	46	329
槐泗镇	1	32	4	1	35	168
瓜洲镇	1	8	4	1	21	43
杨寿镇		30	3	1	5	130
杨庙镇		2	4	1	6	207
西湖镇	2	13	12	2	8	48
双桥乡	3	14	22			33
景　区						
平山乡	1	15	6	5	16	99
城北乡		6	4			19
江都区						
仙女镇	5	53	44	21	121	125

19－5　续表1　　　　　　　　　　　　　　　　　　　（2020年）

乡镇名称	剧场、影剧院个数（个）	公园个数（个）	金融机构网点数（个）	农业技术服务机构个数（个）	农业技术服务机构从业人员数（人）	城乡居民最低生活保障人（人）
小纪镇	1	35	14	33	105	981
武坚镇	1	4	7	1	22	224
樊川镇	1	30	8	1	17	281
真武镇		31	7	1	48	250
宜陵镇	1	45	5	9	25	228
丁沟镇		22	6	1	39	216
郭村镇		33	10	1	18	177
邵伯镇	2	65	10	6	30	153
丁伙镇		2	5	2	8	190
大桥镇		1	15	4	35	557
吴桥镇		36	5	3	28	240
浦头镇	1	18	5	6	35	151
宝应县						
安宜镇	6	10	48	1	54	1526
氾水镇	2	33	7	1	67	545
夏集镇	1	4	7	1	39	433
柳堡镇		24	7	2	26	358
射阳湖镇	1	40	7	1	53	775
广洋湖镇	1	17	2	1	17	309
鲁垛镇	1	18	3	1	32	277
小官庄镇	1	3	3	1	17	232
望直港镇	1	4	5	1	30	547
曹甸镇	1	4	5	1	21	1215
西安丰镇	1	1	2	2	20	459
山阳镇	1	1	3	2	35	765
黄塍镇		2	2	1	14	595
泾河镇	1	2	2	1	12	582

19－5　续表2　　　　（2020年）

乡镇名称	剧场、影剧院个数（个）	公园个数（个）	金融机构网点数（个）	农业技术服务机构个数（个）	农业技术服务机构从业人员数（人）	城乡居民最低生活保障人（人）
开发区						
施桥镇	1	29	4	1	15	57
八里镇		6	5	6	22	305
朴席镇		2	3	1	5	129
仪征市						
真州镇	8	5	30	4	27	357
新集镇		5	6	2	17	192
新城镇	1	19	6	1	13	198
马集镇		2	2	2	18	193
刘集镇	1	2	6	1	18	175
陈集镇		18	4	2	38	151
大仪镇	1	12	10	2	44	190
月塘镇	1	4	6	2	33	410
青山镇		1	5	1	5	141
高邮市						
高邮街道	6	33	33	1	85	236
龙虬镇		15	4	1	31	291
汤庄镇	1	8	8	10	45	441
卸甲镇	2	4	10	5	58	318
三垛镇	1	20	10	1	73	746
甘垛镇		21	6	7	35	888
界首镇	1	11	2	1	20	294
周山镇	1	1	2	1	21	212
临泽镇	1	32	8	1	38	210
送桥镇	2	23	9	1	50	1760
菱塘回族乡	1	2	3	7	34	144

19－6　全市乡(镇)农村社会经济主要指标(六)

(2020 年)

乡镇名称	学校总数(个)	在校学生数(人)	教师总数(人)	幼儿园托儿所(个)	医疗卫生机构个数(个)	医疗卫生机构床位数(个)
广陵区						
李典镇	3	2056	182	5	13	128
沙头镇	2	1028	88	1	4	35
头桥镇	4	3355	287	2	12	97
湾头镇	6	5960	784	3	5	56
汤汪乡	2	987	103	3	3	118
生态科技新城						
杭集镇	3	2849	239	2	8	60
泰安镇	2	860	108	1	7	37
邗江区						
蒋王街道	2	4564	361	5	5	58
汉河街道	4	4235	310	6	12	130
甘泉街道	2	1775	156	2	6	43
公道镇	2	3710	327	2	11	41
方巷镇	2	1385	145	4	18	112
槐泗镇	2	2306	158	3	17	77
瓜洲镇	3	2711	271	1	6	30
杨寿镇	1	862	98	4	8	50
杨庙镇	2	1436	127	1	8	50
西湖镇	6	7813	610	6	9	128
双桥乡	5	11288	786	8	12	1082
景　区						
平山乡	2	1299	117	2	8	26
城北乡	3	6112	212	4	3	22
江都区						
仙女镇	28	43840	3422	29	41	3626

19－6　续表1　（2020年）

乡镇名称	学校总数（个）	在校学生数（人）	教师总数（人）	幼儿园托儿所（个）	医疗卫生机构个数（个）	医疗卫生机构床位数（个）
小纪镇	7	2023	289	4	38	285
武坚镇	4	1180	187	3	15	110
樊川镇	4	1184	152	3	26	162
真武镇	4	1408	237	3	21	157
宜陵镇	4	2104	240	2	18	89
丁沟镇	5	5335	525	2	22	158
郭村镇	6	3400	316	7	26	225
邵伯镇	7	4844	606	4	30	380
丁伙镇	4	646	180	2	17	90
大桥镇	8	7044	534	6	36	241
吴桥镇	3	1824	154	4	22	54
浦头镇	5	2150	195	3	17	80
宝应县						
安宜镇	24	48733	3105	17	51	4080
氾水镇	5	4999	419	4	31	210
夏集镇	4	882	171	3	17	86
柳堡镇	3	962	141	2	21	217
射阳湖镇	9	2574	242	7	34	370
广洋湖镇	2	956	115	1	15	60
鲁垛镇	2	306	60	1	8	79
小官庄镇	2	1058	116	1	9	80
望直港镇	4	2475	251	8	18	86
曹甸镇	4	2467	200	2	22	158
西安丰镇	3	1597	132	2	11	122
山阳镇	3	782	145	2	21	215
黄塍镇	2	1065	146	1	9	55
泾河镇	5	833	184	2	20	91

19－6　续表2　　　　　　　　　　　　　　　　　　（2020年）

乡镇名称	学校总数（个）	在校学生数（人）	教师总数（人）	幼儿园托儿所（个）	医疗卫生机构个数（个）	医疗卫生机构床位数（个）
开发区						
施桥镇	2	1786	103	3	2	36
八里镇	2	1422	145	2	1	22
朴席镇	2	678	101	2	6	76
仪征市						
真州镇	19	27530	2380	24	12	110
新集镇	3	2302	209	4	12	100
新城镇	3	1638	211	3	12	128
马集镇	2	664	111	1	7	70
刘集镇	4	2633	193	2	10	44
陈集镇	3	1239	145	1	10	90
大仪镇	4	2584	222	3	12	120
月塘镇	3	1410	196	2	14	145
青山镇	2	343	96	1	7	24
高邮市						
高邮街道	17	37962	2684	24	65	2251
龙虬镇	3	414	98	2	10	40
汤庄镇	6	1087	172	4	18	135
卸甲镇	7	1550	234	4	22	144
三垛镇	5	2677	301	4	21	398
甘垛镇	4	588	98	3	21	80
界首镇	2	946	111	1	10	60
周山镇	2	344	48	1	7	30
临泽镇	6	2752	291	4	26	200
送桥镇	5	3434	292	6	19	120
菱塘回族乡	3	1946	155	1	9	26

19－7　全市乡(镇)农村社会经济主要指标(七)

(2020年)

乡镇名称	图书馆个数(个)	公共图书馆藏书量(千册)	公共体育设施面积(平方米)	公共文化设施面积(平方米)	人均住房面积(平方米)	住楼房户比重(%)
广陵区						
李典镇	1	42	64120	11600	79	92
沙头镇	1	5.5	3848	3950	45	82
头桥镇			51350	38800	68	52
湾头镇			4000	1000	52	97
汤汪乡	5	47.2	25550	14290	67	99
生态科技新城						
杭集镇	2	15	50000	6600	79	82
泰安镇	1	16	14520	3040	40	90
邗江区						
蒋王街道			5552	6334	78	99
汊河街道	1	60	11500	1580	66	97
甘泉街道			33803	9460	72	97
公道镇	2	31	39620	39620	46	91
方巷镇	1	18.5	3950	1700	78	99
槐泗镇	1	36.9	144570	4760	85	95
瓜洲镇	1	11	50000	2000	60	90
杨寿镇			32520	2900	59	93
杨庙镇			5800	700	70	99
西湖镇	1	2	44075	16050	61	99
双桥乡	10	58	55482	25475	86	99
景　区						
平山乡	1	10	5817	597	75	67
城北乡	2	35	120	56	48	99
江都区						
仙女镇	7	268	264206	64250	68	96.2

19－7　续表1　　（2020年）

乡镇名称	图书馆个数（个）	公共图书馆藏书量（千册）	公共体育设施面积（平方米）	公共文化设施面积（平方米）	人均住房面积（平方米）	住楼房户比重（%）
小纪镇	1	34	8600	5800	41	55
武坚镇	1	34	4588	2150	37	75
樊川镇	1	48	52923	5012	47	70
真武镇	4	9.3	6829	202	37	90
宜陵镇	1	39	28800	11350	56	78.4
丁沟镇	1	4	4228	68000	58	79
郭村镇	1	41	27242	9412	60	75
邵伯镇	2	46.8	46200	61600	66	88
丁伙镇	1	29	4500	600	60	93
大桥镇	1	82	40500	20600	53	90
吴桥镇	1	135	11318	24459	64	48.5
浦头镇			116859	440	45	99
宝应县						
安宜镇	5	16.9	15785	7428	44	97
氾水镇	1	50	11935	41972	46.5	66.8
夏集镇	1	38	6998	8300	46	79.4
柳堡镇	1	21	46800	7200	41	62
射阳湖镇	1	35	88241	15800	50	43
广洋湖镇	1	1.5	375	262	47	62
鲁垛镇	1	11	39848	4550	45.2	33
小官庄镇	10	38	23345	1142	65	75
望直港镇	1	34	55200	9035	44	45.1
曹甸镇	1	53	48650	2593	46	72
西安丰镇	1	26.1	5915	8002	48	57
山阳镇	1	4	26000	41000	46	48
黄塍镇	1	15	1000	400	42	71
泾河镇	2	20	120463	8490	38	77

19－7　续表2　　(2020年)

乡镇名称	图书馆个数（个）	公共图书馆藏书量（千册）	公共体育设施面积（平方米）	公共文化设施面积（平方米）	人均住房面积（平方米）	住楼房户比重（%）
开发区						
施桥镇	1	26	54046	5122	52	72
八里镇	1	10	4500	520	60	95
朴席镇	2	23.93	1200	2530	35	70
仪征市						
真州镇	3	950	123500	13000	45.5	98.5
新集镇	2	39.2	36565	12200	59	85
新城镇	1	25	43035	8000	62	97
马集镇	1	31	26000	19900	59	90
刘集镇	1	10.05	14620	1010	45	88
陈集镇	1	45	18200	15200	46	92.5
大仪镇	1	13.5	25960	1120	53.9	97.8
月塘镇	1	100	950	1780	65	61
青山镇	1	1.9	14707	2150	45	67
高邮市						
高邮街道	3	261	305272	46943	63	98.7
龙虬镇	1	64.03	1937	657	55	65
汤庄镇	1	12	6790	7060	58	45
卸甲镇	1	60	9500	6000	42	82
三垛镇	1	105	85650	2800	45	43
甘垛镇	1	22.2	3019	2950	45	58
界首镇	1	2.4	6600	3580	41.6	96.8
周山镇	1	2.6	500	300	37	85
临泽镇	1	18.5	14672	5710	45	50
送桥镇	2	5.9	63560	23540	53	90
菱塘回族乡	1	20.41	2632	11812	53	85

20

全省市县及长三角资料

编辑:项月

20－1 人　　口

（2020年）

市县名称	年末户籍人口（万人）	#女（万人）	年末常住人口（万人）	人口密度（人/平方公里）
南京市	**722.57**	**363.93**	**931.97**	**1412**
无锡市	**508.97**	**259.24**	**746.40**	**1612**
江阴市	126.66	64.15	177.99	1802
宜兴市	107.59	54.65	128.61	644
徐州市	**1038.05**	**500.68**	**908.39**	**771**
丰　县	120.43	57.37	93.52	646
沛　县	128.63	61.46	103.83	576
睢宁县	141.09	67.00	108.86	615
新沂市	111.63	53.64	96.99	609
邳州市	192.02	91.91	146.26	701
常州市	**386.63**	**197.37**	**527.96**	**1207**
溧阳市	78.85	39.34	78.55	515
苏州市	**744.33**	**381.89**	**1274.96**	**1470**
常熟市	106.41	54.86	167.72	1312
张家港市	93.02	47.63	143.23	1448
昆山市	106.71	55.12	209.27	2242
太仓市	51.05	26.53	83.12	1022
南通市	**756.06**	**385.25**	**772.80**	**732**
如东县	100.24	51.09	88.02	320
启东市	109.60	56.09	96.75	566
如皋市	140.39	70.56	123.87	790
海安市	91.41	46.33	87.45	741
连云港市	**534.48**	**255.73**	**460.10**	**603**
东海县	124.63	59.56	104.77	513
灌云县	102.67	48.42	72.53	474
灌南县	81.50	38.44	61.26	596

（2020 年）

市县名称	年末户籍人口（万人）	#女（万人）	年末常住人口（万人）	人口密度（人/平方公里）
淮安市	**557.97**	**271.75**	**455.92**	**459**
涟水县	111.29	53.03	82.97	497
盱眙县	79.01	38.72	60.72	245
金湖县	34.24	17.13	28.95	212
盐城市	**814.49**	**394.55**	**671.06**	**396**
响水县	61.89	29.22	45.92	310
滨海县	121.25	57.43	82.02	422
阜宁县	110.34	52.50	79.41	551
射阳县	93.63	45.57	75.95	294
建湖县	76.47	36.98	60.94	532
东台市	107.22	53.19	88.85	280
扬州市	**454.71**	**228.42**	**456.10**	**690**
宝应县	87.02	42.94	68.22	595
仪征市	55.32	27.63	53.26	644
高邮市	79.65	40.08	70.96	414
镇江市	**269.25**	**136.43**	**321.10**	**835**
丹阳市	79.90	40.51	98.89	943
扬中市	28.10	14.37	31.56	964
句容市	58.53	29.59	63.93	464
泰州市	**497.15**	**244.60**	**451.68**	**781**
兴化市	152.75	72.70	112.92	474
靖江市	65.00	32.93	66.34	1014
泰兴市	115.85	57.04	99.53	854
宿迁市	**592.10**	**285.01**	**498.82**	**584**
沭阳县	198.84	94.91	167.57	726
泗阳县	106.01	50.54	82.99	603
泗洪县	109.13	52.83	85.91	320

20－2　户数及土地面积

（2020年）

市县名称	年末总户数（万户）	土地面积（平方公里）	建成区面积（平方公里）	绿化覆盖面积（公顷）
南京市	**260.51**	**6587**	**868**	**102297**
无锡市	**175.25**	**4627**	**563**	**31499**
江阴市	39.18	987	125	5774
宜兴市	37.26	1997	89	5043
徐州市	**283.01**	**11765**	**499**	**29725**
丰县	32.90	1450	33	1804
沛县	37.76	1806	53	2442
睢宁县	32.86	1769	34	2190
新沂市	30.76	1592	39	2543
邳州市	47.39	2085	51	2740
常州市	**137.92**	**4372**	**311**	**15504**
溧阳市	26.86	1535	34	1678
苏州市	**246.45**	**8657**	**767**	**41500**
常熟市	32.04	1276	99	4865
张家港市	31.89	987	63	2621
昆山市	37.10	932	72	3866
太仓市	16.69	810	52	3110
南通市	**288.19**	**10549**	**430**	**22965**
如东县	36.34	2791	32	1641
启东市	46.54	1715	35	1643
如皋市	44.36	1576	42	2909
海安市	34.18	1184	32	2228
连云港市	**152.04**	**7616**	**313**	**28911**
东海县	30.43	2037	33	1737
灌云县	28.07	1538	29	2004
灌南县	23.44	1028	28	1190

市县名称	年末总户数（万户）	土地面积（平方公里）	建成区面积（平方公里）	绿化覆盖面积（公顷）
淮安市	**169.74**	**10030**	**316**	**18850**
涟水县	31.33	1679	37	2814
盱眙县	21.67	2497	41	2503
金湖县	12.32	1378	30	1560
盐城市	**269.30**	**16931**	**370**	**21896**
响水县	16.93	1474	22	1121
滨海县	35.35	1950	35	2488
阜宁县	34.78	1439	47	3501
射阳县	30.61	2606	29	1672
建湖县	28.06	1157	29	1628
东台市	38.19	3176	39	2338
扬州市	**147.64**	**6591**	**291**	**15337**
宝应县	26.56	1462	37	2165
仪征市	18.20	902	39	1803
高邮市	25.04	1922	29	1254
镇江市	**102.60**	**3840**	**236**	**14154**
丹阳市	28.08	1047	36	1891
扬中市	10.72	327	14	1146
句容市	23.06	1378	38	1406
泰州市	**165.61**	**5788**	**274**	**15114**
兴化市	49.81	2395	43	2099
靖江市	20.93	656	34	1688
泰兴市	39.41	1170	44	1955
宿迁市	**154.11**	**8524**	**257**	**29527.9**
沭阳县	50.16	2299	68	4314.8
泗阳县	27.27	1378	46	6679.8
泗洪县	29.27	2694	39	6469.5

20－3　地区生产总值

（2020年）　　单位:亿元

市县名称	地区生产总值	第一产业	第二产业	第三产业	#工业	人均地区生产总值（元）
南 京 市	**14817.95**	**296.80**	**5214.35**	**9306.80**	**4331.59**	**159322**
无 锡 市	**12370.48**	**128.10**	**5751.19**	**6491.19**	**5126.15**	**165851**
江 阴 市	4113.75	38.04	2094.11	1981.60	1892.52	231239
宜 兴 市	1832.21	52.53	934.74	844.94	782.59	142501
徐 州 市	**7319.77**	**718.68**	**2931.61**	**3669.48**	**2346.16**	**80673**
丰 县	486.53	96.40	174.70	215.43	142.14	51949
沛 县	805.01	118.47	329.65	356.90	229.86	77409
睢 宁 县	619.34	109.92	239.57	269.85	175.39	56927
新 沂 市	692.22	90.10	264.91	337.22	211.69	71411
邳 州 市	1001.26	159.33	396.38	445.56	340.95	68479
常 州 市	**7805.32**	**164.30**	**3616.15**	**4024.87**	**3231.84**	**147939**
溧 阳 市	1086.36	54.44	539.98	491.94	425.03	137457
苏 州 市	**20170.45**	**196.40**	**9385.58**	**10588.47**	**8514.39**	**158466**
常 熟 市	2365.43	40.34	1146.07	1179.03	1046.37	141308
张家港市	2686.60	30.10	1359.01	1297.50	1261.16	188045
昆 山 市	4276.76	30.95	2149.19	2096.62	1981.06	204737
太 仓 市	1386.09	26.96	666.53	692.60	615.01	167382
南 通 市	**10036.31**	**458.70**	**4765.85**	**4811.76**	**3956.90**	**129900**
如 东 县	1155.11	90.81	561.06	503.24	483.36	129381
启 东 市	1223.10	83.96	589.75	549.39	463.31	126021
如 皋 市	1305.22	77.71	623.30	604.21	517.47	104858
海 安 市	1221.63	71.90	642.42	507.31	543.69	139273
连云港市	**3277.07**	**386.10**	**1372.35**	**1518.62**	**1107.60**	**71303**
东 海 县	553.81	85.42	219.36	249.03	173.51	53042
灌 云 县	381.64	79.59	132.05	170.00	97.67	52330
灌 南 县	396.94	66.76	176.01	154.17	133.24	64711

20－3　续表　（2020年）　单位:亿元

市县名称	地区生产总值	第一产业	第二产业	第三产业	#工业	人均地区生产总值（元）
淮安市	**4025.37**	**409.70**	**1630.98**	**1984.69**	**1286.78**	**87507**
涟水县	554.05	71.95	228.54	253.56	170.74	66369
盱眙县	435.32	75.47	155.65	204.20	139.42	71037
金湖县	337.03	47.03	133.65	156.35	114.13	115461
盐城市	**5953.38**	**661.20**	**2379.38**	**2912.79**	**1924.52**	**88731**
响水县	405.74	51.47	182.30	171.96	165.16	88861
滨海县	503.86	71.11	194.08	238.67	149.80	61252
阜宁县	574.22	66.70	235.20	272.33	157.41	72498
射阳县	592.36	103.89	207.60	280.87	181.73	77221
建湖县	593.88	53.89	247.06	292.94	189.45	96503
东台市	893.35	124.29	316.56	452.51	277.55	100495
扬州市	**6048.33**	**307.10**	**2786.35**	**2954.88**	**2244.17**	**132784**
宝应县	763.04	84.37	357.27	321.40	277.76	111101
仪征市	815.05	23.64	429.58	361.83	365.11	152660
高邮市	838.18	90.17	410.73	337.28	320.54	117871
镇江市	**4220.09**	**149.50**	**1988.63**	**2081.96**	**1770.01**	**131580**
丹阳市	1145.36	50.46	587.59	507.31	552.92	115974
扬中市	489.59	16.41	252.15	221.03	236.48	155179
句容市	675.47	52.60	283.44	339.43	233.09	105765
泰州市	**5312.77**	**307.10**	**2541.10**	**2464.57**	**1973.08**	**117542**
兴化市	900.92	133.96	347.63	419.33	241.55	79380
靖江市	1004.80	27.15	537.77	439.88	382.37	151109
泰兴市	1127.47	69.51	564.97	492.99	469.72	112843
宿迁市	**3262.37**	**341.40**	**1367.35**	**1553.63**	**1124.25**	**65503**
沭阳县	1011.20	107.59	410.57	493.04	356.35	60609
泗阳县	528.53	69.85	221.51	237.17	171.09	63577
泗洪县	525.41	88.78	192.02	244.61	146.06	61001

20－4　地区生产总值构成

（2020年）

市县名称	地区生产总值指数（上年=100）	三次产业占GDP比重（%）			一般公共预算收入占GDP比重（%）	外贸依存度（%）
		第一产业	第二产业	第三产业		
南京市	**104.6**	**2.0**	**35.2**	**62.8**	**11.1**	**36.0**
无锡市	**103.7**	**1.0**	**46.5**	**52.5**	**8.7**	**49.1**
江阴市	103.0	0.9	50.9	48.2	6.3	32.3
宜兴市	103.0	2.9	51.0	46.1	7.0	17.4
徐州市	**103.4**	**9.8**	**40.1**	**50.1**	**6.6**	**14.6**
丰县	103.1	19.8	35.9	44.3	6.2	14.4
沛县	103.9	14.7	40.9	44.3	5.7	11.9
睢宁县	102.8	17.7	38.7	43.6	6.2	10.7
新沂市	103.1	13.0	38.3	48.7	5.4	15.8
邳州市	103.9	15.9	39.6	44.5	4.4	12.9
常州市	**104.5**	**2.1**	**46.3**	**51.6**	**7.9**	**31.0**
溧阳市	104.6	5.0	49.7	45.3	6.8	7.9
苏州市	**103.4**	**1.0**	**46.5**	**52.5**	**11.4**	**110.7**
常熟市	103.6	1.7	48.5	49.8	9.0	56.1
张家港市	103.9	1.1	50.6	48.3	9.3	86.4
昆山市	104.0	0.7	50.3	49.0	10.0	140.4
太仓市	103.9	1.9	48.1	50.0	12.3	66.6
南通市	**104.7**	**4.6**	**47.5**	**47.9**	**6.4**	**26.2**
如东县	105.9	7.9	48.6	43.6	5.2	34.2
启东市	104.2	6.9	48.2	44.9	5.9	17.6
如皋市	105.3	6.0	47.8	46.3	5.5	19.1
海安市	105.8	5.9	52.6	41.5	5.3	14.4
连云港市	**103.1**	**11.8**	**41.9**	**46.3**	**7.5**	**19.6**
东海县	104.1	15.4	39.6	45.0	4.5	6.8
灌云县	104.4	20.9	34.6	44.5	5.9	3.6
灌南县	102.9	16.8	44.3	38.8	6.0	3.1

20－4　续表　　　　　　　　　　　　　　　　　　（2020 年）

市县名称	地区生产总值指数（上年＝100）	三次产业占 GDP 比重（%）			一般公共预算收入占 GDP 比重（%）	外贸依存度（%）
		第一产业	第二产业	第三产业		
淮安市	**103.2**	**10.2**	**40.5**	**49.3**	**6.6**	**8.6**
涟水县	103.3	13.0	41.2	45.8	4.3	3.3
盱眙县	103.1	17.3	35.8	46.9	4.4	2.9
金湖县	103.2	14.0	39.7	46.4	7.0	9.9
盐城市	**103.5**	**11.1**	**40.0**	**48.9**	**6.7**	**13.8**
响水县	106.1	12.7	44.9	42.4	5.7	15.1
滨海县	100.2	14.1	38.5	47.4	4.8	7.4
阜宁县	102.4	11.6	41.0	47.4	4.9	6.2
射阳县	104.1	17.5	35.0	47.4	5.2	8.7
建湖县	103.3	9.1	41.6	49.3	5.3	5.0
东台市	105.8	13.9	35.4	50.7	6.1	9.7
扬州市	**103.5**	**5.1**	**46.1**	**48.9**	**5.6**	**12.7**
宝应县	103.6	11.1	46.8	42.1	3.3	6.9
仪征市	103.4	2.9	52.7	44.4	5.9	11.7
高邮市	103.4	10.8	49.0	40.2	4.5	4.4
镇江市	**103.5**	**3.5**	**47.1**	**49.3**	**7.4**	**17.1**
丹阳市	104.1	4.4	51.3	44.3	5.6	18.8
扬中市	103.8	3.4	51.5	45.1	7.2	6.5
句容市	103.6	7.8	42.0	50.3	8.1	6.2
泰州市	**103.6**	**5.8**	**47.8**	**46.4**	**7.1**	**19.1**
兴化市	103.0	14.9	38.6	46.5	4.6	5.7
靖江市	103.0	2.7	53.5	43.8	6.1	22.8
泰兴市	103.9	6.2	50.1	43.7	7.6	26.6
宿迁市	**104.5**	**10.5**	**41.9**	**47.6**	**6.8**	**10.3**
沭阳县	104.3	10.6	40.6	48.8	5.0	8.4
泗阳县	104.2	13.2	41.9	44.9	5.1	8.9
泗洪县	104.5	16.9	36.5	46.6	5.2	5.1

20－5　农林牧渔业总产值

（2020年）　　单位:亿元

市县名称	农林牧渔业总产值	农　业	林　业	畜牧业	渔　业	农林牧渔服务业
南京市	**489.84**	**257.64**	**21.05**	**28.01**	**146.90**	**36.24**
无锡市	**209.85**	**125.05**	**12.54**	**7.50**	**35.92**	**28.85**
江阴市	62.49	35.40	5.40	3.80	8.45	9.44
宜兴市	84.33	48.33	2.80	2.90	21.10	9.20
徐州市	**1248.34**	**749.26**	**17.58**	**309.48**	**104.40**	**67.62**
丰　县	162.08	120.56	0.97	31.75	2.29	6.50
沛　县	205.96	122.90	1.53	51.98	15.17	14.37
睢宁县	184.77	107.37	3.92	54.95	8.87	9.67
新沂市	167.35	73.43	4.51	39.83	39.64	9.94
邳州市	275.36	172.28	3.72	63.76	19.02	16.58
常州市	**278.45**	**150.68**	**1.94**	**19.40**	**81.40**	**25.03**
溧阳市	90.48	49.70	1.03	3.43	31.70	4.62
苏州市	**357.02**	**172.10**	**19.80**	**12.31**	**101.99**	**50.82**
常熟市	71.25	41.37	1.77	1.90	15.62	10.59
张家港市	55.05	34.82	5.77	2.39	3.37	8.70
昆山市	53.35	16.88	3.96	0.44	27.88	4.21
太仓市	48.60	27.47	3.59	2.81	6.36	8.37
南通市	**845.03**	**360.05**	**3.55**	**154.41**	**229.40**	**97.61**
如东县	179.49	57.98	0.77	33.40	75.01	12.32
启东市	167.68	48.91	0.60	13.61	84.20	20.36
如皋市	127.73	71.27	0.30	36.69	9.83	9.64
海安市	134.34	55.31	0.39	48.99	15.02	14.62
连云港市	**702.48**	**308.15**	**12.20**	**117.64**	**210.03**	**54.46**
东海县	157.01	85.45	3.20	31.44	18.26	18.65
灌云县	150.59	71.11	2.33	35.51	23.85	17.78
灌南县	112.69	70.14	2.07	19.47	15.09	5.93

20－5　续表　　(2020年)　　单位:亿元

市县名称	农林牧渔业总产值	农　业	林　业	畜牧业	渔　业	农林牧渔服务业
淮安市	**700.30**	**425.40**	**12.10**	**134.10**	**101.60**	**27.10**
涟水县	122.90	80.45	3.00	27.73	6.21	5.50
盱眙县	124.70	68.00	1.50	19.00	32.16	4.04
金湖县	82.64	43.00	1.75	7.60	26.71	3.59
盐城市	**1207.20**	**537.90**	**24.70**	**256.70**	**300.20**	**87.70**
响水县	96.29	39.18	2.17	15.23	33.75	5.96
滨海县	127.34	56.29	1.90	33.59	26.28	9.27
阜宁县	119.64	59.61	1.72	29.43	18.84	10.05
射阳县	187.82	76.67	3.87	32.74	61.01	13.53
建湖县	95.44	42.34	1.37	16.08	27.98	7.66
东台市	237.31	106.98	6.12	61.66	47.92	14.64
扬州市	**541.93**	**245.19**	**11.64**	**63.50**	**189.10**	**32.51**
宝应县	148.27	55.78	3.20	15.64	65.96	7.70
仪征市	45.67	27.56	1.97	8.74	2.14	5.27
高邮市	160.74	59.11	1.74	20.36	70.28	9.25
镇江市	**257.10**	**144.99**	**10.72**	**34.46**	**37.29**	**29.64**
丹阳市	86.23	48.10	2.14	11.24	13.73	11.01
扬中市	29.86	15.77	1.70	3.84	5.04	3.51
句容市	85.19	51.66	5.35	8.92	9.46	9.80
泰州市	**506.37**	**280.94**	**3.26**	**65.32**	**131.31**	**25.54**
兴化市	232.11	95.15	1.41	16.05	107.48	12.02
靖江市	44.38	28.95	0.47	7.60	3.84	3.52
泰兴市	109.10	73.65	0.88	24.30	6.45	3.82
宿迁市	**588.34**	**336.18**	**15.65**	**102.91**	**108.70**	**24.91**
沭阳县	189.53	146.76	4.26	27.61	4.46	6.44
泗阳县	124.26	58.85	6.63	19.26	33.41	6.11
泗洪县	149.08	61.16	1.50	28.97	52.33	5.12

20－6 农业生产情况

（2020年）

市县名称	农作物总播种面积（千公顷）	#粮食作物	农业机械总动力（万千瓦）	农用化肥施用量（万吨）	农村用电量（亿千瓦时）
南京市	**251.48**	**134.91**	**235.00**	**5.39**	**31.96**
无锡市	**129.80**	**70.37**	**93.24**	**4.50**	**412.28**
江阴市	31.44	17.16	27.10	1.27	177.02
宜兴市	72.81	44.76	45.60	1.95	88.47
徐州市	**1180.38**	**767.90**	**765.19**	**54.17**	**69.69**
丰县	154.92	99.58	94.34	7.73	6.01
沛县	157.59	99.57	107.30	6.79	7.45
睢宁县	186.81	146.32	124.10	10.90	8.36
新沂市	193.44	106.03	130.27	7.36	4.75
邳州市	233.58	126.90	130.02	10.17	17.20
常州市	**165.05**	**93.91**	**139.51**	**5.18**	**184.04**
溧阳市	73.69	54.85	57.09	1.74	64.19
苏州市	**209.65**	**119.58**	**143.61**	**6.06**	**644.09**
常熟市	56.45	31.28	32.20	2.06	79.17
张家港市	45.47	28.39	29.58	0.92	100.86
昆山市	19.29	11.64	17.86	0.68	130.06
太仓市	37.84	21.32	21.50	0.82	70.86
南通市	**786.30**	**535.54**	**426.50**	**20.34**	**192.86**
如东县	167.01	140.67	97.99	3.88	23.06
启东市	129.35	80.68	67.07	2.97	13.30
如皋市	145.35	99.86	87.98	2.87	48.45
海安市	104.26	79.69	70.80	4.14	28.20
连云港市	**633.00**	**511.33**	**645.56**	**31.29**	**34.86**
东海县	208.03	163.81	175.75	6.45	10.49
灌云县	145.10	120.98	139.44	8.85	6.52
灌南县	108.84	87.82	132.95	4.28	4.98

20-6 续表 (2020年)

市县名称	农作物总播种面积（千公顷）	#粮食作物	农业机械总动力（万千瓦）	农用化肥施用量（万吨）	农村用电量（亿千瓦时）
淮安市	**809.78**	**682.56**	**650.15**	**33.17**	**17.99**
涟水县	174.17	141.44	131.05	5.72	2.58
盱眙县	163.38	147.60	133.70	5.24	4.41
金湖县	82.41	75.40	78.37	2.59	2.52
盐城市	**1389.30**	**991.23**	**740.89**	**48.16**	**85.80**
响水县	114.57	84.58	80.90	4.44	2.91
滨海县	162.25	132.18	98.82	6.68	10.25
阜宁县	167.69	126.84	91.50	3.75	6.97
射阳县	201.75	156.86	108.33	8.97	9.90
建湖县	119.82	95.15	68.96	3.13	11.19
东台市	247.17	147.61	105.50	4.85	18.76
扬州市	**477.84**	**387.95**	**287.31**	**18.03**	**64.58**
宝应县	135.32	112.75	64.96	3.43	13.17
仪征市	49.53	36.34	43.03	1.11	8.39
高邮市	134.84	113.87	74.54	4.18	11.93
镇江市	**180.97**	**132.35**	**152.89**	**4.67**	**76.30**
丹阳市	69.71	57.93	39.56	1.39	48.64
扬中市	15.69	9.70	13.63	0.32	11.40
句容市	55.84	36.68	57.33	1.89	6.94
泰州市	**518.57**	**374.75**	**288.65**	**14.59**	**140.89**
兴化市	202.53	162.01	129.04	6.09	42.08
靖江市	46.46	36.64	27.50	1.63	14.02
泰兴市	131.74	84.73	63.18	2.65	51.80
宿迁市	**746.31**	**603.26**	**646.31**	**35.18**	**55.63**
沭阳县	254.01	185.24	223.50	14.20	27.39
泗阳县	120.16	96.38	116.41	3.54	6.09
泗洪县	201.38	178.72	179.90	9.45	8.09

20－7　农产品产量

（2020年）　　单位:万吨

市县名称	粮食总产量	油料产量	棉花产量（吨）	肉类总产量	#猪牛羊肉	水产品产量
南京市	**97.83**	**3.20**	**415**	**5.21**	**2.96**	**16.03**
无锡市	**50.86**	**0.70**		**1.37**	**0.94**	**11.87**
江阴市	12.30	0.19		0.52	0.41	2.41
宜兴市	32.42	0.47		0.73	0.43	8.13
徐州市	**501.92**	**11.55**	**7014**	**57.29**	**29.12**	**15.80**
丰县	60.76	0.58	6572	4.30	2.98	0.30
沛县	66.23	0.36	438	11.58	4.05	1.85
睢宁县	93.80	2.13		6.92	5.04	2.16
新沂市	71.96	6.77		8.35	4.24	5.03
邳州市	84.87	1.02		14.26	6.03	2.43
常州市	**69.02**	**1.72**	**58**	**6.23**	**1.53**	**14.29**
溧阳市	40.86	1.27	58	1.17	0.43	5.48
苏州市	**88.81**	**0.80**	**71**	**1.07**	**0.75**	**16.35**
常熟市	23.15	0.23	43	0.32	0.27	2.46
张家港市	20.76	0.29		0.13	0.07	1.09
昆山市	9.03	0.06	2	0.07	0.06	2.18
太仓市	15.14	0.17	26	0.30	0.16	0.86
南通市	**340.09**	**22.85**	**2205**	**31.43**	**17.24**	**78.36**
如东县	98.04	2.55	576	8.79	4.11	30.92
启东市	32.80	5.41	542	3.30	2.26	31.48
如皋市	67.46	2.69	26	7.90	3.75	2.71
海安市	62.35	1.57		6.15	3.95	5.57
连云港市	**368.52**	**10.19**		**22.20**	**15.67**	**72.90**
东海县	116.81	5.03		8.16	5.35	6.75
灌云县	87.87	0.17		4.15	3.69	6.40
灌南县	64.27	0.26		4.32	3.91	4.44

市县名称	粮食总产量	油料产量	棉花产量（吨）	肉类总产量	#猪牛羊肉	水产品产量
淮安市	**490.36**	**6.09**	**11**	**27.00**	**15.80**	**29.44**
涟水县	95.94	2.78		5.69	3.99	1.81
盱眙县	104.79	0.72	11	6.94	3.58	9.78
金湖县	57.02	0.47		1.05	0.61	5.43
盐城市	**714.31**	**13.59**	**320**	**50.42**	**29.64**	**120.18**
响水县	60.50	1.12		3.56	2.81	6.74
滨海县	98.75	1.49		7.12	4.41	9.88
阜宁县	95.89	1.09		6.83	4.56	7.72
射阳县	113.65	1.50	27	6.36	4.01	22.57
建湖县	71.12	1.34		2.57	0.88	10.14
东台市	102.26	3.09	183	12.04	6.74	18.66
扬州市	**286.65**	**4.98**	**3**	**15.93**	**8.88**	**39.92**
宝应县	87.15	1.34		3.25	2.16	14.90
仪征市	26.15	0.55	3	2.02	1.45	0.75
高邮市	84.35	1.44		6.10	2.03	17.60
镇江市	**95.60**	**3.39**	**427**	**7.40**	**2.50**	**9.61**
丹阳市	42.67	0.64		2.97	1.06	4.46
扬中市	7.17	0.17		0.37	0.26	0.71
句容市	25.77	1.77	427	1.77	0.64	2.54
泰州市	**280.79**	**9.51**	**76**	**14.46**	**9.70**	**37.48**
兴化市	124.25	2.71	76	3.75	2.08	28.99
靖江市	26.91	0.55		0.52	0.34	0.99
泰兴市	63.18	3.39		5.98	4.67	2.08
宿迁市	**409.46**	**4.43**		**30.80**	**16.60**	**27.95**
沭阳县	128.53	1.76		8.47	5.01	1.60
泗阳县	64.39	0.71		5.10	3.22	9.63
泗洪县	117.57	1.58		7.33	5.57	9.05

20－8　规模以上工业企业主要经济指标

（2020 年）　　　　单位:亿元

市县名称	企业个数（个）	资产合计	负债合计	营业收入	营业成本	利润总额
南京市	**3242**	**15053.00**	**7986.00**	**12908.00**	**10588.00**	**727.00**
无锡市	**7006**	**19457.41**	**10138.65**	**18829.91**	**15929.45**	**1302.51**
江阴市	2047	6457.66	3670.85	6036.12	5245.94	377.33
宜兴市	1247	2838.30	1529.27	3409.54	2943.29	194.95
徐州市	**2024**	**5424.40**	**3055.81**	**4758.66**	**3805.52**	**290.46**
丰　县	193	192.47	107.36	186.31	158.39	10.22
沛　县	285	509.77	301.73	417.92	375.36	7.45
睢宁县	220	198.54	110.55	209.29	180.87	9.01
新沂市	246	433.92	204.48	356.46	307.74	12.07
邳州市	336	431.39	217.97	472.47	397.07	36.99
常州市	**5066**	**11691.98**	**6338.82**	**11496.99**	**9738.84**	**721.66**
溧阳市	495	1595.51	1049.83	1774.22	1498.00	132.33
苏州市	**11900**	**36999.14**	**18948.53**	**37007.39**	**31418.59**	**2232.36**
常熟市	1590	4570.70	2356.97	3765.71	3139.53	243.64
张家港市	1383	5576.12	2882.28	5780.60	5119.95	278.53
昆山市	2412	7818.42	4105.79	9415.74	8229.31	490.56
太仓市	1139	2368.35	1209.94	2498.32	2065.74	189.93
南通市	**5365**	**10233.78**	**5444.46**	**8801.55**	**7362.94**	**576.19**
如东县	769	1692.69	837.12	1345.72	1116.34	127.20
启东市	555	1250.61	804.20	886.15	733.63	25.26
如皋市	791	1123.39	644.04	1204.58	1021.20	64.27
海安市	1021	1237.06	750.89	1484.19	1274.92	85.77
连云港市	**985**	**3840.03**	**2140.54**	**2854.45**	**2118.49**	**261.75**
东海县	258	243.79	114.48	216.19	184.37	11.20
灌云县	99	165.68	100.35	90.50	72.54	5.19
灌南县	98	223.15	140.35	289.63	263.00	8.76

20－8　续表　　（2020年）　　单位:亿元

市县名称	企业个数（个）	资产合计	负债合计	营业收入	营业成本	利润总额
淮 安 市	**1486**	**2610.81**	**1282.31**	**2481.66**	**1994.09**	**152.17**
涟 水 县	175	277.14	129.72	270.39	202.65	31.69
盱 眙 县	182	182.81	119.86	201.31	176.23	6.49
金 湖 县	291	285.66	173.38	287.33	248.11	11.53
盐 城 市	**3139**	**5754.85**	**3582.60**	**5256.30**	**4608.22**	**170.80**
响 水 县	150	728.05	437.62	1094.29	1023.13	38.54
滨 海 县	193	449.52	296.60	228.83	185.65	6.98
阜 宁 县	255	348.16	220.16	296.14	266.59	4.16
射 阳 县	367	436.47	280.52	356.20	291.43	22.30
建 湖 县	414	367.77	211.67	334.11	280.74	15.09
东 台 市	537	765.56	450.84	722.40	614.63	45.80
扬 州 市	**2815**	**4948.50**	**2740.07**	**4939.99**	**4200.89**	**226.70**
宝 应 县	469	568.04	342.75	677.91	595.08	19.06
仪 征 市	409	850.47	463.30	1038.97	877.74	76.57
高 邮 市	564	669.47	340.78	724.96	624.96	30.60
镇 江 市	**2011**	**5314.69**	**2886.27**	**3923.88**	**3275.42**	**249.13**
丹 阳 市	371	1522.29	846.94	1236.02	1034.42	75.25
扬 中 市	337	737.42	476.47	522.99	437.51	15.19
句 容 市	221	852.71	492.67	396.08	331.60	36.72
泰 州 市	**2861**	**6063.64**	**3132.86**	**5881.06**	**4566.73**	**375.71**
兴 化 市	537	544.23	306.41	612.71	525.78	27.16
靖 江 市	583	1517.97	732.14	995.87	840.23	81.61
泰 兴 市	613	1333.39	691.77	1269.64	1032.27	92.83
宿 迁 市	**2065**	**3122.01**	**1533.43**	**2966.90**	**2397.65**	**293.21**
沭 阳 县	695	555.19	275.26	794.89	707.38	30.50
泗 阳 县	336	310.85	191.56	344.21	282.31	16.33
泗 洪 县	384	409.62	240.82	306.09	237.85	42.68

20－9 交 通 运 输

（2020 年）

市县名称	公路里程（公里）	#等级公路	公 路 客运量（万人）	公 路 贷运量（万吨）	民用汽车拥有量（万辆）	#私人汽车
南 京 市	**9793**	**9793**	**6016**	**23611**	**279.95**	**216.00**
无 锡 市	**7983**	**7983**	**3763**	**18472**	**219.93**	**181.00**
江 阴 市	2377	2377	315	3964	54.96	47.42
宜 兴 市	2849	2849	408	2331	34.04	29.41
徐 州 市	**15918**	**15918**	**6672**	**29299**	**166.62**	**155.00**
丰　县	2010	2010	318	3565	15.54	14.92
沛　县	2515	2515	283	3781	16.54	15.46
睢 宁 县	2239	2239	647	3504	17.38	16.31
新 沂 市	2304	2304	462	4654	12.47	11.62
邳 州 市	3341	3341	490	4457	19.45	18.64
常 州 市	**8715**	**8715**	**2873**	**10948**	**151.54**	**127.00**
溧 阳 市	2487	2487	501	2002	18.80	16.08
苏 州 市	**11742**	**11742**	**20474**	**25320**	**443.09**	**369.00**
常 熟 市	2425	2425	2271	1800	51.35	45.13
张家港市	1618	1618	2027	4302	45.29	38.34
昆 山 市	1501	1501	2605	2969	75.07	60.95
太 仓 市	1364	1364	1806	1817	27.54	22.71
南 通 市	**17409**	**17409**	**4636**	**10974**	**192.34**	**172.00**
如 东 县	3141	3141	432	932	22.17	20.70
启 东 市	2984	2984	418	513	22.82	21.37
如 皋 市	3271	3271	487	1894	30.59	28.07
海 安 市	2569	2569	389	1458	18.18	16.23
连云港市	**12105**	**12105**	**2922**	**12322**	**78.01**	**72.00**
东 海 县	2775	2775	239	2282	17.97	17.13
灌 云 县	2588	2588	288	1545	11.64	11.11
灌 南 县	1878	1878	442	642	7.46	7.05

20－9　续表　　(2020年)

市县名称	公路里程(公里)	#等级公路	公路客运量(万人)	公路货运量(万吨)	民用汽车拥有量(万辆)	#私人汽车
淮安市	**13610**	**13610**	**4151**	**5079**	**69.14**	**62.00**
涟水县	2462	2462	896	1377	11.59	10.85
盱眙县	2838	2838	591	933	7.32	6.65
金湖县	1499	1499	149	139	4.01	3.57
盐城市	**21920**	**21920**	**4451**	**12047**	**114.31**	**103.00**
响水县	1881	1881	179	470	6.78	6.27
滨海县	2480	2480	543	2416	12.13	10.96
阜宁县	2283	2283	363	546	10.49	9.78
射阳县	2934	2934	441	1714	12.98	12.13
建湖县	1871	1871	466	502	9.00	8.18
东台市	3791	3791	476	2325	14.82	13.61
扬州市	**9632**	**9632**	**2073**	**5228**	**87.07**	**77.00**
宝应县	1769	1769	343	395	8.69	8.07
仪征市	1677	1677	182	795	10.67	9.74
高邮市	2167	2167	497	623	10.96	9.85
镇江市	**6890**	**6890**	**2045**	**5882**	**68.81**	**60.00**
丹阳市	2262	2262	435	1339	22.34	19.57
扬中市	701	701	206	358	7.31	6.30
句容市	2373	2373	364	882	8.12	7.26
泰州市	**9980**	**9980**	**4248**	**5290**	**83.71**	**79.00**
兴化市	2960	2960	764	512	15.87	15.79
靖江市	1334	1334	878	1297	15.81	14.40
泰兴市	2268	2268	963	1081	17.19	16.31
宿迁市	**12405**	**12405**	**3340**	**10151**	**81.20**	**76.00**
沭阳县	3720	3720	1070	3236	24.25	12.79
泗阳县	2265	2265	527	1623	12.72	7.35
泗洪县	2488	2488	791	2441	11.21	6.84

20－10 邮电、电力

（2020 年）

市县名称	邮电业务总量（亿元）	固定电话用户（万户）	移动电话用户（万户）	互联网宽带接入用户（万户）	全年用电量（亿千瓦时）	#工业用电
南京市	**1484.64**	**171.85**	**1263.81**	**506.97**	**632.94**	**338.88**
无锡市	**1121.20**	**117.07**	**945.43**	**365.81**	**759.53**	**569.39**
江阴市	109.98	24.59	217.45	79.62	273.99	235.38
宜兴市	53.75	21.05	151.32	58.79	106.76	78.52
徐州市	**883.24**	**79.33**	**963.96**	**343.84**	**364.96**	**219.17**
丰县	70.52	5.78	88.30	32.53	26.92	15.04
沛县	81.74	6.64	106.34	37.39	48.69	35.22
睢宁县	92.72	7.66	102.93	36.65	26.64	11.53
新沂市	91.46	6.95	94.44	35.68	38.86	26.36
邳州市	107.54	8.39	133.71	46.29	37.33	19.87
常州市	**722.22**	**83.83**	**639.91**	**259.32**	**522.62**	**400.18**
溧阳市	13.63	14.09	92.91	34.57	101.01	84.41
苏州市	**2420.70**	**219.36**	**1763.92**	**606.26**	**1523.34**	**1170.57**
常熟市	135.64	26.73	204.78	257.70	188.61	153.47
张家港市	16.50	19.85	176.08	224.55	305.30	274.67
昆山市	131.62	35.26	306.15	394.66	248.63	185.12
太仓市	20.50	13.60	104.22	133.76	103.86	82.66
南通市	**887.30**	**108.38**	**844.46**	**338.38**	**477.29**	**323.52**
如东县	17.52	16.64	100.15	114.62	66.89	49.65
启东市	16.15	19.45	105.97	128.46	43.01	25.62
如皋市	20.44	15.86	122.45	133.21	64.20	42.39
海安市	15.67	17.35	92.65	126.48	59.64	44.70
连云港市	**457.76**	**49.12**	**467.79**	**173.20**	**194.10**	**118.81**
东海县	16.67	6.49	94.48	34.22	26.68	13.95
灌云县	9.04	5.98	66.18	23.47	14.74	5.36
灌南县	4.34	4.79	52.67	19.43	31.23	22.19

20－10 续表 （2020年）

市县名称	邮电业务总量（亿元）	固定电话用户（万户）	移动电话用户（万户）	互联网宽带接入用户（万户）	全年用电量（亿千瓦时）	#工业用电
淮安市	**435.04**	**33.59**	**471.34**	**173.44**	**193.81**	**117.62**
涟水县	6.33	6.58	93.86	38.06	20.40	10.44
盱眙县	3.94	4.68	66.80	27.09	22.75	12.56
金湖县	1.93	2.01	28.75	11.66	14.51	9.12
盐城市	**605.04**	**53.70**	**678.66**	**271.60**	**358.22**	**242.02**
响水县	5.66	2.15	43.66	16.86	57.52	50.53
滨海县	9.61	4.53	70.16	24.61	24.77	13.28
阜宁县	12.05	4.35	71.35	25.10	27.58	16.51
射阳县	10.67	4.56	79.21	25.61	28.13	16.03
建湖县	11.12	3.81	64.23	23.19	26.99	17.48
东台市	14.00	7.65	91.57	29.95	49.10	33.78
扬州市	**491.82**	**85.19**	**519.14**	**200.37**	**264.66**	**174.54**
宝应县	25.86	11.14	65.42	24.23	25.20	14.75
仪征市	29.52	11.20	61.90	22.86	48.94	39.56
高邮市	34.57	13.30	74.76	28.30	39.95	27.23
镇江市	**351.30**	**51.29**	**369.78**	**148.93**	**267.05**	**192.23**
丹阳市	99.95	12.14	104.08	41.65	87.83	68.56
扬中市	32.71	6.08	36.42	16.35	16.91	10.19
句容市	54.39	7.76	59.96	27.95	32.50	17.33
泰州市	**434.14**	**61.35**	**476.49**	**191.11**	**306.88**	**221.14**
兴化市	16.06	12.35	103.53	42.48	69.55	51.86
靖江市	5.92	13.40	74.44	31.74	45.76	32.05
泰兴市	5.01	17.14	103.10	43.68	80.34	62.71
宿迁市	**543.81**	**25.91**	**487.90**	**172.21**	**222.51**	**149.24**
沭阳县	69.84	8.52	152.30	50.78	61.66	40.78
泗阳县	6.83	5.71	81.96	29.47	36.18	23.48
泗洪县	5.27	3.62	85.17	28.08	28.89	23.03

20－11　房地产开发投资主要指标

（2020 年）　　单位：亿元

市县名称	房地产开发投资	#住宅	商品房屋销售建筑面积（万平方米）	#住宅	商品房待售面积（万平方米）	#住宅
南京市	**2631.40**	**1862.72**	**1324.67**	**1213.81**	**237.27**	**145.57**
无锡市	**1350.02**	**1117.72**	**1550.56**	**1364.33**	**561.81**	**187.23**
江阴市	303.04	258.98	365.45	330.63	122.19	50.63
宜兴市	145.29	123.07	205.95	188.65	102.19	39.33
徐州市	**867.07**	**706.09**	**1657.69**	**1577.03**	**182.13**	**102.65**
丰　县	36.73	31.55	99.29	93.30	29.59	17.02
沛　县	86.02	63.00	147.72	134.39	10.25	3.46
睢宁县	56.65	48.76	164.99	158.27	10.61	8.88
新沂市	46.35	41.61	118.24	115.11	5.33	2.54
邳州市	72.00	60.32	229.37	221.11	39.61	29.16
常州市	**1042.73**	**834.49**	**1037.81**	**877.42**	**413.25**	**111.78**
溧阳市	82.38	68.36	102.38	99.58	39.44	20.68
苏州市	**2673.66**	**2171.62**	**2192.17**	**1993.90**	**832.43**	**409.75**
常熟市	238.66	212.39	232.03	216.98	67.67	32.50
张家港市	247.05	215.05	212.93	188.49	66.38	15.13
昆山市	352.08	268.63	397.53	339.31	128.37	80.08
太仓市	216.54	194.19	164.57	145.40	47.64	32.61
南通市	**1257.10**	**1079.19**	**1999.63**	**1714.88**	**485.40**	**235.50**
如东县	42.75	36.04	111.90	83.30	7.90	4.40
启东市	121.58	116.95	312.50	310.70	91.80	85.90
如皋市	108.50	85.91	250.60	228.20	87.70	27.70
海安市	76.36	60.92	247.90	185.40	18.90	4.00
连云港市	**368.21**	**301.47**	**609.53**	**592.29**	**99.84**	**40.20**
东海县	29.04	25.44	91.97	87.66	6.31	1.74
灌云县	35.40	27.76	69.56	67.68	31.74	14.25
灌南县	31.78	25.86	81.06	79.31	5.67	3.34

市县名称	房地产开发投资	#住宅	商品房屋销售建筑面积（万平方米）	#住宅	商品房待售面积（万平方米）	#住宅
淮安市	**368.16**	**280.51**	**926.27**	**844.26**	**144.18**	**89.49**
涟水县	26.93	23.38	102.30	99.16	13.19	4.81
盱眙县	30.69	25.78	113.75	109.05	33.25	15.08
金湖县	14.88	12.02	46.04	37.42	0.62	0.54
盐城市	**516.87**	**401.40**	**1071.52**	**939.46**	**325.13**	**217.61**
响水县	28.45	24.34	29.81	29.29	4.08	1.81
滨海县	18.03	14.19	63.53	62.44	2.37	2.16
阜宁县	26.45	21.49	84.17	72.66	11.97	10.15
射阳县	38.09	29.99	76.17	72.13	49.76	37.42
建湖县	12.97	10.29	61.98	52.92	40.79	27.95
东台市	62.54	49.40	135.57	120.90	82.70	57.18
扬州市	**833.97**	**601.44**	**817.64**	**722.82**	**253.97**	**101.83**
宝应县	57.44	47.84	64.62	60.63	7.92	2.78
仪征市	97.64	67.58	101.80	91.81	26.88	6.61
高邮市	81.62	65.54	68.73	57.68	47.50	29.87
镇江市	**400.92**	**338.89**	**632.23**	**608.36**	**325.34**	**176.56**
丹阳市	78.92	67.64	131.02	126.49	82.35	38.10
扬中市	28.46	18.82	43.20	41.20	56.48	27.15
句容市	118.47	105.27	213.03	209.67	61.47	46.46
泰州市	**493.45**	**404.54**	**742.18**	**640.76**	**234.25**	**120.80**
兴化市	61.64	49.59	89.64	82.75	17.13	9.85
靖江市	81.47	64.26	109.46	76.03	12.34	3.09
泰兴市	80.43	63.55	167.59	132.49	110.51	60.30
宿迁市	**367.70**	**315.93**	**865.10**	**766.38**	**191.17**	**48.45**
沭阳县	76.05	64.71	225.16	177.64	84.34	13.85
泗阳县	59.90	54.15	161.06	152.24	38.57	12.02
泗洪县	56.47	44.60	137.06	124.26	8.29	5.11

20－12　国内贸易、对外经济

(2020 年)

市县名称	社会消费品零售总额(亿元)	进出口总额(亿元)	出口	进口	实际使用外资(亿美元)
南京市	**7203.03**	**5340.20**	**3398.90**	**1941.30**	**45.15**
无锡市	**2994.36**	**6075.61**	**3547.07**	**2528.54**	**36.21**
江阴市	675.07	1326.81	859.35	467.46	9.20
宜兴市	512.26	317.93	235.11	82.83	4.51
徐州市	**3286.09**	**1067.16**	**865.30**	**201.86**	**22.01**
丰　县	260.05	69.92	64.36	5.56	1.07
沛　县	427.63	96.09	74.82	21.27	2.00
睢宁县	422.29	66.28	62.60	3.68	1.47
新沂市	286.75	109.30	87.67	21.64	2.08
邳州市	332.68	129.53	121.04	8.49	2.93
常州市	**2421.36**	**2417.25**	**1796.93**	**620.32**	**28.78**
溧阳市	317.49	85.77	70.76	15.01	3.34
苏州市	**7701.98**	**22321.43**	**12941.49**	**9379.95**	**55.40**
常熟市	1031.62	1326.99	871.17	455.82	6.31
张家港市	688.52	2322.02	985.63	1336.39	4.41
昆山市	1398.08	6002.85	3967.14	2035.72	10.48
太仓市	425.04	922.54	438.42	484.12	4.63
南通市	**3370.40**	**2627.08**	**1792.61**	**834.47**	**27.12**
如东县	406.95	395.31	157.80	237.51	3.18
启东市	413.58	215.34	153.79	61.55	3.43
如皋市	457.83	248.94	212.12	36.82	2.54
海安市	356.06	175.53	135.57	39.96	3.59
连云港市	**1104.29**	**643.45**	**262.56**	**380.89**	**6.76**
东海县	243.68	37.47	32.52	4.95	1.00
灌云县	76.00	13.70	13.16	0.54	0.19
灌南县	90.81	12.28	9.50	2.78	0.74

市县名称	社会消费品零售总额（亿元）	进出口总额（亿元）	出口	进口	实际使用外资（亿美元）
淮安市	**1675.85**	**344.38**	**237.70**	**106.68**	**10.59**
涟水县	204.84	18.44	15.95	2.49	1.34
盱眙县	164.97	12.53	10.45	2.08	1.25
金湖县	120.40	33.41	30.20	3.21	1.25
盐城市	**2216.12**	**823.55**	**553.17**	**270.38**	**10.12**
响水县	104.99	61.39	53.11	8.28	0.39
滨海县	227.21	37.25	34.49	2.76	0.61
阜宁县	229.06	35.87	31.73	4.14	0.23
射阳县	222.26	51.73	37.25	14.48	0.91
建湖县	187.94	29.66	24.83	4.83	0.22
东台市	245.63	86.22	81.39	4.83	1.11
扬州市	**1379.29**	**770.20**	**580.03**	**190.17**	**14.70**
宝应县	159.38	52.85	38.56	14.29	1.01
仪征市	114.52	95.04	51.23	43.81	2.50
高邮市	171.56	37.12	33.24	3.87	1.50
镇江市	**1141.93**	**722.44**	**512.21**	**210.23**	**7.88**
丹阳市	302.25	215.20	194.70	20.50	1.85
扬中市	133.30	31.99	29.34	2.65	0.74
句容市	152.63	42.17	33.11	9.06	1.18
泰州市	**1333.26**	**1014.01**	**665.37**	**348.65**	**16.50**
兴化市	240.02	51.18	46.85	4.32	1.68
靖江市	197.54	229.23	175.53	53.70	2.78
泰兴市	274.73	299.73	172.35	127.38	3.76
宿迁市	**1258.08**	**335.31**	**290.79**	**44.52**	**5.56**
沭阳县	306.45	85.27	82.08	3.19	1.10
泗阳县	152.54	47.23	44.29	2.94	1.12
泗洪县	156.84	27.05	23.61	3.44	0.91

20－13　财政、金融

（2020年）

单位:亿元

市县名称	一般公共预算收入	#税收收入	一般公共预算支出	年末金融机构存款余额	#住户存款	年末金融机构贷款余额
南京市	**1637.70**	**1395.56**	**1754.46**	**39056.06**	**9499.25**	**37594.23**
无锡市	**1075.70**	**889.12**	**1215.03**	**18867.71**	**7195.67**	**15114.05**
江阴市	259.66	215.91	237.86	4286.59	1577.10	3415.66
宜兴市	127.59	107.55	172.44	2581.00	1393.59	1878.02
徐州市	**481.82**	**380.68**	**958.19**	**9141.99**	**4513.38**	**6952.08**
丰县	30.01	24.16	82.57	569.05	387.01	364.12
沛县	46.13	37.20	120.85	665.52	453.92	455.16
睢宁县	38.50	31.48	100.87	668.12	428.50	463.80
新沂市	37.50	32.22	96.48	573.50	334.32	474.81
邳州市	43.90	35.39	126.28	778.42	529.51	670.04
常州市	**616.60**	**522.53**	**726.31**	**12213.55**	**5027.24**	**10215.54**
溧阳市	73.80	63.41	116.20	1497.03	769.52	1130.17
苏州市	**2303.00**	**2005.11**	**2263.51**	**35165.68**	**12052.04**	**34195.78**
常熟市	213.66	184.18	229.77	3660.45	1766.59	3107.69
张家港市	250.30	208.00	233.30	3526.84	1515.19	2914.64
昆山市	428.00	373.03	365.67	4938.93	1795.53	4385.82
太仓市	171.12	147.21	151.06	1867.10	761.21	1851.64
南通市	**639.30**	**523.23**	**1080.62**	**15300.65**	**8018.90**	**12113.81**
如东县	60.02	50.55	134.82	1562.67	892.33	1003.68
启东市	72.01	59.12	118.99	1730.63	1106.34	1270.62
如皋市	72.01	61.01	125.13	1655.38	1041.95	1303.26
海安市	64.54	53.55	128.82	1826.08	990.31	1407.02
连云港市	**245.17**	**189.00**	**501.69**	**4212.37**	**1840.00**	**4215.61**
东海县	24.68	20.27	78.00	534.89	353.20	476.28
灌云县	22.61	16.53	69.71	365.18	228.37	337.93
灌南县	23.93	18.87	60.81	273.72	169.04	298.98

市县名称	一般公共预算收入	#税收收入	一般公共预算支出	年末金融机构存款余额	#住户存款	年末金融机构贷款余额
淮安市	**264.21**	**206.69**	**568.25**	**4852.00**	**2082.96**	**4630.79**
涟水县	23.98	19.81	73.06	487.72	281.06	375.65
盱眙县	19.29	15.48	64.17	467.11	270.71	446.46
金湖县	23.54	19.24	49.48	326.07	214.82	289.71
盐城市	**400.10**	**300.40**	**973.60**	**8370.07**	**4224.24**	**6947.17**
响水县	23.10	17.78	71.43	300.23	177.85	263.91
滨海县	24.36	17.66	91.15	502.53	313.36	454.70
阜宁县	28.31	22.12	91.44	596.59	422.95	353.26
射阳县	30.90	24.09	96.17	655.52	458.76	480.08
建湖县	31.66	23.40	91.37	644.53	433.65	427.78
东台市	54.60	42.60	118.38	1067.63	768.44	726.35
扬州市	**337.27**	**264.46**	**668.30**	**7586.35**	**3698.46**	**6279.75**
宝应县	24.87	19.19	85.06	655.44	413.59	504.21
仪征市	48.00	39.00	68.55	769.12	418.86	606.14
高邮市	37.91	31.00	83.17	795.35	515.23	588.90
镇江市	**311.74**	**237.18**	**498.90**	**6292.05**	**2764.35**	**6105.42**
丹阳市	64.02	52.21	95.00	1482.23	833.26	1285.92
扬中市	35.01	28.01	58.45	727.12	384.41	621.74
句容市	54.85	48.30	79.00	1044.16	457.17	1271.45
泰州市	**375.20**	**282.06**	**627.54**	**7889.89**	**3722.47**	**6385.10**
兴化市	41.48	32.14	114.76	1089.51	766.05	763.01
靖江市	60.80	47.69	106.21	1328.43	695.57	1172.46
泰兴市	85.43	67.25	108.34	1302.99	664.46	1107.12
宿迁市	**221.17**	**189.20**	**589.44**	**3631.89**	**1734.12**	**3773.95**
沭阳县	51.00	42.16	132.30	791.56	507.39	763.77
泗阳县	26.69	21.92	87.75	494.84	308.29	601.22
泗洪县	27.31	22.42	99.22	464.81	318.37	521.11

20－14　科技、教育

（2020年）

市县名称	专利申请受理量（件）	专利申请授权量（件）	普通中学在校学生（万人）	小　学在校学生（万人）	普通中学专任教师（人）	小　学专任教师（人）
南 京 市	**120938**	**76323**	**27.55**	**47.10**	**26926**	**32285**
无 锡 市	**88052**	**60702**	**25.79**	**43.91**	**22836**	**25007**
江 阴 市	12112	9241	6.37	10.38	5842	5184
宜 兴 市	11656	8381	4.35	6.99	4342	4018
徐 州 市	**35133**	**27368**	**59.38**	**91.69**	**43469**	**51010**
丰　县	2300	2185	5.85	9.12	4771	4898
沛　县	2772	1429	6.79	11.01	4798	5651
睢 宁 县	2909	2642	6.61	11.50	4656	6249
新 沂 市	2311	3149	7.98	10.76	4782	5217
邳 州 市	3059	2696	12.77	16.86	9589	11079
常 州 市	**58236**	**41321**	**19.77**	**32.09**	**16211**	**18627**
溧 阳 市	3555	2445	2.94	4.13	2829	2519
苏 州 市	**219798**	**138861**	**41.33**	**85.89**	**35971**	**48185**
常 熟 市	16547	8978	5.02	8.73	4334	5055
张家港市	13594	9991	5.30	9.48	4205	5647
昆 山 市	12767	28635	6.93	16.49	5079	8289
太 仓 市	43800	7722	2.54	5.23	2141	2874
南 通 市	**46076**	**30662**	**25.01**	**37.14**	**26596**	**21374**
如 东 县	3022	2332	2.50	3.04	2890	2340
启 东 市	3530	3062	2.90	4.03	3199	2700
如 皋 市	5384	3173	4.92	6.82	5269	3478
海 安 市	8277	6063	2.66	3.54	3343	2456
连云港市	**12184**	**8058**	**30.15**	**44.47**	**26016**	**27960**
东 海 县	2239	1682	8.12	11.88	7034	7442
灌 云 县	1024	691	4.71	6.75	4133	4224
灌 南 县	567	393	4.14	6.14	3522	4054

20－14　续表　　　　　　　　　　　　　（2020 年）

市县名称	专利申请受理量（件）	专利申请授权量（件）	普通中学在校学生（万人）	小　学在校学生（万人）	普通中学专任教师（人）	小　学专任教师（人）
淮 安 市	**15989**	**11768**	**26.55**	**35.35**	**23426**	**23700**
涟 水 县	1696	1291	5.81	7.00	5153	4719
盱 眙 县	1474	1030	4.06	5.06	3612	3627
金 湖 县	2396	1651	0.95	1.33	992	991
盐 城 市	**34489**	**21533**	**34.72**	**44.11**	**31095**	**28009**
响 水 县	969	587	3.49	4.33	3031	2858
滨 海 县	1660	1126	6.17	7.01	4116	4117
阜 宁 县	2718	1780	4.63	6.60	4058	4235
射 阳 县	2328	1693	3.74	4.59	3305	2897
建 湖 县	2848	1987	3.15	3.50	2926	2399
东 台 市	4500	2596	2.94	3.77	3530	2638
扬 州 市	**39039**	**28486**	**17.67**	**22.26**	**16732**	**14589**
宝 应 县	3547	2556	3.06	3.30	3063	2292
仪 征 市	3340	2402	1.95	2.44	1874	1621
高 邮 市	10238	8247	2.35	2.85	2523	1990
镇 江 市	**28110**	**19814**	**11.04**	**16.35**	**10361**	**10700**
丹 阳 市	7486	5805	3.75	5.48	3479	3834
扬 中 市	4890	3912	1.09	1.61	1078	1063
句 容 市	2994	1719	1.88	2.88	1989	1973
泰 州 市	**32971**	**20362**	**18.05**	**23.56**	**19012**	**14245**
兴 化 市	5582	4106	4.58	6.64	4462	4178
靖 江 市	5894	3694	2.44	2.95	2820	1872
泰 兴 市	6263	3241	4.13	4.90	4943	3044
宿 迁 市	**20680**	**13960**	**32.80**	**56.91**	**20795**	**28646**
沭 阳 县	5690	4407	11.61	19.28	6647	8453
泗 阳 县	3854	2305	6.70	9.45	3875	5299
泗 洪 县	2779	1750	6.42	10.97	4478	5782

20－15 文化、卫生

（2020年）

市县名称	公共图书馆（个）	公共图书馆图书藏量（千册）	卫生机构数（个）	卫生机构床位数（张）	卫生技术人员（人）	#执业（助理）医师
南京市	**14**	**8535**	**3439**	**62937**	**99557**	**37823**
无锡市	**8**	**9633**	**2952**	**51562**	**62967**	**25031**
江阴市	1	2955	645	9789	12121	5232
宜兴市	1	853	592	7417	10287	4152
徐州市	**9**	**4366**	**4552**	**59392**	**73219**	**29840**
丰县	1	150	576	4230	5437	2636
沛县	1	552	632	6001	6742	3029
睢宁县	1	450	459	5130	6568	2763
新沂市	1	518	479	4570	6584	2923
邳州市	1	650	766	8097	9880	3998
常州市	**7**	**5431**	**1564**	**29327**	**38650**	**15408**
溧阳市	1	511	293	4174	5247	2205
苏州市	**11**	**25948**	**3836**	**74684**	**95313**	**37185**
常熟市	1	2882	539	10102	11466	4677
张家港市	1	2676	480	9944	10867	4439
昆山市	1	3161	665	8188	13446	5440
太仓市	1	1464	298	4485	5257	2184
南通市	**11**	**8063**	**3429**	**49511**	**53286**	**22375**
如东县	2	450	479	4111	5159	2484
启东市	1	662	411	4946	5498	2400
如皋市	2	1013	575	6893	7048	3376
海安市	1	470	397	6181	5617	2424
连云港市	**8**	**3655**	**2772**	**28443**	**32439**	**13398**
东海县	1	783	527	4585	5457	2438
灌云县	1	297	438	4530	4855	2088
灌南县	1	359	390	3782	4229	1715

20－15　续表　　(2020年)

市县名称	公共图书馆（个）	公共图书馆图书藏量（千册）	卫生机构数（个）	卫生机构床位数（张）	卫生技术人员（人）	#执业（助理）医师
淮安市	**9**	**4531**	**2290**	**30430**	**36756**	**14632**
涟水县	1	426	485	4608	4943	2119
盱眙县	1	402	395	4006	4521	2045
金湖县	1	353	128	1682	1962	777
盐城市	**11**	**5980**	**3303**	**43324**	**49332**	**21167**
响水县	1	103	222	3044	3429	1260
滨海县	1	267	421	4932	5341	2389
阜宁县	2	461	401	5154	5849	2548
射阳县	1	274	332	4826	4850	2401
建湖县	1	317	311	3626	3909	1844
东台市	1	1133	471	5644	5841	2605
扬州市	**8**	**5758**	**1964**	**26316**	**30964**	**13203**
宝应县	1	429	356	3560	4228	2014
仪征市	1	505	176	3032	3683	1682
高邮市	1	448	253	3678	4030	1886
镇江市	**9**	**4408**	**1052**	**17300**	**22312**	**8965**
丹阳市	2	1241	261	3789	5403	2294
扬中市	1	714	121	1733	2121	871
句容市	1	772	240	2200	3389	1484
泰州市	**7**	**3864**	**2134**	**30384**	**33071**	**14029**
兴化市	1	285	663	6105	6837	3031
靖江市	1	996	324	4925	5086	2205
泰兴市	1	350	476	5816	6820	3085
宿迁市	**6**	**2804**	**2459**	**31396**	**37622**	**14733**
沭阳县	1	185	800	8909	11601	4681
泗阳县	1	353	443	5783	6517	2619
泗洪县	1	260	515	5765	6876	2613

20－16　人民生活(一)

(2020年)

市县名称	居民人均可支配收入(元)	居民人均生活消费支出(元)	#食品烟酒	居民恩格尔系数(%)	居民人均住房建筑面积(平方米)
南京市	**60606**	**32844**	**8580**	**26.1**	**44.9**
无锡市	**57589**	**33443**	**9235**	**27.6**	**51.8**
江阴市	61859	30643	8676	28.3	64.0
宜兴市	50987	29138	8612	29.6	57.0
徐州市	**31166**	**17642**	**5274**	**29.9**	**53.6**
丰县	24961	15337	4570	29.8	54.0
沛县	29241	16646	4859	29.2	47.3
睢宁县	25038	13422	4023	30.0	66.1
新沂市	26940	16005	4799	29.9	55.0
邳州市	29744	15286	4571	29.9	50.7
常州市	**52080**	**28291**	**7966**	**28.2**	**61.8**
溧阳市	45140	23659	6958	29.4	50.4
苏州市	**62582**	**34770**	**9102**	**26.2**	**51.4**
常熟市	60439	33489	9294	27.8	63.4
张家港市	60623	32179	9267	28.8	58.5
昆山市	62238	33768	9479	28.1	46.7
太仓市	59442	33301	9310	28.0	60.5
南通市	**42608**	**24670**	**7222**	**29.3**	**57.1**
如东县	37735	21203	6254	29.5	61.9
启东市	40099	26634	7837	29.4	59.0
如皋市	37646	20880	6095	29.2	61.4
海安市	38900	23265	6770	29.1	61.5
连云港市	**29501**	**17472**	**5857**	**33.5**	**51.0**
东海县	28121	16304	5780	35.4	53.0
灌云县	23828	13647	4805	35.1	52.0
灌南县	24355	14597	4837	33.1	61.0

20－16　续表　　（2020年）

市县名称	居民人均可支配收入（元）	居民人均生活消费支出（元）	#食品烟酒	居民恩格尔系数（%）	居民人均住房建筑面积（平方米）
淮安市	**31619**	**16457**	**5173**	**31.4**	**52.3**
涟水县	25820	14194	4600	32.4	55.5
盱眙县	30259	14718	4455	30.3	50.0
金湖县	31461	19475	6187	31.8	49.0
盐城市	**33707**	**18472**	**5494**	**29.7**	**53.0**
响水县	27070	12690	3777	29.8	52.4
滨海县	28162	15171	4376	28.8	45.5
阜宁县	27958	17382	5201	29.9	47.1
射阳县	29799	18353	5578	30.4	56.4
建湖县	32220	16394	5337	32.6	50.1
东台市	36303	18749	5483	29.2	62.5
扬州市	**38843**	**22060**	**6428**	**29.1**	**52.7**
宝应县	29579	17043	5102	29.9	50.0
仪征市	36862	20632	6058	29.4	57.0
高邮市	32551	20367	5940	29.2	56.3
镇江市	**46180**	**25337**	**7388**	**29.2**	**54.9**
丹阳市	43937	24700	7286	29.5	52.4
扬中市	49144	24749	7366	29.8	64.2
句容市	40697	22659	7153	31.6	53.8
泰州市	**39701**	**22886**	**6849**	**29.9**	**63.3**
兴化市	34312	18908	5668	30.0	56.0
靖江市	43027	28086	8358	29.8	70.7
泰兴市	38557	21983	6445	29.3	69.4
宿迁市	**26421**	**15204**	**5051**	**33.2**	**48.0**
沭阳县	26071	15507	5154	33.2	48.9
泗阳县	25764	15553	5170	33.2	51.6
泗洪县	25186	13887	4605	33.2	47.7

20－16　人民生活(二)

(2020 年)

市县名称	城镇常住居民人均可支配收入(元)	城镇常住居民人均生活消费支出(元)	#食品烟酒	城镇常住居民恩格尔系数(%)	城镇常住居民人均住房建筑面积(平方米)
南京市	**67553**	**35854**	**9203**	**25.7**	**40.5**
无锡市	**64714**	**37195**	**10080**	**27.1**	**49.2**
江阴市	72185	34329	9555	27.8	66.0
宜兴市	61090	34164	9982	29.2	52.3
徐州市	**37523**	**20418**	**6014**	**29.5**	**51.7**
丰县	30612	19656	5763	29.3	48.0
沛县	36272	20332	5797	28.5	44.3
睢宁县	31018	15819	4738	30.0	74.6
新沂市	33255	19475	5755	29.6	59.0
邳州市	37745	18549	5531	29.8	50.6
常州市	**60529**	**31987**	**8737**	**27.3**	**50.8**
溧阳市	55478	25760	7485	29.1	42.8
苏州市	**70966**	**39005**	**10143**	**26.0**	**46.0**
常熟市	71445	37763	10337	27.4	57.7
张家港市	71805	37065	10678	28.8	51.0
昆山市	71519	38130	10541	27.6	39.1
太仓市	70592	38584	10782	27.9	54.0
南通市	**52484**	**29750**	**8604**	**28.9**	**52.2**
如东县	49565	25549	7499	29.4	58.5
启东市	50238	33982	9950	29.3	53.3
如皋市	49118	25198	7267	28.8	61.4
海安市	50044	27231	7775	28.6	58.7
连云港市	**36722**	**21403**	**6974**	**32.6**	**49.6**
东海县	36319	20945	7370	35.2	51.0
灌云县	30393	16746	5916	35.3	50.2
灌南县	32386	19072	6131	32.1	54.0

（2020 年）

市县名称	城镇常住居民人均可支配收入（元）	城镇常住居民人均生活消费支出（元）	#食品烟酒	城镇常住居民恩格尔系数（%）	城镇常住居民人均住房建筑面积（平方米）
淮安市	**40318**	**20034**	**6156**	**30.7**	**50.1**
涟水县	33413	18282	5941	32.5	59.8
盱眙县	40531	19619	5925	30.2	49.0
金湖县	40971	22835	7078	31.0	42.0
盐城市	**40403**	**20794**	**6031**	**29.0**	**49.3**
响水县	33554	13415	4014	29.9	47.0
滨海县	35134	17390	4990	28.7	40.5
阜宁县	33772	23851	7296	30.6	42.3
射阳县	35406	25345	7578	29.9	56.0
建湖县	39023	18877	5942	31.5	50.9
东台市	43070	20905	6035	28.9	56.2
扬州市	**47202**	**25342**	**7382**	**29.1**	**47.5**
宝应县	35799	19521	5845	29.9	48.0
仪征市	48005	24712	7251	29.3	49.9
高邮市	41650	24807	7225	29.1	48.1
镇江市	**54572**	**28374**	**8223**	**29.0**	**51.3**
丹阳市	54315	26253	7824	29.8	48.8
扬中市	60050	27952	8302	29.7	59.8
句容市	52802	26717	8416	31.5	50.7
泰州市	**49103**	**27123**	**7857**	**29.0**	**59.3**
兴化市	44464	22757	6611	29.1	50.0
靖江市	52754	32854	9528	29.0	64.9
泰兴市	48857	27449	8221	30.0	69.5
宿迁市	**32015**	**18292**	**5945**	**32.5**	**45.1**
沭阳县	31631	18553	6234	33.6	46.0
泗阳县	31342	17827	5765	32.3	52.9
泗洪县	30640	17841	5870	32.9	45.4

20－16　人民生活（三）

（2020 年）

市县名称	农村常住居民人均可支配收入（元）	农村常住居民人均生活消费支出（元）	#食品烟酒	农村常住居民恩格尔系数（%）	农村常住居民人均住房建筑面积（平方米）
南京市	**29621**	**19421**	**5800**	**29.9**	**64.4**
无锡市	**35750**	**21944**	**6649**	**30.3**	**60.6**
江阴市	38416	22275	6678	30.0	61.0
宜兴市	32430	19906	6095	30.6	70.3
徐州市	**21229**	**13303**	**4117**	**30.9**	**56.3**
丰　县	19510	11171	3419	30.6	60.0
沛　县	21899	12796	3878	30.3	50.2
睢宁县	19240	11098	3329	30.0	57.8
新沂市	20197	12301	3779	30.7	51.0
邳州市	21277	11833	3555	30.0	50.8
常州市	**32364**	**19667**	**6234**	**31.7**	**76.0**
溧阳市	30083	20103	6521	32.4	62.0
苏州市	**37563**	**22129**	**5996**	**27.1**	**67.5**
常熟市	38031	24787	7170	28.9	74.3
张家港市	37935	22265	6404	28.8	73.6
昆山市	38320	22526	6741	29.9	69.1
太仓市	37521	22912	6415	28.0	73.0
南通市	**26141**	**16200**	**4918**	**30.4**	**68.4**
如东县	23773	16075	4785	29.8	65.2
启东市	27617	17585	5235	29.8	68.7
如皋市	23599	15592	4662	29.9	61.5
海安市	25176	18381	5532	30.1	66.4
连云港市	**19237**	**11885**	**4269**	**35.9**	**53.1**
东海县	20002	11708	4205	35.9	58.0
灌云县	17959	10928	3813	34.9	53.7
灌南县	17192	10605	3683	34.7	69.0

20－16　续表　　　　　　　　　　　　　　（2020年）

市县名称	农村常住居民人均可支配收入（元）	农村常住居民人均生活消费支出（元）	#食品烟酒	农村常住居民恩格尔系数（%）	农村常住居民人均住房建筑面积（平方米）
淮安市	**19730**	**11570**	**3829**	**33.1**	**54.9**
涟水县	18422	10211	3293	32.2	53.3
盱眙县	19933	9791	2977	30.4	51.0
金湖县	21692	16023	5271	32.9	64.0
盐城市	**23670**	**14994**	**4688**	**31.3**	**58.7**
响水县	19843	11882	3513	29.6	58.4
滨海县	20610	12767	3711	29.1	49.8
阜宁县	21312	10387	3086	29.7	53.7
射阳县	22859	9698	3102	32.0	57.0
建湖县	23481	13205	4561	34.5	48.3
东台市	27023	15793	4726	29.9	69.6
扬州市	**24813**	**16550**	**4831**	**29.2**	**61.3**
宝应县	23302	14543	4353	29.9	55.0
仪征市	23942	15901	4675	29.4	63.4
高邮市	23315	15860	4636	29.2	64.7
镇江市	**28402**	**18904**	**5619**	**29.7**	**61.3**
丹阳市	29492	22537	6537	29.0	57.9
扬中市	32474	19852	5936	29.9	71.9
句容市	25666	17620	5585	31.7	57.0
泰州市	**24615**	**16085**	**5232**	**32.5**	**70.0**
兴化市	23212	14699	4636	31.5	64.0
靖江市	26922	20191	6421	31.8	81.3
泰兴市	24783	14674	4069	27.7	69.2
宿迁市	**19466**	**11367**	**3940**	**34.7**	**51.6**
沭阳县	19743	12041	3925	32.6	52.1
泗阳县	19462	12984	4498	34.6	50.1
泗洪县	19060	9447	3184	33.7	50.2

长江三角洲城市主要经济指标(一)

（2020年）

地　区	地区生产总值（亿元）	第一产业增加值（亿元）	第二产业增加值（亿元）	第三产业增加值（亿元）
杭　州	16105.83	326.22	4820.54	10959.07
宁　波	12408.66	338.43	5693.85	6376.38
温　州	6870.86	159.77	2834.53	3876.56
嘉　兴	5509.52	124.18	2861.09	2524.25
湖　州	3201.41	140.54	1587.58	1473.29
绍　兴	6000.66	219.26	2711.76	3069.64
金　华	4703.95	157.17	1814.00	2732.79
衢　州	1639.12	92.27	659.48	887.37
舟　山	1512.11	152.94	590.15	769.02
台　州	5262.72	294.78	2298.21	2669.73
丽　水	1540.02	104.61	555.19	880.22
南　京	14817.95	296.80	5214.35	9306.80
无　锡	12370.48	128.10	5751.19	6491.19
常　州	7805.32	164.30	3616.15	4024.87
苏　州	20170.45	196.40	9385.58	10588.47
南　通	10036.31	458.70	4765.85	4811.76
扬　州	6048.33	307.10	2786.35	2954.88
镇　江	4220.09	149.50	1988.63	2081.96
泰　州	5312.77	307.10	2541.10	2464.57
上　海	38700.58	103.57	10289.47	28307.54

长江三角洲城市主要经济指标(二)

(2020 年)

地　区	规模以上工业增加值(亿元)	规模以上工业利润总额(亿元)	全社会用电量(亿千瓦时)	工业用电量(亿千瓦时)
杭　州	3633.74	1239.16	807.97	409.19
宁　波	4042.02	1552.75	832.15	603.17
温　州	1106.51	319.68	449.48	253.35
嘉　兴	2068.25	625.95	549.10	431.41
湖　州	977.97	355.69	302.23	217.68
绍　兴	1551.77	519.36	453.40	343.99
金　华	920.63	205.37	403.77	261.48
衢　州	413.61	145.01	187.97	143.88
舟　山	497.93	91.24	103.38	64.42
台　州	1206.33	384.07	348.85	224.55
丽　水	297.20	102.19	118.10	73.97
南　京		690.76	632.94	338.88
无　锡		1263.95	759.53	569.39
常　州		728.3059	522.62	400.18
苏　州		2179.23	1523.34	1170.57
南　通		567.17	477.29	323.52
扬　州		226.70	264.66	174.54
镇　江		245.24	267.05	192.23
泰　州		361.48	306.88	221.14
上　海		2831.81	1575.96	769.46

长江三角洲城市主要经济指标(三)

(2020年)

地 区	一般公共预算收入（亿元）	一般公共预算支出（亿元）	社会消费品零售总额（亿元）	实际利用外资（亿美元）
杭 州	2093.39	2069.66	5972.83	72.02
宁 波	1510.79	1742.03	4238.26	24.68
温 州	601.98	1027.17	3497.79	3.27
嘉 兴	598.80	712.18	2141.11	26.47
湖 州	336.56	484.42	1424.43	12.06
绍 兴	543.52	667.16	2322.50	7.21
金 华	423.25	703.41	2611.93	3.25
衢 州	140.91	459.65	757.00	0.65
舟 山	159.20	312.69	532.78	4.02
台 州	401.24	700.12	2396.07	3.63
丽 水	143.86	527.10	735.11	0.59
南 京	1637.70	1754.62	7203.03	45.15
无 锡	1075.70	1214.92	2994.36	36.21
常 州	616.60	726.34	2421.36	27.17
苏 州	2303.00	2263.58	7701.98	55.40
南 通	639.30	1080.50	3370.40	27.12
扬 州	337.27	668.30	1379.29	14.70
镇 江	311.74	498.91	1141.93	7.88
泰 州	375.20	627.68	1333.26	14.94
上 海	7046.30	8102.11	15932.50	202.33

长江三角洲城市主要经济指标（四）

（2020年）

地区	进出口总额（亿元）	出口总额（亿元）	金融机构本外币存款余额（亿元）	金融机构本外币贷款余额（亿元）
杭州	5934.20	3693.20	54246.47	49799.28
宁波	9786.90	6407.00	23988.18	25451.63
温州	2189.70	1878.10	15270.38	13639.11
嘉兴	3052.30	2273.20	10742.60	10166.70
湖州	1132.20	1025.80	5956.58	5940.01
绍兴	2578.30	2386.40	10933.47	10134.87
金华	4866.60	4613.30	11240.30	10013.63
衢州	358.40	253.60	3135.44	3046.65
舟山	1667.30	588.10	2539.99	2773.76
台州	1898.50	1760.90	10630.31	9872.25
丽水	343.60	300.70	3549.78	2773.68
南京	5340.21	3398.92	40056.45	38189.99
无锡	6075.60	3547.05	19400.95	15303.43
常州	2417.25	1796.93	12544.59	10259.02
苏州	22321.43	12941.49	37683.85	35197.87
南通	2627.08	1792.61	15535.34	12154.89
扬州	770.20	580.03	7691.30	6293.32
镇江	722.44	512.21	6384.66	6133.63
泰州	1014.01	665.37	8022.45	6440.66
上海	34828.47	13725.36	155865.06	84643.04

长江三角洲城市主要经济指标（五）

（2020 年）

地区	城镇居民人均可支配收入（元）	农村居民人均可支配收入（元）	居民消费价格指数
杭州	68666	38700	102.1
宁波	68008	39132	101.9
温州	63481	32428	102.0
嘉兴	64124	39801	102.4
湖州	61743	37244	102.3
绍兴	66694	38696	102.4
金华	61545	30365	102.4
衢州	49300	26290	101.9
舟山	63702	39096	101.9
台州	62598	32188	102.1
丽水	48532	23637	102.0
南京	67553	29621	102.4
无锡	64714	35750	102.3
常州	60529	32364	102.5
苏州	70966	37563	102.2
南通	52484	26141	102.4
扬州	47202	24813	102.5
镇江	54572	28402	102.4
泰州	49103	24615	102.9
上海	76437	34911	101.7

附　录

主要统计指标解释

地区生产总值 一个国家(地区)所有常住单位在一定时期内(通常为1年)生产活动的最终成果(简称GDP)。地区生产总值有三种表现形态,即价值形态、收入形态和产品形态。从价值形态看,它是所有常住单位在一定时期内所生产的全部货物和服务价值超过同期投入的全部非固定资产货物和服务价值的差额,即所有常住单位的增加值之和;从收入形态看,它是所有常住单位在一定时期内所创造并分配给常住单位和非常住单位的初次分配收入之和;从产品形态看,它是最终使用的货物和服务减去进口货物和服务。在实际核算中,地区生产总值的三种表现形态表现为三种计算方法,即生产法、收入法和支出法。三种方法分别从不同的方面反映地区生产总值及其构成。

可比价格 在不同时期的价值指标对比时,扣除了价格变动的因素,以确切反映物量的变化。按可比价格计算有两种方法:一种是直接用产品产量乘某一年的不变价格计算;另一种是用价格指数换算。

不变价格 用同类产品的年平均价格作为固定价格,来计算各年产品价值。按不变价格计算的产品价值消除了价格变动因素,不同时期对比可以反映生产的发展速度。新中国成立后,随着工农业产品价格水平的变化,国家统计局先后五次制定了全国统一的工业产品不变价格和农业产品不变价格,从1949年到1957年使用1952年工(农)业产品不变价格,从1957年到1971年使用1957年不变价格,从1971年到1981年使用1970年不变价格,从1981年到1990年使用1980年不变价格,从1991年到1995年使用1990年不变价格,从1996年到2000年使用1995年不变价格,从2001年到2005年使用2000年不变价格,从2006年到2010年使用2005年不变价格,从2011年到2015年使用2010年不变价格,从2016年到2020年使用2015年不变价格。

平均每年增长速度 反映某种现象在一个较长时期中逐期递增的平均速度。在我国计算平均增长速度有两种方法,一种是习惯上经常使用的"水平法",又称几何平均法,是以间隔期最后一年的水平同基期水平对比来计算平均每年增长(或下降)速度。另一种是"累计法",又称代数平均法或方程法,是以间隔期内各年水平的总和同基期水平对比来计算平均每年增长(或下降)速度。

在一般正常情况下,两种方法计算的平均每年增长速度比较接近,但在经济发展不平衡,出现大起大落时,两种方法计算的结果差别较大。

登记注册类型 在工商行政管理机关登记注册的各类企业。企业登记注册类型分为以下几种:内资企业包括国有企业、集体企业、股份合作企业、联营企业、有限责任公司、股份有限公司、私营企业、其他企业;港、澳、台商投资企业包括合资经营企业(港或澳、台资)、合作经营企业(港或澳、台资)、港、澳、台商独资经营企业、港、澳、台商投资股份有限公司;外商投资企业包括中外合资经营企业、中外合作经营企业、外资企业、外商投资股份有限公司。

国有企业　企业全部资产归国家所有，并按《中华人民共和国企业法人登记管理条例》规定登记注册的非公司制的经济组织。不包括有限责任公司中的国有独资公司。

集体企业　企业资产归集体所有，并按《中华人民共和国企业法人登记管理条例》规定登记注册的经济组织。

股份合作企业　以合作制为基础，由企业职工共同出资入股，吸收一定比例的社会资产投资组建，实行自主经营，自负盈亏，共同劳动，民主管理，按劳分配与按股分红相结合的一种集体经济组织。

联营企业　两个及两个以上相同或不同所有制性质的企业法人或事业单位法人，按自愿、平等、互利的原则，共同投资组成的经济组织。

有限责任公司　根据《中华人民共和国登记管理条例》规定登记注册，由两个以上，五十个以下的股东共同出资，每个股东以其所认缴的出资额对公司承担有限责任，公司以其全部资产对其债务承担责任的经济组织。

有限责任公司包括国有独资公司以及其他有限责任公司。

股份有限公司　根据《中华人民共和国公司登记管理条例》规定登记注册，其全部注册资本由等额股份构成并通过发行股票筹集资本，股东以其认购的股份对公司承担有限责任，公司以其全部资产对其债务承担责任的经济组织。

私营企业　由自然人投资设立或由自然人控股，以雇佣劳动为基础的营利性经济组织。包括按照《公司法》《合伙企业法》《私营企业暂行条例》规定登记注册的私营有限责任公司、私营股份有限公司、私营合伙企业和私营独资企业。

合资经营企业（港或澳、台资）　港澳台地区投资者与内地的企业依照《中华人民共和国中外合资经营企业法》及有关法律的规定，按合同规定的比例投资设立、分享利润和分担风险的企业。

合作经营企业（港或澳、台资）　港澳台地区投资者与内地企业依照《中华人民共和国中外合作经营企业法》及有关法律的规定，依照合作合同的约定进行投资或提供条件设立、分配利润和分担风险的企业。

港、澳、台商独资经营企业　依照《中华人民共和国外资企业法》及有关法律的规定，在内地由港澳台地区投资者全额投资设立的企业。

港、澳、台商投资股份有限公司　根据国家有关规定，经外经贸部依法批准设立，其中港、澳、台商的股本占公司注册资本的比例达25%以上的股份有限公司。凡其中港、澳、台商的股本占公司注册资本的比例小于25%的，属于内资企业中的股份有限公司。

中外合资经营企业　外国企业或外国人与中国内地企业依照《中华人民共和国中外合资经营企业法》及有关法律的规定，按合同规定的比例投资设立、分享利润和分担风险的企业。

中外合作经营企业　外国企业或外国人与中国内地企业依照《中华人民共和国中外合资经营企业法》及有关法律的规定，依照合作合同的约定进行投资或提供条件设立、分配利润和分担风险的企业。

外资企业　依照《中华人民共和国外资企业法》及有关法律的规定。在中国内地由外国投资者全额投资设立的企业。

外商投资股份有限公司 根据国家有关规定，经外经贸部依法批准设立，其中外资的股本占公司注册资本的比例达25%以上的股份有限公司。凡其中外资股本占公司注册资本的比例小于25%的，属于内资企业中的股份有限公司。

三次产业 根据社会生产活动历史发展的顺序对产业结构的划分，产品直接取自自然界的部门称为第一产业，对初级产品进行再加工的部门称为第二产业。为生产和消费提供各种服务的部门称为第三产业。它是世界上通用的产业结构分类，但各国的划分不尽一致。我国的三次产业划分是：

第一产业：农业（包括种植业、林业、牧业和渔业）。

第二产业：工业（包括采掘业、制造业、电力煤气及水的生产和供应业）和建筑业。

第三产业：除第一、第二产业以外的其他各业。

支出法国内生产总值 一个国家（或地区）所有常住单位在一定时期内用于最终消费、资本形成总额，以及货物和服务的净出口总额，它反映本期生产的国内生产总值的使用构成。

最终消费 常住单位在一定时期内对于货物和服务的全部最终消费支出，也就是常住单位为满足物质、文化和精神生活的需要，从本国经济领土和国外购买的货物和服务的支出。它不包括非常住单位在本国经济领土内的消费支出。最终消费分为居民消费和政府消费。

（1）居民消费：常住住户在一定时期内对于货物和服务的全部最终消费支出。居民关于货物的最终消费支出在货物的所有权发生变化时记录，关于服务的最终消费支出在服务提供的时候记录。居民消费支出按市场价格计算，即按居民支付的购买者价格计算，货物的购买者价格是购买者取得交货所支付的价格，它包括购买者支付的运输和商业费用。居民消费支出除了直接以货币形式购买的货物和服务的消费支出外，还包括以其他方式获得的货物和服务的消费支出，即所谓的虚拟消费支出。居民虚拟消费支出包括如下几种类型：单位以实物报酬及实物转移的形式提供给劳动者的货物和服务；住户生产并由本住户消费了的货物和服务，其中的服务仅指住户的自有住房服务；金融机构提供的金融媒介服务；保险公司提供的保险服务。

（2）政府消费：政府部门向社会提供的公共服务支出和对居民提供的消费性货物和服务的转移支出。

资本形成总额 常住单位在一定时期内获得减去处置的固定资产和存货的净额，包括固定资本形成总额和存货增加两项。

①固定资本形成总额：常住单位在一定时期内购置、转入和自产自用的固定资产价值，扣除固定资产的销售和转出后的价值。可分为有形固定资产形成总额和无形固定资产形成总额。有形固定资产形成总额包括一定时期内完成的建筑工程、安装工程和设备工器具购置（减处置）价值，以及土地改良、新增役、种、奶、毛、娱乐用牲畜和新增经济林木价值。无形固定资产形成总额包括矿藏的勘探、计算机软件、娱乐和文学艺术品原件等获得减处置。

②存货增加：常住单位在一定时期内存货实物量变动的市场价值即期末价值减期初价值的差额。存货增加可以是正值，也可以是负值，正值表示存货上升，负值表示存货下降。它包括生产单位购进的原材料、燃料和储备物资等存货，以及生产单位生产的产成品、在制品和半成品等存货。

货物和服务净出口 货物和服务出口减货物和服务进口的差额。出口包括常住单位向非常住单位出售或无偿转让的各种货物和服务的价值；进口包括常住单位从非常住单位购买或无偿得到的各种货物和服务的价值。由于服务活动的提供与使用同时发生，因此服务的进出口业务并不发生出入境现象，一般把常住单位从国外得到的服务作为进口，非常住单位从本国得到的服务作为出口。货物的出口和进口都按离岸价格计算。

劳动者报酬 劳动者因从事生产活动所获得的全部报酬。它包括劳动者获得的各种形式工资、奖金和津贴，既包括货币形式的，也包括实物形式的，它还包括劳动者所享受的公费医疗和医药卫生费、上下班交通补贴和单位支付的社会保险费等。单位支付的社会保险费，就是单位直接支付给负责社会保险的政府单位（一般指劳动部门）的社会保险金或为本单位职工离退休、发生死亡、伤残、医疗保险等而支付的保险费。对于个体经济来说，其所有者所获得的劳动报酬和经营利润不易区分，这两部分统一作为劳动者报酬处理。

生产税净额 生产税减生产补贴后的差额。生产税指政府对生产单位生产、销售和从事经营活动以及因从事生产活动使用某些生产要素，如固定资产、土地、劳动力所征收的各种税、附加费和规费。具体包括销售税金及附加、增值税、管理费中开支的各种税、应交纳的养路费、排污费和水电费附加、烟酒专卖上缴政府的专项收入等。生产补贴与生产税相反，是政府对生产单位的单方面收入转移，因此视为负生产税处理，包括政策亏损补贴、粮食系统价格补贴、外贸企业出口退税收入等。

固定资产折旧 一定时期内为弥补固定资产损耗按照核定的固定资产折旧率提取的固定资产折旧，或按国民经济核算统一规定的折旧率虚拟计算的固定资产折旧。它反映了固定资产在当期生产中的转移价值。各种类型企业和企业化管理的事业单位的固定资产折旧指实际计提并计入成本费用中的折旧费；不计提折旧的单位，如政府机关、非企业化管理的事业单位和居民住房的固定资产折旧则是按照统一规定的折旧率和固定资产原值计算的虚拟折旧。原则上，固定资产折旧应按固定资产的重置价值来计算，但是我国目前尚不具备对全社会固定资产进行重估价的基础，所以暂时只能采用上述方法来计算。

营业盈余 常住单位创造的增加值扣除劳动者报酬、生产税净额和固定资产折旧后的余额。它相当于企业的营业利润加上生产补贴，但要扣除从利润中开支的工资和福利以及从税后利润中提取的公益金等。

人口 人口数为每年 12 月 31 日常住户口人数，不包括户口不在本市的临时户口人数。

出生率（又称粗出生率） 在一定时期内（通常为一年）平均每千人所出生的人数的比率，一般用千分率表示。计算公式：

$$出生率=\frac{年出生人数}{年平均人数}\times 1000‰$$

出生人数是指活产婴儿，即胎儿脱离母体时（不管怀孕月数），有过呼吸或其他生命现象。

年平均人数是年初、年底人口数的平均数，也可用年中人口数代替。

死亡率（又称粗死亡率） 在一定时期内（通常为一年）一定地区的死亡人数与同期平均人数（或期中人数）之比，一般用千分率表示。计算公式：

$$死亡率=\frac{年死亡人数}{年平均人数}\times 1000‰$$

人口自然增长率 在一定时期内(通常为一年)人口自然增加数(出生人数减死亡人数)与该时期内平均人数(或期中人数)之比,一般用千分率表示。计算公式:

$$人口自然增长率=\frac{(本年出生人数-本年死亡人数)}{年平均人数}\times 1000‰$$

$$人口自然增长率=人口出生率-人口死亡率$$

从业人员 从事一定社会劳动并取得劳动报酬或经营收入的全部劳动力。包括:

(1)全部职工;

(2)城镇私营企业从业人员;

(3)城镇个体劳动者;

(4)农村社会劳动者;

(5)其他社会劳动者。

这一指标反映了一定时期内全部劳动力资源的实际利用情况,是研究我国基本国情国力的重要指标。

各单位的从业人员是指在各级国家机关、政党机关、社会团体及企业、事业单位中工作,取得工资或其他形式的劳动报酬的全部人员。包括在岗职工、再就业的离退休人员、民办教师以及在各单位中工作的外方人员和港、澳、台方人员。

各单位的从业人员反映了各单位实际参加生产或工作的全部劳动力。

在岗职工 在本单位工作并由单位支付工资的人员,以及有工作岗位,但由于学习、病伤产假等原因暂未工作,仍由单位支付工资的人员。

离开本单位仍保留劳动关系的职工 由于各种原因,已经离开本人的生产或工作岗位,并已不在本单位从事其他工作,但仍与用人单位保留劳动关系的职工。

离开本单位仍保留劳动关系职工的生活费 离开本单位仍保留劳动关系职工在离开本单位仍保留劳动关系期间从本单位领取的生活费用。

城镇失业人员 有非农业户口,在一定的劳动年龄内(16 岁以上及男 50 岁以下、女 45 岁以下),有劳动能力,无业而要求就业,并在当地就业服务机构进行待业登记的人员。

职工工资总额 各城镇集体以上单位在一定时期内直接支付给本单位全部职工的劳动报酬总额。工资总额包括计时工资、计件工资、奖金、各种津贴和补贴、加班加点工资、特殊情况下支付的工资(其他工资)等。既包括货币形式支付的,也包括实物形式支付的。计划生育独生子女补贴等 15 种特殊收入不包括。

工资总额的计算原则应以直接支付给职工的全部劳动报酬为依据。各单位支付给职工的劳动报酬以及其他根据有关规定支付的工资,不论是计入成本的还是不计入成本的,不论是按国家规定列入计征奖金税项目的,还是未列入计征奖金税项目的,不论是以货币形式支付的还是以实物形式支付的,均包括在工资总额内。

在岗职工平均工资　城镇集体以上企业、事业、机关单位的在岗职工在一定时期内平均每人所得的工资额。它表明一定时期在岗职工工资收入的高低程度，是反映职工工资水平的主要指标。计算公式为：

$$在岗职工平均工资=\frac{报告期实际支付的在岗职工工资总额}{报告期在岗职工平均人数}$$

城镇居民家庭就业人口　城镇居民从事社会劳动并取得劳动报酬或经营收入的人口。就业人口包括通过国家统筹规划和指导由劳动部门介绍就业，自愿组织起来就业和自谋职业等方式，在国有、集体所有制、中外合资、中外合作、外资在华独资的企事业单位和私营企业单位工作或从事个体劳动的有固定性职业或临时性职业的人口。被聘用和留用的离退休人员也计入就业人口。本指标可以反映城镇居民的就业情况，是计算就业面、负担系数的重要资料。

可支配收入　调查户在调查期内获得的、可用于最终消费支出和储蓄的总和，即调查户可以用来自由支配的收入。可支配收入既包括现金，也包括实物收入。按照收入的来源，可支配收入包含四项，分别为：工资性收入、经营净收入、财产净收入和转移净收入。计算公式为：

可支配收入＝工资性收入＋经营净收入＋财产净收入＋转移净收入

其中：经营净收入＝经营收入－经营费用－生产性固定资产折旧－生产税

财产净收入＝财产性收入－财产性支出

转移净收入＝转移性收入－转移性支出

工资性收入　就业人员通过各种途径得到的全部劳动报酬和各种福利，包括受雇于单位或个人、从事各种自由职业、兼职和零星劳动得到的全部劳动报酬和福利。

经营净收入　住户或住户成员从事生产经营活动所获得的净收入，是全部经营收入中扣除经营费用、生产性固定资产折旧和生产税之后得到的净收入。计算公式具体为：

经营净收入＝经营收入－经营费用－生产性固定资产折旧－生产税

财产净收入　住户或住户成员将其所拥有的金融资产、住房等非金融资产和自然资源交由其他机构单位、住户或个人支配而获得的回报并扣除相关的费用之后得到的净收入。财产净收入包括利息净收入、红利收入、储蓄性保险净收益、转让承包土地经营权租金净收入、出租房屋净收入、出租其他资产净收入和自有住房折算净租金等。

财产净收入不包括转让资产所有权的溢价所得，这应该计入“非收入所得”。

转移净收入　计算公式为：转移净收入＝转移性收入－转移性支出

转移性收入　国家、单位、社会团体对住户的各种经常性转移支付和住户之间的经常性收入转移。包括养老金或退休金、社会救济和补助、政策性生产补贴、政策性生活补贴、经常性捐赠和赔偿、报销医疗费、住户之间的赡养收入，以及本住户非常住成员寄回带回的收入等。

转移性收入不包括住户之间的实物馈赠。

转移性支出指调查户对国家、单位、住户或个人的经常性或义务性转移支付。包括缴纳的税款、各项社会保障支出、赡养支出、经常性捐赠和赔偿支出以及其他经常转移支出等。

固定资产投资 固定资产投资是指建造和购置固定资产的经济活动,它是社会增加固定资产,扩大生产规模发展国民经济的重要手段,也是提高人民物质文化生活水平的条件。

固定资产投资额是以货币表现的建造和购置固定资产活动的工作量,它是反映固定资产投资规模、速度、比例关系和使用方向的综合性指标。全社会固定资产投资包括国有经济单位投资、城乡集体经济单位投资、各种经济类型的单位投资和城乡居民个人投资等。(从 1999 年起,私营个体投资也纳入了固定资产投资统计范围)。按照我国现行计划管理体制划分,固定资产投资总额分为基本建设、更新改造、房地产开发投资、国有其他固定资产投资、城乡集体经济单位投资(包括城镇集体所有制单位投资和农村集体所有制单位投资)、其他各种经济类型的单位投资(包括联营经济、股份制经济、中外合资经营、中外合作经营、外资、与大陆合资经营、与大陆合作经营、港澳台独资及其他经济类型的单位投资)、城乡居民个人投资(包括城市、县城、镇、工矿区所辖范围内的个人建房和农村个人建房及购买生产性固定资产的投资)和私营个体投资等十个部分。

从 1997 年起,基本建设、更新改造、其他固定资产投资的起报点由 5 万元提高到 50 万元。

房地产开发投资 包括各种经济类型的房地产开发公司、商品房建设公司及其他房地产开发单位统一开发的包括统代建、拆迁还建的住宅、厂房、仓库、饭店、宾馆、度假村、写字楼、办公楼等房屋建筑物和配套的服务设施、土地开发工程,如道路、给水、排水、供电、供热、通讯、平整场地等基础设施工程的投资。包括非房地产企业实际从事房地产开发或经营的活动,不包括单纯的土地交易活动。

固定资产投资资金来源 固定资产投资单位在本年内收到的可用于固定资产建造和购置的各种资金。包括上年末结余资金、本年资金来源小计和各项应付款。其中本年资金来源小计又分为国家预算内资金、国内贷款、债券、利用外资、自筹资金和其他资金来源六种。

(1)国家预算内资金分为财政拨款和财政安排的贷款两部分。包括中央财政的基本建设基金(分经营性基金和非经营性基金两部分)、专项支出(如煤代油专项等)、收回再贷(指财政安排的贷款收回再贷)、贴息资金、财政安排的挖潜改造和新产品试制支出、城建支出、商业部门简易建筑支出、不发达地区发展基金等资金中用于固定资产投资的资金;地方财政中由国家统筹安排的资金等。

(2)国内贷款指报告期固定资产投资单位向银行及非银行金融机构借入的用于固定资产投资的各种国内借款。国内贷款包括:银行利用自有资金及吸收的存款发放的贷款、上级主管部门拨入的国内贷款、国家专项贷款(包括煤代油贷款、劳改煤矿专项贷款等)、地方财政专项资金安排的贷款、国内储备贷款、周转贷款等。

(3)债券是企业(公司)或金融机构通过发行各种债券筹集到的用于固定资产投资的资金,包括由银行代理国家专业投资公司发行的重点企业债券和重点建设债券。

(4)利用外资指报告期收到的用于固定资产投资的国外资金(含设备、材料、技术在内),包括外商直接投资、对外借款、外商其他投资。

(5)自筹资金指建设单位报告期收到的,用于固定资产投资的预算外资金,包括中央各部门、各级地方和本单位自有资金。

(6)其他资金来源指报告期收到的除以上各种拨款、借款、自筹资金之外,其他用于固定资产投资的资金。

固定资产投资按国民经济行业分 建设项目归哪个行业,按其建成投产后的主要产品或主要用途及社会经济活动性质来确定。基本建设按建设项目划分国民经济行业,更新改造、其他固定资产投资及城乡集体单位投资根据整个企业、事业单位所属的行业来划分。一般情况下,一个建设项目或一个企业、事业单位只能属于一种国民经济行业。

固定资产投资按建设性质分 建设项目的性质一般分为新建、扩建、改建、迁建、恢复。基本建设按建设项目划分建设性质,更新改造、其他固定资产投资及城乡集体单位投资按整个企业、事业单位的建设情况确定建设性质。

(1)新建一般是指从无到有、"平地起家"新开始建设的单位。有的单位原有的基础很小,经过建设后其新增加的固定资产价值超过原有固定资产价值(原值)三倍以上的也算新建。

(2)扩建一般是指为扩大原有产品的生产能力,在厂内或其他地点增建主要生产车间(或主要工程)、独立的生产线或总厂之下的分厂的企业;事业单位和行政单位在原单位增建业务用房(如学校增建教学用房、医院增建门诊部或病床用房、行政机关增建办公楼等)也作为扩建。

(3)改建一般是指现有企业、事业单位为了技术进步,提高产品质量,增加花色品种,促进产品升级换代,降低消耗和成本,加强资源综合利用和三废治理、劳保安全等,采用新技术、新工艺、新设备、新材料等对现有设施、工艺条件进行技术改造或更新(包括相应配套的辅助性生产、生活福利设施)。有的企业为充分发挥现有生产能力,进行填平补齐而增建不增加本单位主要产品生产能力的车间等,也属于改建。

固定资产投资按产业分 固定资产投资分为第一产业、第二产业、第三产业,它是研究不同用途的固定资产投资之间比例关系的重要指标。基本建设投资、更新改造投资、房地产开发投资、其他固定资产投资及城乡集体投资的用途按国民经济行业来确定。

固定资产投资按构成分 固定资产投资活动按其工作内容和实现方式分为建筑安装工程,设备、工具、器具购置,其他费用三个部分。

(1)建筑安装工程(建安工作量)指各种房屋、建筑物的建造工程和各种设备、装置的安装工程。包括各种房屋建造工程,各种用途设备基础和各种工业窑炉的砌筑工程;为施工而进行的各种准备工作和临时工程以及完工后的清理工作等;铁路、道路的铺设,矿井的开凿及石油管道的架设等;水利工程;防空地下建筑等特殊工程;以及各种机械设备的安装工程;为测定安装工程质量,对设备进行的试行工作。在安装工程中,不包括安装设备本身的价值。

(2)设备、工具、器具购置指购置或自制达到固定资产标准的设备、工具、器具的价值,固定资产的标准按财务部门的规定执行。新建单位、扩建单位的新建车间按照设计和计划要求购置或自制的全部设备、工具、器具,不论是否达到固定资产标准均计入"设备、工具、器具购置"中。

(3)其他费用指除建筑安装工程和设备、工具、器具购置以外的投资完成额。

施工和竣工房屋建筑面积 房屋建筑面积是从房屋外墙线算起的各层平面面积的总和,包括房屋结构(如柱、墙)占用的面积和地下室面积。多层建筑按各自然层面积总和计算,包括房屋内的楼隔层,突出墙面的眺望间、门斗、有柱雨罩的面积。不包括突出墙面结构的构件、艺术装饰等所占的面积,如台阶等。凹阳台、挑阳台按其水平投影面积一半计算建筑面积。

住宅建筑面积 施工和竣工房屋建设面积中供居住用的施工和竣工房屋建筑面积。

竣工面积 在报告期内房屋建筑按照设计要求已全部完工,达到住人和使用条件,经验收鉴定合格,正式移交使用单位的建筑面积。

房屋建筑面积竣工率 一定时期内房屋竣工面积占同期房屋施工面积的比率。它是从房屋建筑施工速度的角度反映投资效果和建筑业经济效益的指标。

新增固定资产 通过投资活动所形成的新的固定资产价值。包括已经建成投入生产或交付使用的工程价值和达到固定资产标准的设备、工具、器具的价值及有关应摊入的费用。它是以价值形式表示的固定资产投资成果的综合性指标,可以综合反映不同时期、不同部门、不同地区的固定资产投资成果。

建设项目投产率 一定时期内全部建成投入生产项目个数占同期正式施工项目个数的比率。它是从项目建设速度的角度反映投资效果的指标。

固定资产交付使用率 一定时期新增固定资产与同期完成投资额的比率。它是反映各个时期固定资产动用速度,衡量建设过程中投资效果的一个综合性指标。

零售价格指数 反映城乡商品零售价格变动趋势的一种经济指数。零售物价的调整变动直接影响到城乡居民的生活支出和国家的财政收入,影响居民购买力和市场供需平衡,影响消费与积累的比例。因此,计算零售价格指数,可以从一个侧面对上述经济活动进行观察和分析。

居民消费价格指数 反映一定时期内城乡居民所购买的生活消费品价格和服务项目价格变动趋势和程度的相对数。是综合了城市居民消费价格指数和农民消费价格指数计算取得的。利用居民消费价格指数,可以观察和分析消费品的零售价格和服务价格变动对城乡居民实际生活费支出的影响程度。

城市居民消费价格指数 反映城市居民家庭所购买的生活消费品和服务项目价格变动趋势及其程度的相对数。编制城市居民消费价格指数,可以观察和分析消费品的零售价格和服务项目价格变动对职工货币工资的影响,作为研究城市居民生活和确定工资政策的依据。

年底自来水生产能力 年底城建部门管理的自来水厂和自备水源的社会单位取水、净化、送水、出厂输水干管等环节的实际生产能力。

年底供水管道长度 从送水泵到用户水表之间所有管道的长度。

全年供水总量 公用自来水厂和自备水源的社会单位全年的供水总量,包括有效供水量及损失水量。

生活用水量 居民日常生活与公共福利设施的用水量。包括居民、饮食店、旅馆、医院、理发店、浴池、洗衣店、游泳池、商店、学校、机关、部队等单位的用水量。

城市人口用水普及率 城市用水的非农业人口数(不包括临时人口和流动人口)与城市非农业人口总数之比。计算公式:

$$用水普及率=\frac{城市用水的非农业人口数}{城市非农业人口数}\times 100\%$$

人工煤气生产能力 城市煤气厂制气、净化、输送等环节的综合实际生产能力。

输气管道长度 由压缩机、鼓风机、储气罐的出口到用户立管之间的全部管道长度。

全年供气总量 全年售给各类用户的全部煤气量。包括工业用量、家庭用量和其他用量。

城市用气普及率 使用煤气（包括人工煤气、液化石油气、天然气）的城市非农业人口数（不包括临时人口和流动人口）与城市非农业人口总数之比。计算公式：

$$城市煤气普及率=\frac{城市用气的非农业人口数}{城市非农业人口总数}\times 100\%$$

年底实有铺装道路长度 除土路外，路面经过铺装宽度在3.5米以上的道路，包括高级、次高级道路和普通道路。

城市桥梁 城市范围内，修建在河道上的桥梁和道路与道路立交、道路跨越铁路的立交桥，以及人行天桥。包括永久性桥和半永久性桥，不包括临时性桥、铁路桥、涵洞。

城市下水道总长度 所有排水总管、干管、支管及暗渠、检查井、连接井进出水口等长度之和。

城市污水日处理能力 污水处理厂每昼夜处理污水量的设计能力。

年末实有公共汽（电）车 年底可参加营运的全部车辆数，包括年底营运车辆数和库存查封未参加营运的车辆，不包括非营运车辆，如架线车、油罐车、工程车、货车及其他专用车辆和借人的客运车辆。

营运线路长度 设置的固定营运线路长度，包括郊区营运线路长度。不包括临时行驶的线路长度。

城市园林绿地面积 城市公共绿地、专用绿地、生产绿地、防护绿地、郊区风景名胜区的全部面积。

公共绿地 供游览休息的各种公园、动物园、植物园、陵园以及花园、游园和供游览休息用的林荫道绿地、广场绿地。不包括一般栽植的行道树及林荫道的面积。

农林牧渔业总产值 以货币表现的农、林、牧、渔业全部产品的总量和对农林牧渔业生产活动进行的各种支持性服务活动的价值。它反映一定时期内农业生产总规模和总成果。

农、林、牧、渔业的统计范围包括辖区内各种经济组织类型、各种系统的全部农林牧渔生产单位和非农行业单位附属的农林牧渔业生产活动单位。军委系统的农林牧渔业生产（除军马外）也包括在内，但不包括农业科学试验机构进行的农业生产。

（1）农业包括种植业和其他农业。

种植业包括谷物、豆类、薯类、棉花、油料、糖料、麻类、烟叶、蔬菜、药材、瓜类和其他农作物的种植，以及茶园、桑园、果园的生产经营。

其他农业包括采集野生植物的果实、纤维、树胶、树脂、油料以及柴草、野生药材、菌类等及农民家庭兼营的商品性工业。

(2)林业包括林木的栽培(不包括茶园、桑园和果园的栽培、管理和收获等活动)、林产品的采集和村及村以下合作经济和农户的竹木采伐。

(3)牧业包括除渔业养殖以外的一切动物饲养和放牧以及野生动物的捕猎和饲养。

(4)渔业包括水生动物和海藻类植物的养殖和捕捞。

农林牧渔业总产值的计算方法通常是按农林牧渔业产品及其副产品的产量分别乘以各自单位产品价格求得,少数生产周期较长,当年没有产品或产品产量不易统计的,则采用间接方法匡算其产值,然后将四业产品产值及农林牧渔服务业产值相加即为农林牧渔业总产值。

农林牧渔业中间消耗是指农林牧渔业生产经营过程中所消耗的货物和服务的价值,包括物质产品消耗和非物质性服务消耗。物质产品消耗是指农林牧渔业生产过程中所消耗的各种物质产品的价值,包括外购的和计入总产出的自给性物质产品消耗,如种籽、饲料、肥料、农药、燃料、用电量、小农具购置、原材料消耗等;支付物质生产部门的各种服务费包括修理费、生产用外雇运输费、生产用邮电费等,以及其他物质消耗;非物质性服务消耗是指支付给非物质生产部门的各种服务费,如畜禽配种费、畜禽防疫医疗费、科研费、旅馆、车船费、金融服务费、保险服务费、广告费等。

粮食产量 全社会的产量。包括国有经济经营的、集体统一经营的和农民家庭经营的粮食产量,还包括工矿企业办的农场和其他生产单位的产量。粮食除包括稻谷、小麦、玉米、高粱、谷子及其他杂粮外,还包括薯类和豆类。其产量计算方法,豆类按去豆荚后的干豆计算;薯类(包括甘薯和马铃薯,不包括芋头和木薯)1963 年以前按每 4 公斤鲜薯折 1 公斤粮食计算,从 1964 年开始及以后改为按 5 公斤鲜薯折 1 公斤粮食计算。城市郊区作为蔬菜的薯类(如:马铃薯等)按鲜品计算,并且不作为粮食统计。其他粮食一律按脱粒后的原粮计算。

油料产量 全部油料作物的生产量。包括花生、油菜籽、芝麻、向日葵籽、胡麻籽(亚麻籽)和其他油料。不包括大豆,也不包括木本油料和野生油料。花生以带壳干花生计算。

水产品产量 人工养殖的水产品和天然生长的水产品的捕捞量。

猪、牛、羊肉产量 当年出栏并已屠宰后除去头蹄下水后带骨肉(即胴体重)的重量。

耕地面积 种植农作物的土地,包括熟地,新开发、复垦、整理地,休闲地(含轮歇地、轮作地);以种植农作物(含蔬菜)为主,间有零星果树、桑树或其他树木的土地;平均每年能保证收获一季的已垦滩地和海涂。临时种植药材、草皮、花卉、苗木等的耕地,以及其他临时改变用途的耕地。

农作物播种面积 实际播种或移植有农作物的面积。凡是实际种植有农作物的面积,不论种植在耕地上还是种植在非耕地上,均包括在农作物播种面积中。在播种季节基本结束后,因遭灾而重新改种和补种的农作物面积,也包括在内。

农作物产量 本年度全社会范围内生产的农产品的产量,不论何种经营主体,不论是在耕地上还是在非耕地上种植的农作物产量,都应统计在内。

有效灌溉面积 具有一定的水源,地块比较平整,灌溉工程或设备已经配套,在一般年景下当年能够进行正常灌溉的耕地面积。

农用化肥施用量 本年内实际用于农业生产的化肥数量。包括氮肥、磷肥、钾肥和复合肥。化肥施用量要求按折纯量计算数量。折纯法化肥施用量是把氮肥、磷肥和钾肥分别按含氮、含五氧化二磷、含氧化钾的百分之一百成份折算后的数量。复合肥按其所含主要成分折算。

农业机械总动力 主要用于农、林、牧、渔业的各种动力机械的动力总和。包括耕作机械、排灌机械、收获机械、农用运输机械、植物保护机械、牧业机械、林业机械、渔业机械和其他农业机械[内燃机按引擎马力折成瓦(特)计算,电动机按功率折成瓦(特)计算]。不包括专门用于乡、镇、村、组办工业、基本建设、非农业运输、科学试验和教学等非农业生产方面用的动力机械与作业机械。

农林牧渔业劳动力 直接参加农林牧渔业生产劳动的劳动力。

期初(末)畜禽存栏头(只)数 本期期初(末)农村各种合作经济组织和国营农场、家庭农场、农民个人、机关、团体、学校、工矿企业、部队等单位以及城镇居民饲养的大牲畜、猪、羊、家禽等畜禽的存栏头(只)数。

谷物 籽实主要供作粮食的作物。这类作物包括稻谷、小麦、玉米、谷子、高粱和其他谷物,不包括豆类和薯类作物。

工业 从事自然资源的开采,对采掘品和农产品进行加工和再加工的物质生产部门。具体包括:

(1)对自然资源的开采,对采矿、晒盐、森林采伐等(但不包括禽兽捕猎和水产捕捞);

(2)对农副产品的加工、再加工,如粮油加工、食品加工、轧花、缫丝、纺织、制革等;

(3)对采掘品的加工、再加工,如炼铁、炼钢、化工生产、石油加工、机器制造、木材加工等,以及电力、自来水、煤气的生产和供应等;

(4)对工业品的修理、翻新,如机器设备的修理、交通运输工具(包括小卧车)的修理等。

1984 年以前农村的村及村以下办工业归属农业,1984 年以后划归工业。

规模以上工业统计调查单位 年主营业务收入在 2000 万元以上的工业企业。

企业控股情况 根据企业实收资本中某种经济成分的出资人的实际投资情况,或出资人对企业资产的实际控制、支配程度进行分类。具体分为国有控股、集体控股、私人控股、港澳台商控股、外商控股和其他六类。

1. 国有控股:包括:(1)在企业的全部实收资本中,国有经济成分的出资人拥有的实收资本(股本)所占企业全部实收资本(股本)的比例大于 50% 的国有绝对控股。(2)在企业的全部实收资本中,国有经济成分的出资人拥有的实收资本(股本)所占比例虽未大于 50%,但相对大于其他任何一方经济成分的出资人所占比例的国有相对控股;或者虽不大于其他经济成分,但根据协议规定拥有企业实际控制权的国有协议控股。(3)投资双方各占 50%,且未明确由谁绝对控股的企业,若其中一方为国有经济成分的,一律按国有控股处理。

2. 集体控股:包括:(1)在企业的全部实收资本中,集体经济成分的出资人拥有的实收资本(股本)所占企业全部实收资本(股本)的比例大于 50% 的集体绝对控股。(2)在企业的全部实收资本中,集体经济成分的出资人拥有的实收资本(股本)所占比例虽未大于 50%,但相对大于其他任何一方经济成分的出资人所占比例的集体相对控股;或者虽不大于其他经济成分,但根据协议规定拥有企业实际控制权的集体协议控股。

3. 私人控股:包括:(1)在企业的全部实收资本中,私人经济成分的出资人拥有的实收资本(股本)所占企业全部实收资本(股本)的比例大于50%的私人绝对控股。(2)在企业的全部实收资本中,私人经济成分的出资人拥有的实收资本(股本)所占比例虽未大于50%,但相对大于其他任何一方经济成分的出资人所占比例的私人相对控股;或者虽不大于其他经济成分,但根据协议规定拥有企业实际控制权的私人协议控股。

4. 港澳台商控股:包括:(1)在企业的全部实收资本中,港澳台商经济成分的出资人拥有的实收资本(股本)所占企业全部实收资本(股本)的比例大于50%的港澳台商绝对控股。(2)在企业的全部实收资本中,港澳台商经济成分的出资人拥有的实收资本(股本)所占比例虽未大于50%,但相对大于其他任何一方经济成分的出资人所占比例的港澳台商相对控股;或者虽不大于其他经济成分,但根据协议规定拥有企业实际控制权的港澳台商协议控股。

5. 外商控股:包括:(1)在企业的全部实收资本中,外商经济成分的出资人拥有的实收资本(股本)所占企业全部实收资本(股本)的比例大于50%的外商绝对控股。(2)在企业的全部实收资本中,外商经济成分的出资人拥有的实收资本(股本)所占比例虽未大于50%,但相对大于其他任何一方经济成分的出资人所占比例的外商相对控股;或者虽不大于其他经济成分,但根据协议规定拥有企业实际控制权的外商协议控股。

隶属关系 本单位隶属于哪一级行政管理单位。分为:中央、省、市、县级及以下和其他。

中央与地方双重领导的单位,以领导为主的一方来划分中央属或地方属。

县级以上各级中国共产党委员会及其所属各工作部门、县级以上各级人民代表大会机关、县级以上各级人民政府及其所属各工作部门、县级以上各级政治协商会议机关等机关的隶属关系填写本级,如:省政府的隶属关系填“省”。县、乡镇、街道一级的机关以及居委会、村委会的隶属关系填写县级及以下。

隶属于“中央”的单位兴办的集体企业,隶属关系填“其他”;省属以下的企业(单位)办的企业(单位),其隶属关系与企业(单位)本身的隶属关系一致。

无主管部门的单位、本省(自治区、直辖市)在外省(自治区、直辖市)的办事机构所开办的第三产业等单位填“其他”。

工业总产值 工业企业在报告期内生产的以货币形式表现的工业最终产品和提供工业劳务活动的总价值量。

资产总计 企业过去的交易或者事项形成的、由企业拥有或者控制的、预期会给企业带来经济利益的资源。

应收账款 企业因销售商品、提供劳务等经营活动所形成的债权,包括应向客户收取的货款、增值税款和为客户代垫的运杂费等。

存货 企业在日常活动中持有以备出售的产成品或商品、处在生产过程中的在产品、在生产过程或提供劳务过程中耗用的材料或物料等,通常包括原材料、在产品、半成品、产成品、商品以及周转材料等。

产成品 企业已经完成全部生产过程并验收入库,可以按照合同规定的条件送交订货单位,或者可以作为商品对外销售的产品。

固定资产合计　指企业为生产商品、提供劳务、出租或经营管理而持有的，使用寿命超过一个会计年度的有形资产。

负债合计　企业过去的交易或者事项形成的，预期会导致经济利益流出企业的现时义务。

主营业务收入　企业确认的销售商品、提供劳务等主营业务的收入。

主营业务成本　企业经营主要业务所发生的成本总额。

销售费用　企业在销售商品和材料、提供劳务的过程中发生的各种费用，包括保险费、包装费、展览费和广告费、商品维修费、预计产品质量保证损失、运输费、装卸费等以及为销售本企业商品而专设的销售机构（含销售网点、售后服务网点等）的职工薪酬、业务费、折旧费等经营费用。

管理费用　企业为组织和管理企业生产经营所发生的费用，包括企业在筹建期间内发生的开办费、董事会和行政管理部门在企业经营管理中发生的，或者应当由企业统一负担的公司经费等。

财务费用　企业为筹集生产经营所需资金等而发生的筹资费用，包括企业生产经营期间发生的利息支出（减利息收入）、汇兑损失（减汇兑收益）以及相关的手续费等。

利润总额　企业在一定会计期间的经营成果，是生产经营过程中各种收入扣除各种耗费后的盈余，反映企业在报告期内实现的盈亏总额。

建筑业统计范围　统计范围为各省、自治区、直辖市辖区内具有建筑业资质的所有独立核算建筑业企业（包括没有工作量的建筑业企业）及所属产业活动单位；国务院各有关部门（或企业）直属的具有建筑业资质的所有独立核算建筑业企业。建筑业企业资质执行住房和城乡建设部新的资质管理办法。

签订合同额　建筑业企业在报告期直接同建设单位签订的各种国内工程合同的总价款和以前年度同建设单位签订的各种国内工程合同的未完工程跨入本年度继续施工工程合同的总价款余额。

上年结转合同额　以前年度同建设单位签订合同的未完工程跨入本年度继续施工工程合同的总价款余额。

本年新签合同额　建筑业企业在报告期内同建设单位直接新签订的各种国内工程合同的总价款，不包括与其他建筑业企业新签的分包合同额。

建筑业总产值　以货币表现的建筑业企业在一定时期内生产的建筑业产品和服务的总和。建筑业总产值包括建筑工程产值、安装工程产值和其他产值三部分内容。

建筑工程产值　列入建筑工程预算内的各种工程价值，包括：

（1）各种房屋如厂房、仓库、办公室、住宅、商店、学校、医院、俱乐部、食堂、车库、招待所等房屋建筑，按照当前预算制度规定，列入房屋工程预算内的暖气、卫生、通风、照明、煤气等设备价值及其装饰油漆工程，以及列入建筑工程预算内的各种管道（如蒸汽、压缩空气、石油、给排水等管道），电力、电讯电缆导线的敷设等工程。

（2）设备基础、支柱、操作平台、梯子、烟囱、凉水塔、水池、灰塔等建筑工程，炼焦炉、裂解炉、蒸汽炉等各种窑炉的砌筑工程及金属结构工程。

（3）为施工而进行的建筑场地的布置，工程地质勘探，原有建筑物和障碍物的拆除及平整土地，施工临时用水、电、汽、道路工程，以及完工后建筑场地的清理，环境绿化工作等。

(4)矿井的开凿、井巷掘进延伸、露天矿的剥离、石油、天然气钻井工程和铁路、公路、港口、桥梁等工程。

(5)水利工程，如水库、堤坝、灌渠以及河道整治等工程。

(6)防空、地下建筑等特殊工程。

(7)装饰装修工程。

安装工程产值 设备安装工程价值，包括：

(1)生产、动力、起重、运输、传动和医疗、实验等各种需要安装设备的装配和安装与设备相连的工作台、梯子、栏杆等装设工程，附属于被安装设备的管线敷设工程、被安装设备的绝缘、防腐、保温、油漆等工作。

(2)为测定安装工作质量，对单个设备、系统设备进行单机试运和系统联动无负荷试运工作。

在设备安装产值中，不得包括被安装设备本身价值。

其他产值 建筑业总产值中除建筑工程、安装工程以外的产值。包括房屋构筑物修理产值、非标准设备制造产值、总包企业向分包企业收取的管理费以及不能明确划分的施工活动所完成的产值。

房屋构筑物修理产值 房屋和构筑物的修理所完成的产值，但不包括被修理房屋、构筑物本身价值和生产设备的修理价值。

非标准设备制造产值 加工制造没有定型的非标准生产设备的加工费和原材料价值(如化工厂、炼油厂用的各种罐、槽，矿井生产统一使用的各种漏斗、三角槽、阀门等)以及附属加工厂为本企业承建工程制作的非标准设备的价值。

房屋施工面积 报告期内施工的全部房屋建筑面积。包括本期新开工的房屋建筑面积、上期跨入本期继续施工的房屋建筑面积、上期停缓建在本期恢复施工的房屋建筑面积、本期竣工的房屋建筑面积以及本期施工后又停缓建的房屋建筑面积。多层建筑应填各层建筑面积之和。

房屋新开工面积 报告期内新开工建设的房屋建筑面积，以单位工程为核算对象，即整栋房屋的全部建筑面积，不能分割计算。不包括在上期开工跨入报告期继续施工的房屋建筑面积和上期停缓建而在本期恢复施工的房屋建筑面积。房屋的开工应以房屋正式开始破土刨槽(地基处理或打永久桩)的日期为准。

房屋建筑竣工面积 报告期内房屋建筑按照设计要求已全部完工，达到住人和使用条件，经验收鉴定合格或达到竣工验收标准，可正式移交使用的各栋房屋建筑面积的总和。

货(客)运量 在一定时期内，各种运输工具实际运送的货物(旅客)数量。是反映运输业为国民经济和人民生活服务的数量指标，也是制定和检查运输生产计划，研究运输发展规模和速度的重要指标。货运按吨计算，客运按人计算。货崾物不论运输距离长短，货物类别，均按实际重量统计；旅客不论行程远近或票价多少，均按一人一次作为客运量统计。半价票、小孩票也按一人统计。

货物(旅客)周转量 在一定时期内，由各种运输工具运送的货物(旅客)数量与其相应运输距离的乘积之总和，是反映运输业生产总成果的重要指标，也是编制和检查运输生产计划，计算运输效率、劳动生产率以及核算运输单位成本的主要基础资料。通常以吨公里和人公里为计算单位。计算货物周转量通常按发出站与到达站之间的最短距离，也就是计费距离计算。

港口货物吞吐量 由水运进出港区范围,并经过装卸的货物数量,包括邮件及办理托运手续的行李、包裹以及补给运输船舶的燃、物料和淡水。其计量单位为吨。货物吞吐量的货种分类及其主要流向流量,反映了港口在国内外物资交流和对外贸易运输中的地位和作用。吞吐量可以分为进口、出口,又可以分为国内贸易和对外贸易。

邮电业务总量 以货币表现的邮电部门用于传递信息和提供其他邮电服务的总数量。它综合反映了一定时期邮电工作的总成果,是研究邮电业务量构成发展趋势的重要指标。根据邮电管理体制不同,分为中央国营业务总量和地方国营业务总量。它用各种邮电分类业务量,如函件件数、电报份数、长话张数、市内电话和农村电话的年均户数、订销报刊累计份数等,分别乘以相应的平均单价(不变价),加总后再加上出租电路和设备的收入、代用户维护电话交换机和线路等设备的收入、其他业务收入求得。

无线寻呼电话用户 携带小型寻呼机,接收市话用户通过无线寻呼中心,在规定范围内向其发出声音、数字或文字显示信息的用户。目前在邮电部门办理登记手续的无线寻呼电话用户,每一部寻呼机按一户计算。

移动电话用户 在邮电部门登记,通过移动电话交换机进入移动电话网、占有移动电话号码的电话用户。用户数量以实际办理登记手续进入邮电部门移动电话网的户数进行计算,一部或一台移动电话统计为一户。

社会消费品零售总额 企业(单位、个体户)通过交易直接售给个人、社会集团非生产、非经营用的实物商品金额,以及提供餐饮服务所取得的收入金额。个人包括城乡居民和入境人员,社会集团包括机关、社会团体、部队、学校、企事业单位、居委会或村委会等。

商品购进额 从本企业以外的单位和个人购进(包括从国外直接进口)作为转卖或加工后转卖的商品金额(含增值税)。本指标反映批发和零售业从国内外市场上购进商品的总价。

商品购进包括:(1)从工农业生产者、批发和零售业、住宿和餐饮业、出版社或报社的出版发行部门和其他服务业等企事业单位和个体经营户购进的商品;(2)从机关、社会团体购进的商品;(3)从海关、市场管理部门购进的缉私和没收的商品;(4)从居民收购的废旧商品等。

不包括:(1)企业为本单位自身经营用,不是作为转卖而购进的商品,如材料物资、包装物、低值易耗品、办公用品等;(2)未通过买卖行为而收入的商品,如接受其他部门移交的商品、借入的商品、收入代其他单位保管的商品、其他单位赠送的样品、加工回收的成品等;(3)经本单位介绍,由买卖双方直接结算,本单位只收取手续费的业务;(4)销售退回和买方拒付货款的商品;(5)商品溢余;(6)期货交易商品。购进的各种商品,不论是否进入本单位仓库,凡是通过本企业结算货款的,都包括在内。从国内购进的商品,以进货全价计算商品购进,包括原始进价(或农副产品收购价)和购入环节缴纳的各项税金(包括增值税),企业购进商品发生的购进折扣、退回和折让,及购进商品发生的经确认的索赔收入,冲减商品购进金额。进口商品的国外进价按到岸价格(*CIF*)、折合成人民币计算,如果对外合同以离岸价格(*FOB*)成交,商品离开对方口岸后,应由我方企业负担的各项费用也包括在商品购进的金额内,但不包括到达我国口岸后发生的各项费用,收入的进口佣金冲减购进金额,不包括不易按商品认定的佣金金额。企业委托其他单位代理进口的商品,其购进金额为实际支付给代理单位的全部价款。

商品销售额 对本单位以外的单位和个人出售的商品金额（包括售给本单位消费用的商品，含增值税），在批发和零售业中，本指标反映在国内市场上销售商品以及出口商品的总价。商品销售包括：(1)售给个人和社会集团消费用的商品；(2)售给农业、工业、建筑业、服务业等国民经济各行业用于生产、经营用的商品，包括售予批发和零售业作为转卖或加工后转卖的商品；(3)对国（境）外直接出口的商品。

商品销售不包括：(1)未通过买卖行为付出的商品，如因机构变动移交给其他企业单位的商品、借出的商品、归还受其他单位委托代保管的商品、付出的加工原料和赠送给其他单位的样品等；(2)促销返券所销售的、不计入营业收入的商品；(3)经本单位介绍，由买卖双方直接结算，本单位只收取手续费的业务；(4)未发生所有权转移的商品预付卡销售，如加油卡；(5)汽车维修、电话卡销售等服务性经济活动；(6)购货退回的商品；(7)商品损耗和损失；(8)出售本单位自用的废旧物资；(9)期货交易商品；(10)自来水供应企业、电力企业、天然气供应企业提供的水、电、气。

商品销售是指商品已经售出、商品所有权已经转移给买方后，以收到货款或取得收取货款的证据时作为商品销售。(1)采取直接收款方式的，在实际收到货款或取得收款的凭证时作为商品销售；采取托收承付和委托银行收款结算方式的，在发出商品并办妥托收手续时作为商品销售；采用分期收款方式的，按合同约定的收款日期作为商品销售；采用预收货款方式的，在商品发出时作为商品销售；(2)委托其他单位代销商品，以收到代销单位的销售清单时作为商品销售。在交款提货的情况下，如货款已经收到，只要账单和提货单已经交给买方，不论商品是否发出，都应作为商品销售；(3)出口商品销售，陆路以取得承运货物收据或铁路联运运单、海运以取得出口装船提单、空运以取得运单并在银行办理了交单作业作为商品销售。预收货款不通过银行交单的，取得以上提单、运单后作为商品销售。出口商品一律以离岸价（*FOB*）计算商品销售，如按到岸价（*CIF*）对外成交的，应扣除商品离境后发生的由我方负担的国外运费、保险费、佣金（不包括不易按商品认定的累计佣金）、银行财务费和对外理赔款等作为商品销售；(4)自营进口商品销售，企业与境内用户签订合同实行货到结算的，在商品到达我国境内港口取得船舶到港通知，企业向订货单位开出结算凭证时作为商品销售；合同规定对境内实行单向结算的，企业凭境外账单向订货单位开出结算凭证时作为商品销售；已先期到达并存放在相应的仓储企业单位库存的进口商品，企业凭出库单向用户开出结算凭证后作为商品销售。

期末商品库存额 对于批发和零售业法人单位和个体经营户，是指报告期末取得所有权的全部商品金额（含增值税）；对于批发和零售业产业活动单位，是指报告期末实际在库且归属法人具有所有权的全部商品金额（含增值税）。这个指标反映批发和零售业的商品库存情况，以及对市场商品供应的保证程度。

库存商品包括：(1)存放在本单位（如门市部、批发站、采购站、经营处）的仓库、货场、货柜和货架中的商品；(2)挑选、整理、包装中的商品；(3)已记入购进而尚未运到本单位的商品，即发货单或银行承兑凭证已到而货未到的商品；(4)寄放他处的商品，如因购货方拒绝付款而暂时存在购货方的商品；(5)委托其他单位代销（未作销售或调出）尚未售出的商品；(6)代其他单位购进尚未交付的商品。

库存商品不包括：(1)所有权不属于本单位的商品，如商品已作销售但买方尚未取走的商品，代替他人保管、运输、加工的商品，代其他单位销售（未做购进或调入）而未售出的商品；(2)委托外单位加工的商品

（包括本单位所属加工厂和其他生产单位加工生产尚未收回成品的商品）；（3）外贸企业代理其他单位从国外进口，尚未付给订货单位的商品；（4）代国家储备部门保管的商品。

库存商品金额可以采用进价或售价进行核算。采用进价核算的商品，应按商品进货原则（或实际采购成本）计算期末库存；采用售价核算的商品，应按商品的售价计算期末库存。购入的商品，在商品到达验收入库后计算期末库存（对已记入购进尚未运到的商品，也可计算期末库存）；对于月终尚未开出承兑商业汇票的入库商品，按应付给供货单位的价款暂估计算期末库存；年度终了，凡已转入库存和已作销售的进口商品，属于国外以离岸价格成交、有应付未付国外运保费的，应先估计期末库存，委托其他单位代销的商品包括在期末库存中；委托外单位加工的商品，在发出商品时作减少期末库存，当加工商品收回时增加期末库存（包括商品进货原价、加工费用、加工税金等）。

从事批发和零售业活动的从业人员平均人数 报告期内（年度、季度、月度）平均拥有的从事批发和零售业活动的人员数。包括参加企业批发和零售经营活动的正式人员，劳务派遣人员和其他临时人员。对于不属于与企业主营业务高度相关的活动，如利用本单位的车辆、仓储等设施进行的运输、仓库活动，但主要为本企业主营业务活动提供服务的人员，也视为直接从事主营业务活动人员。不包括在本企业领取工资、股息、红利未参加主营业务活动的人员；不包括医疗、教育等为企业提供社会性服务活动的人员。计算方法同从业人员平均人数。

从事住宿和餐饮业活动的从业人员平均人数 报告期内（年度、季度、月度）平均拥有的从事住宿和餐饮业活动的人员数。包括参加企业住宿和餐饮经营活动的正式人员，劳务派遣人员和其他临时人员。对于不属于与企业主营业务高度相关的活动，如利用本单位的车辆、仓储等设施进行的运输、仓库活动，但主要为本企业主营业务活动提供服务的人员，也视为直接从事主营业务活动人员。不包括在本企业领取工资、股息、红利未参加主营业务活动的人员；不包括医疗、教育等为企业提供社会性服务活动的人员。计算方法同从业人员平均人数。

进出口总额 海关进出口总额指实际进出我国国境的货物总金额。包括对外贸易实际进出口货物，来料加工装配进出口货物，国家间、联合国及国际组织无偿援助物资和赠送品，华侨、港澳台同胞和外籍华人捐赠品，租赁期满归承租人所有的租赁货物，进料加工进出口货物，边境地方贸易及边境地区小额贸易进出口货物（边民互市贸易除外），中外合资经营企业、中外合作经营企业、外商独资经营企业进出口货物和公用物品，到、离岸价格在规定限额以上的进出口货样广告品（无商业价值、无使用价值和免费提供出口的除外），从保税仓库提取在中国境内销售的进口货物以及其他进出口货物。进出口总额用以观察一个国家在对外贸易方面的总规模。我国规定出口货物按离岸价格统计，进口货物按到岸价格统计。

商品经营单位所在地进出口额 所在地海关注册登记的有进出口经营权企业实际进出口额。

商品目的地进口额和商品货源地出口额目的地进口额 进口货物的消费、使用或最终抵运地的实际进口额，货源地出口额是指出口货物的产地或原始发货地的实际出口额。

利用外资 我国各级政府、部门、企业和其他经济组织通过对外借款、吸收外商直接投资以及用其他方式筹措的境外现汇、设备、技术等。

对外借款 我国利用外资的主要部分。包括我国通过外国政府贷款,国际金融组织贷款,外国银行商业贷款,出口信贷以及对外发行债券,股票等方式从境外筹措的资金。

外商直接投资 外国企业和经济组织或个人(包括华侨、港澳台胞以及我国在境外注册的企业)按我国有关政策、法规,用现汇、实物、技术等在我国境内开办外商独资企业、与我国境内的企业或经济组织共同举办中外合资经营企业、合作经营企业或作合作开发资源的投资(包括外商投资效率的再投资)以及经政府有关部门批准的项目投资总额内,企业从境外借入的资金。

对外承包工程 包括各对外承包公司以招标议标承包方式承揽的下列业务:

(1)承包国外工程建设项目;

(2)承包我国对外经援项目;

(3)承包我国驻外机构的工程建设项目;

(4)承包我国境内利用外资进行建设的工程项目;

(5)与外国承包公司合营或联合承包工程项目时我国公司分包部分;

(6)以服务成果向业主收费的技术服务项目(包括承担地形地貌测绘;地质资源勘探与普查;建设区域规划;提供设计文件、图纸、生产工艺技术资料和工程技术经济咨询;工程项目的可行性考察、研究和评估;进行技术指导和培训人员等);

(7)对外承包兼营的房屋开发业务。对外承包工程的营业额是以货币表现的本期内完成的对外承包篫程的工作量,包括以前年度签订的合同和本年度新签订的合同在报告期完成的工作量。

对外劳务合作 以收取工资的形式向业主或承包商提供技术和劳动服务的活动。我国对外承包公司在境外开办的合营企业,中国公司同时又提供劳务的其劳务部分也纳入劳务合作统计。劳务合作营业额按报告期内向雇主提交的结算数(包括工资、加班费和奖金等)统计。

入境游客人数 报告期内来我国观光、度假、探亲访友、就医疗养、购物、参加会议或从事经济、文化、体育、宗教活动的外国人、港澳台同胞等海外游客。

旅游外汇收入 海外旅游者在中国(大陆)境内旅行、游览过程中用于交通、参观游览、住宿、餐饮、购物、娱乐等全部花费。

星级饭店数 由国家旅游部门认可或评定的一星以上的饭店。

财政总收入 即财政预算内总收入,包括按财政体制划分的中央收入和地方财政一般预算内收入。中央收入包括:一般增值税75%、一般消费税、企业所得税与个人所得税中央分享部分。

保费 又叫保险费。是保险人根据保险合同的有关规定,为被保险人取得因约定危险事故发生所造成的经济损失补偿(或给付)权利,付给保险人的代价。包括财产险和人身险储金收入。

赔款 保险事故发生后,经查证确属保险责任范围以内的保险标的损失,保险人根据保险合同的规定履行赔偿义务,给予被保险人的款项叫做赔款。赔款可分为已决赔款和未决赔款两种。

文化事业机构 从事专业文化工作和为专业文化工作服务的独立建制的单独核算的单位。不包括这些单位另外举办独立核算的其他机构和各部门的业余文化组织。

艺术表演团体 从事戏曲、音乐、舞蹈、杂技等专业艺术表演，有独立帐户，实行单独核算的团体。不包括半工半艺、半农半艺和民间职业剧团。

电影放映单位 具有放映机器设备、固定或不固定的放映场所与专职与兼职的放映技术人员，经有关部门登记批准，经常为一定的观众对象放映电影的机构。包括批准对外开放进行营业，并与电影发行放映管理机构分帐的专用放映单位和军委系统租片单位。

艺术表演观众人数(人次) 售票、包场演出或民族地区免费演出的艺术表演观众人次数。不包括彩排审查和内部观摩演出的观看人次数。

医院 名称为医院，设有固定床位能收容病人住院并能为病人提供医疗、护理服务的医疗机构。包括县及县以上医院、农村乡卫生院、其他医院三部分。按所属性质分为卫生部门、工业及其他部门，集体经济单位三类。其中县及县以上医院按业务性质分为综合医院和专科医院。

卫生技术人员 卫生事业机构支付工资的全部固定职工和合同制职工中现任职务为卫生技术工作的专业人员。包括中医师、西医师、中西医结合高级医师护师、中药师、西药师、检验师、其他技师、中医士、西医士、护士、助产士、中药剂士、西药剂士、检验士、其他技士、其他中医、护理员、中药剂员、西药剂员、检验员，其他初级卫生技术人员。

医生 经卫生部门审查合格，从事医疗工作的专业人员。分为中医医生和西医医生。包括卫生技术人员中的中医师、西医师、中西结合高级医师、中医士西医士和其他中医。

工业废水排放量 经过企业厂区所有排放口排到企业外部的工业废水量。包括生产废水、外排的直接冷却水、超标排放的矿井地下水和与工业废水混排的厂区生活污水，不包括外排的间接冷却水(清污不分流的间接冷却水应计算在内)。

工业废水排放达标量 各项指标都达到国家或地方排放标准的外排工业废水量，包括未经处理外排达标的和经过处理后外排达标的两部分。国家排放标准见*GB*8978－88。

工业废水处理量 报告期内各种水治理设施实际处理的工业废水量，包括处理后外排的和处理后回用的工业废水量。虽经处理但未达到国家或地方排放覃准的废水量也应计算在内。计算时，如遇有车间和厂排放口均有治理设施，并对同一废水分级处理时，不应重复计算工业废水处理量。

工业废气排放量 企业厂区内燃料燃烧和生产工艺过程中产生的各种排入空气的含有污染物的气体的总量，以标准状态[273*K*，101325*Pa*]计。

二氧化硫排放量 企业在燃料燃烧和生产工艺过程中排入大气的二氧化硫量。

工业烟尘排放量 企业厂区内的燃料燃烧产生的烟气中夹带的颗粒物的量。

工业粉尘排放量 企业在生产工艺过程中排放的颗粒物重量。如钢铁企业的耐火材料粉尘、焦化企业的筛焦系统粉尘、烧结机的粉尘、石灰窑的粉尘、建材企业的水泥粉尘等。不包括电厂排入大气的烟尘。

工业固体废物产生量 企业在生产过程中产生的固体状、半固体状和高浓度液体状废弃物的总量，包括危险废物、冶炼废渣、粉煤灰、炉渣、煤矸石、矿、放射性废物和其他废物等；不包括矿山开采的剥离废石和掘进废石(煤矸石和呈酸性或碱性的废石除外)。酸性或碱性废石是：指采掘的废石其流经水、雨淋水的 *pH* 值小于 4 或 pH 值大于 105 者。

工业固体废物处置量 将固体废物焚烧或者最终置于符合环境保护规定要求的场所并不再回取的工业固体废物量(包括当年处置往年的工业固体废物累计贮存量)。处置方法如:填埋(其中危险废物应安全填埋)、焚烧、专业贮存场(库)封场处理、深层灌注、回填矿井等。

工业固体废物排放量 将所产生的固体废物排到固体废物污染防治设施、场所以外的量。不包括矿山开采的剥离废石和掘进废石(煤矸石和呈酸性或碱性的废石除外)。

“三废”综合利用产品产值 利用“三废”(废液、废气、废渣)作为主要原料生产的产品产值(现行价),已经销售或准备销售的,应计算产品产值;但留作生产上自用的,不应计算产品产值。

“三废”综合利用产品利润 利用“三废”(废液、废气、废渣)生产的产品,销售后所得到的利润。

环境污染与破坏事故 由于违反环境保护法规的经济、社会活动与行为,以及意外因素的影响或不可抗拒的自然灾害等原因,致使环境受到污染,国家重点保护的野生动植物、自然保护区受到破坏,人体健康受到危害,社会经济和人民财产受到损失,造成不良社会影响的突发性事件。

景气指数 亦称景气度,是对企业景气调查中的定性指标通过定量方法加工汇总,综合反映某一特定调查群体或某一社会现象所处的状态或发展趋势的一种指标。景气指数介于 0 – 200 之间,100 为景气指数的临界值,当景气指数大于 100 时,表明经济状况趋于上升或改善,当景气指数小于 100 时,表明经济状况趋于下降或恶化,处于不景气状态。更为细致的划分为:0 – 100 为不景气区间,100 – 120 为较景气区间,120 – 150 为较高景气区间,150 – 200 为高景气区间。

企业景气指数 亦称企业综合生产经营景气指数,是根据企业家对本企业综合生产经营情况的判断和预期(通常为对“良好”、“一般”、“不佳”的选择)而编制的指数,用以综合反映企业的生产经营状况。

原煤 煤矿生产的、经过验收符合质量标准的原煤。即:从毛煤中选出规定粒度的矸石(包括黄铁矿等杂物)、绝对干燥灰分在 40% 以下的原煤。绝对干燥灰分虽在 40% 以上,但经有关部门批准开采,并有消费需求的劣质煤,亦应计入原煤产量。原煤分为无烟煤、烟煤、褐煤,在烟煤中又分为炼焦烟煤和一般烟煤两种。原煤不包括石煤、泥煤(泥炭)和伴随原煤生产过程而采出的煤矸石。

无烟煤 煤化程度高的原煤。其特点是挥发分低、密度大、燃点高、碳含量高、无粘结性,燃烧时多不冒烟。通常作为民用燃料,也可直接用于小型高炉炼铁等。无烟煤的干燥无灰基挥发分质量分数一般在 10% 以下。

烟煤 煤化程度低于无烟煤而高于褐煤的原煤。其特点是挥发分产率范围宽,干燥无灰基挥发分质量分数一般在 10 – 40% 之间,其中若干燥无灰基挥发分质量分数在 37% 至 40% 之间时,透光率大于 50% 者为烟煤。。烟煤主要分为炼焦烟煤和一般烟煤。

炼焦烟煤 主要可用于炼焦的烟煤,包括焦煤、1/3 焦煤、肥煤、气肥煤、气煤、瘦煤、贫瘦煤、其他炼焦的烟煤。

一般烟煤 除炼焦的烟煤以外的烟煤,包括贫煤、弱粘煤、不粘煤、长焰煤、1/2 中粘煤、其他一般烟煤。

褐煤 煤化程度低的煤,其外观多呈褐色,光泽暗淡,水分含量高,在空气中易于风化。褐煤的干燥无灰基挥发分质量分数一般在37%以上，透光率小于等于50%。褐煤多作发电燃料，也可作气化原料和锅炉燃料，有的可用来制造磺化煤、活性碳、褐煤蜡的原料。

洗煤　将原煤经过洗选和筛选等加工后，清除或减少灰分、矸石、硫分等杂质，并按不同煤种、灰分、热值和粒度分等级的煤。

洗精煤（用于炼焦）　原煤经洗选加工后，灰分较低、热值较高的用于炼焦的洗选煤产品，一般为炼焦选煤厂洗选产出。用于炼焦的洗精煤灰分较低，一般不超过12.5%。

其他洗煤　除用于炼焦的洗精煤以外的其他洗选煤产品。

煤制品　以原煤为原料制成的各种煤制品，包括水煤浆、型煤、煤粉等。

原油　各种碳氢化合物的复杂混合物，通常呈暗褐色或者黑色液态，少数呈黄色、淡红色、淡褐色。

天然气　以气态碳氢化合物为主的各种气体的混合物，由有机物质经生物化学作用分解而成，或与石油共存于岩石的裂缝和空洞中，或以溶解状态存在于地下水中；主要成分为甲烷（约占85%—95%），还有乙烷、丙烷、丁烷等，是一种优质燃料和化工原料。天然气分为常规天然气和非常规天然气。

液化天然气　液体状态的天然气，由气态天然气在一定温度和压力条件下液化而成，无毒、无色、无味，在-161℃下的密度约为425千克/立方米。天然气在常温、常压状态为气态，占有的体积大，不利于储存，液化后体积只有气态的1/600左右。天然气的主要成分——甲烷的临界温度为-82℃，故在常温下不可能通过压缩而将其液化。而当将甲烷冷却到-161℃以下时，在常压下即转化为液体，即液化天然气（*LNG*）。

原油加工量　直接进入蒸馏装置及二次加工装置加工的原油量。该指标是衡量炼化企业生产规模、能力的一项基础指标，也是炼化企业计算各项技术经济指标的重要依据。因此，原油加工量作为一个特殊的指标在产品产量中统计。

计算原油加工量必须具有一定的计量手段，一般用流量计计量，在计量表误差较大的情况下，也可以用罐检尺方法计量，但不允许用产出量倒算。

汽油　直馏汽油和二次加工（如催化裂化、加氢裂化，催化重整和经精制的热裂化、焦化等）汽油，按不同比例调和，加入适量抗氧防胶剂及金属钝化剂，必要时加入适量的抗爆剂（如加入抗爆剂还要加入着色剂）而制成。本品为易燃、易挥发液体，具有良好的抗爆性能和燃烧性能，其蒸发性好，燃烧完全，积炭少，对发动机部件及储油容器无腐蚀性，由于加有抗氧剂，产品具有较好的安定性，不易过早氧化。

煤油　包括灯用煤油、航空煤油。

柴油　直馏柴油和经过精制的二次加工（如催化裂化、加氢裂化、热裂化、加氢精制的焦化的柴油等），以不同比例调和而成的成品油。柴油分为轻柴油、重柴油。

润滑油　以原油经常减压蒸馏装置和二次加工所得的馏分油为原料，经糠醛精制和溶剂脱蜡或压榨脱蜡，再经白土或加氢精制工艺所得的润滑油基础油，加入清净、分散、抗氧、抗腐、抗泡等添加剂调合而成。

燃料油　包括船用燃料油、重油或其他燃料油。燃料油分为商品燃料油和自用燃料油。商品燃料油指企业作为商品销售的燃料油；自用燃料油指本企业用作燃料和化肥、化工原料的自用油。

石脑油　属一部分石油轻馏分的泛称；用途不同，各种馏程亦不同。馏程自初馏点至220℃左右，主要用作重整和化工原料；70—145℃馏分，称轻石脑油，生产芳烃的重整原料；70—180℃馏分，称重石脑油，用作生产高辛烷值汽油。用作溶剂时，称作溶剂石脑油；来自煤焦油的芳香族溶剂油也称作重石脑油或溶剂石脑油。

溶剂油 以蒸馏装置的直馏汽油组分或催化重整的抽余油为原料，经精制、分馏而制成，按馏分不同分为以下不同牌号：6 号抽提溶剂油，用于植物油萃取工艺中作抽提溶剂，也可作合成橡胶工艺中的溶剂、化学试剂、化学溶剂等；70 号溶剂油，别名香花溶剂油，用于香花香料及油脂工业作抽提剂；90 号溶剂油，别名 90 号石油醚，用于化学试剂、医药溶剂；120 号橡胶溶剂油，用于橡胶工业作溶剂；190 号溶剂油，用于机械零件洗涤和工农业生产作溶剂；200 号溶剂油，用作油漆工业溶剂和稀释剂；260 号溶剂油，为煤油型特种溶剂；300 号彩色油墨溶剂油，用于制造高档油墨；航空洗涤油，用于航空机件等精密机件的洗涤，也用作航空涡轮发电机点火燃料。

石蜡 从石油、页岩油或其他沥青矿物油的某些馏出物中提取出来的烃类混合物，主要成分是固体烷烃，无臭无味，为白色或淡黄色半透明固体。

液化石油气 亦称液化气或压缩汽油，是炼油精制过程中产生并回收的气体在常温下经加压而成的液态产品。主要成分是丙烷、丁烷、丙烯、丁烯，主要用作石油化工原料，脱硫后可直接用作燃料。

石油焦 以原油经常减压装置蒸馏所得的渣油或其以重油为原料，经焦化装置生产。产品按用途分为三个牌号，每个牌号按质量分为 *A*、*B* 两类，牌号有 1#*A*、1#*B*、2#*A*、2#*B*、3#*A*、3#*B* 石油焦等。主要用于制造石墨电极、碳素、碳化硅、碳化钙等产品的原料，也可直接用于冶炼、铸煅工艺作燃料。

石油沥青 由原油经常减压装置蒸馏直接获得的渣油制品，也可以用减压渣油为原料经氧化，溶剂脱出的沥青再经适度氧化或调合而成。是来自原油中的最重的组分，是高度缩合的多环烃类混合物，具有良好的粘结性、绝缘性、不渗水性，并能抵抗许多化学药物的侵蚀，广泛用于道路工程、建筑工程、水利工程、防护涂料以及保持水土、改良土壤等领域。沥青性能主要是以软化点、针入度、延伸度来表示的。软化点表示沥青的耐热性能，软化点越高则耐热性能越好。针入度反映沥青的流变性能，为使道路沥青与砂石粘结紧密，需要高针入度的沥青；而作为防腐用的专用沥青，则需要低针入度的沥青，防止流失。延伸度表示沥青的抗张性和可塑性，道路沥青要求的延伸度最高，是为了保证在低温下路面不致受车辆碾压而出现裂缝。沥青按用途可分为普通沥青、道路沥青、建筑沥青、专用沥青，其中以道路沥青的用量最大。

炼厂干气 炼油厂炼油过程中产生并回收的非冷凝气体（也称蒸馏气），主要成分为乙烯、丙烯和甲烷、乙烷、丙烷、丁烷等，主要用作燃料和化工原料。

其他石油制品 石油加工过程中除汽油、煤油、柴油、燃料油、液化石油气、炼厂干气、石脑油、润滑油、石蜡、溶剂油、石油焦、石油沥青以外的其他炼油产品。石油制品很多，目录中只列出了上述主要品种，统计时为了简化，把除这些主要品种以外的其他石油产品归并在"其他石油制品"一个目录下一起填报。

焦炭 将各种经过洗选的煤炭按一定比例配合后，在隔绝空气的高温炭化室内经过热解、缩聚、固化、收缩等复杂的物理化学过程形成的固体燃料，呈黑灰色块状、有光泽，燃烧时烟气少，具有不粘结、不结块、低硫、低灰、坚硬、耐磨、耐压、富于气孔性等特点，主要用于冶金、化工、铸造等工艺的燃料和原料。它包括各种生产方式生产的焦炭,即包括机械化焦炉、简易焦炉、土焦炉、煤气发生炉等装置生产的所有焦炭和半焦炭。

工业企业能源消费量 工业企业在工业生产活动和非工业生产活动中消费的能源,包括工业生产活动中作为燃料、动力、原料、辅助材料使用的能源,生产工艺中使用的能源,用于能源加工转换的能源;非工业生产活动中使用的能源。具体包括:

(1)用于本企业产品生产、工业性作业和其他生产性活动的能源;

(2)用于技术更新改造措施、新技术研究和新产品试制以及科学试验等方面的能源;

(3)用于经营维修、建筑及设备大修理、机电设备和交通运输工具等方面的能源;

(4)用于劳动保护的能源;

(5)生产交通运输工具的企业(如造船厂、汽车制造厂),向成品轮船、汽车中添加动力用油,应算作企业的能源消费,但不作为工业生产消费,应作为非工业生产消费和交通运输工具消费;

(6)其他非生产消费的能源。

不包括:

(1)由仓库发到车间,但在报告期最后一天没有消费的能源。这部分能源应在办理假退料手续后计入库存量。

(2)拨到外单位,委托外单位加工用的能源。

(3)调出本单位或借给外单位的能源。

工业生产能源消费量 工业企业为进行工业生产活动所消费的能源。主要包括:

(1)用于本企业产品生产、工业性作业的能源,包括用作原料、材料、燃料、动力的能源;作为能源加工转换企业,还包括用作加工转换的能源(这部分能源不能理解为用作原材料,用作原材料的概念见后面的解释)。

(2)产品生产过程中作为辅助材料使用的能源。

(3)生产工艺过程使用的能源。

(4)新技术研究、新产品试制、科学试验使用的能源。

(5)为了工业生产活动而在进行的各种修理过程中使用的能源。

(6)生产区内的劳动保护用能等。

用于原材料的能源消费量 能源产品不作能源使用,即不作燃料、动力使用,而作为生产另外一种产品(非能源产品)的原料或作为辅助材料使用,作原料使用时通常构成这种产品的实体。它与用作加工转换的区别是:用作加工转换,投入的是能源,产出的主要产品还是能源(或产出的产品属于加工转换过程中产生的不作能源使用的其他副产品和联产品)。而用作原材料时,投入的是能源,产出的主要产品是能源范畴以外的产品,包括产出的某种产品在广义上可以用作能源(比如可以燃烧以提供热量),但通常意义上不作能源使用的产品。

非工业生产能源消费量 在工业企业能源消费中,除"工业生产能源消费"以外的能源消费,即非工业生产用能和工业企业附属的不从事工业生产活动的非独立核算单位用能。比如本企业施工单位进行技术更新改造、维修等过程用能，非生产区的劳动保护用能，科研单位、农场、车队、学校、医院、食堂、托儿所等单位用能。但是必须注意，上述单位如果是独立核算的，其用能既不能包括在“工业企业能源消费”中，亦不能包括在“非工业生产能源消费”中。

生产交通运输工具的企业（如造船厂、汽车制造厂），向成品轮船、汽车中添加动力用油，应算作企业的非工业生产消费。

综合能源消费量　企业（单位）在报告期内实际消费的各种能源（扣除能源加工转换和能源回收利用等重复因素）的总和。计算综合能源消费量时，需要将各种能源品种的消费量换算成按照标准计量单位（如：吨标准煤）计量的消费量。不同工业法人单位的计算方法见《能源购进、消费与库存》（205 -1 表）的说明。

取水量　企业从各种水源直接提取或者从市场购买的用于厂区、办公区内工业生产活动的水量，以实际获得的新水量为准。

用于工业生产活动的水量，包括主要生产用水、辅助生产用水（如机修、运输、空压站等）和附属生产用水（如绿化、办公室、浴室、食堂、厕所、保健站等），不包括非工业生产单位的用水量（如基建用水、厂内居民家庭用水和企业附属幼儿园、学校、对外营业的浴室、游泳池等的用水量）和居民生活用水量。

取水量包括企业取自地表、地下、城镇供水工程的水，外购的再生水（中水）、其他水或水的产品，以及企业为生产外供水或水产品而取用的水。不包括重复用水量、直流冷却水量、未利用直接排放的矿井水和雨水量、污水处理企业处理的污（废）水量、水力发电动力用水量。

外供水量　企业外供给其他单位的水或水产品的量，以离厂水量为准。包括外供给其他企业或市场的原水、自来水、再生水（中水）、海水淡化水、矿泉水、纯净水等。不包括直流冷却水量、未利用直接排放的矿井水和雨水量、北方地区供暖企业供给城镇热力网内循环的热水量、进入城镇污水管网和直接排到自然环境中的水量。

地表淡水　陆地表面形成的径流及地表贮存的淡水。包括江、河、淡水湖、水库等。

地下淡水　地下径流或埋藏于地下的，经过提取可被利用的淡水。包括井水、地热水等。

自来水　自来水厂将地表淡水、地下淡水经过“混凝、沉淀、过滤、消毒”等净水工序，达到国家饮用水标准，通过城镇自来水管网供给工业生产、居民生活使用的水。

海水　海洋的水。海水的取水量包括企业用来淡化、制盐、化工生产等海水资源利用所提取的海水量，以及用于海水循环冷却补充水、脱硫、洗涤、除尘、冲渣、印染等的海水直接利用量，不包括海水直流冷却水量。

陆地苦咸水　存在于陆地地表或地下，含盐量大于 1 克/升的水。包括微咸水、咸水湖和地下的咸水。不包括海水。

矿井水　在采矿过程中，由于矿床开采破坏了地下水原始赋存状态而产生导水裂隙，使周围水沿着原有的和新的裂隙渗入井下采掘空间进而形成的矿井涌水。收集、处理并已利用的矿井水填报取水量，未利用直接排放的矿井水不填报取水量、外供水量、外排水量。

雨水　通过集雨工程积蓄处理后被工业利用的雨水。雨水的取水量不包括天降雨、雪后流到江河、湖泊、水库中的水，以及未经利用通过厂区内排水管道直接排放的雨水。

再生水（中水） 以污（废）水为水源，经再生工艺净化处理后水质达到再利用标准的水。再生水（中水）不填报外供量。有再生水（中水）取水的单位填报再生水（中水）的取水量。

海水淡化水 经过特定生产工艺去除海水中的盐分后得到的淡化水。

其他水 上述水资源品种没有涵盖的，或者界定不清的水及水的产品。包括软化水、除盐水、蒸汽（需折算成同等质量的水）、蒸汽冷凝水、管道供应的热水（不含北方地区城镇热力网内循环的热水）、瓶（桶）装纯净水、矿泉水、经过初步处理未达到自来水标准的水。不包括地热水、碳酸饮料、茶饮料、果汁饮料、酒类、污（废）水。

外排水量 完成生产过程和生产活动之后，经过企业厂区、办公区所有排水口排到企业外部的水量。包括进入城镇污水管网的污（废）水量、直接排到自然环境中的水量。不包括外供水量、直流冷却水量、未利用就直接排放的矿井水量。

重复用水量 在确定的用水单元或系统内，所有未经处理和处理后又重复使用的水量总和。

满足下列任意一种情况，即可视为重复用水：

1. 循环水：在确定的用水单元或系统内，生产过程中已用过、再循环用于同一过程的水。例如火力发电企业的循环冷却水。循环水量循环使用一次计算一次，根据循环水泵的流量乘以工作时间计算。

2. 串联水：在确定的用水单元或系统，由生产过程中产生的或使用后、再用于另一单元或系统的水。例如先用于冷却再用于洗涤的水；生产过程中产生的，用于烟气脱硫、冲渣（灰）的水。串联水量重复使用一次计算一次。

3. 回用水：企业产生的，没有排放而是直接或经处理后再利用于某一用水单元或系统的水。例如收集回用的蒸汽冷凝水，生产活动产生的、净化后回用的污（废）水，自来水厂冲洗沉淀池、滤池再处理后回用的水。回用水量回用一次计算一次。

重复用水量不包括北方地区城镇热力网内循环的热水、火力发电设备内进行汽水循环的除盐水。

直流冷却水量 企业取自河流、水库、湖泊、海洋，经一次使用后，直接排放回河流、水库、湖泊、海洋的冷却水量，多见于火（核）电企业。直流冷却水不填报取水量、外供水量、外排水量。企业从直流冷却水系统中取水用做其他用途，则该部分应计入取水量。

利用河、湖、水库等的淡水进行直流冷却填报直流冷却水量（河湖水），利用海水进行直流冷却填报直流冷却水量（海水）。

污水处理企业污水处理量 污水处理企业取自企业外部并实际处理的污（废）水量。本指标仅限污水处理企业填报。

污水处理企业指专业化进行城镇污水、工业废（污）水处理的企业或单位，不仅限4620行业（污水处理及再生利用）的企业和单位。包括城镇污水处理厂、工业废（污）水处理厂以及有污水处理业务资质和污水处理系统，对外提供社会化服务、专门为工业园区、连片工业企业和周边工业企业处理工业废（污）水（包括一并处理的周边地区生活污水）的法人单位。

中华人民共和国统计法

（1983 年 12 月 8 日第六届全国人民代表大会常务委员会第三次会议通过 根据 1996 年 5 月 15 日第八届全国人民代表大会常务委员会第十九次会议《关于修改〈中华人民共和国统计法〉的决定》修正 2009 年 6 月 27 日第十一届全国人民代表大会常务委员会第九次会议修订）

第一章 总 则

第一条 为了科学、有效地组织统计工作，保障统计资料的真实性、准确性、完整性和及时性，发挥统计在了解国情国力、服务经济社会发展中的重要作用，促进社会主义现代化建设事业发展，制定本法。

第二条 本法适用于各级人民政府、县级以上人民政府统计机构和有关部门组织实施的统计活动。

统计的基本任务是对经济社会发展情况进行统计调查、统计分析，提供统计资料和统计咨询意见，实行统计监督。

第三条 国家建立集中统一的统计系统，实行统一领导、分级负责的统计管理体制。

第四条 国务院和地方各级人民政府、各有关部门应当加强对统计工作的组织领导，为统计工作提供必要的保障。

第五条 国家加强统计科学研究，健全科学的统计指标体系，不断改进统计调查方法，提高统计的科学性。

国家有计划地加强统计信息化建设，推进统计信息搜集、处理、传输、共享、存储技术和统计数据库体系的现代化。

第六条 统计机构和统计人员依照本法规定独立行使统计调查、统计报告、统计监督的职权，不受侵犯。

地方各级人民政府、政府统计机构和有关部门以及各单位的负责人，不得自行修改统计机构和统计人员依法搜集、整理的统计资料，不得以任何方式要求统计机构、统计人员及其他机构、人员伪造、篡改统计资料，不得对依法履行职责或者拒绝、抵制统计违法行为的统计人员打击报复。

第七条 国家机关、企业事业单位和其他组织以及个体工商户和个人等统计调查对象，必须依照本法和国家有关规定，真实、准确、完整、及时地提供统计调查所需的资料，不得提供不真实或者不完整的统计资料，不得迟报、拒报统计资料。

第八条 统计工作应当接受社会公众的监督。任何单位和个人有权检举统计中弄虚作假等违法行为。对检举有功的单位和个人应当给予表彰和奖励。

第九条 统计机构和统计人员对在统计工作中知悉的国家秘密、商业秘密和个人信息，应当予以保密。

第十条 任何单位和个人不得利用虚假统计资料骗取荣誉称号、物质利益或者职务晋升。

第二章　统计调查管理

第十一条　统计调查项目包括国家统计调查项目、部门统计调查项目和地方统计调查项目。

国家统计调查项目是指全国性基本情况的统计调查项目。部门统计调查项目是指国务院有关部门的专业性统计调查项目。地方统计调查项目是指县级以上地方人民政府及其部门的地方性统计调查项目。

国家统计调查项目、部门统计调查项目、地方统计调查项目应当明确分工，互相衔接，不得重复。

第十二条　国家统计调查项目由国家统计局制定，或者由国家统计局和国务院有关部门共同制定，报国务院备案；重大的国家统计调查项目报国务院审批。

部门统计调查项目由国务院有关部门制定。统计调查对象属于本部门管辖系统的，报国家统计局备案；统计调查对象超出本部门管辖系统的，报国家统计局审批。

地方统计调查项目由县级以上地方人民政府统计机构和有关部门分别制定或者共同制定。其中，由省级人民政府统计机构单独制定或者和有关部门共同制定的，报国家统计局审批；由省级以下人民政府统计机构单独制定或者和有关部门共同制定的，报省级人民政府统计机构审批；由县级以上地方人民政府有关部门制定的，报本级人民政府统计机构审批。

第十三条　统计调查项目的审批机关应当对调查项目的必要性、可行性、科学性进行审查，对符合法定条件的，作出予以批准的书面决定，并公布；对不符合法定条件的，作出不予批准的书面决定，并说明理由。

第十四条　制定统计调查项目，应当同时制定该项目的统计调查制度，并依照本法第十二条的规定一并报经审批或者备案。

统计调查制度应当对调查目的、调查内容、调查方法、调查对象、调查组织方式、调查表式、统计资料的报送和公布等作出规定。

统计调查应当按照统计调查制度组织实施。变更统计调查制度的内容，应当报经原审批机关批准或者原备案机关备案。

第十五条　统计调查表应当标明表号、制定机关、批准或者备案文号、有效期限等标志。

对未标明前款规定的标志或者超过有效期限的统计调查表，统计调查对象有权拒绝填报；县级以上人民政府统计机构应当依法责令停止有关统计调查活动。

第十六条　搜集、整理统计资料，应当以周期性普查为基础，以经常性抽样调查为主体，综合运用全面调查、重点调查等方法，并充分利用行政记录等资料。

重大国情国力普查由国务院统一领导，国务院和地方人民政府组织统计机构和有关部门共同实施。

第十七条　国家制定统一的统计标准，保障统计调查采用的指标涵义、计算方法、分类目录、调查表式和统计编码等的标准化。

国家统计标准由国家统计局制定，或者由国家统计局和国务院标准化主管部门共同制定。

国务院有关部门可以制定补充性的部门统计标准，报国家统计局审批。部门统计标准不得与国家统计标准相抵触。

第十八条　县级以上人民政府统计机构根据统计任务的需要，可以在统计调查对象中推广使用计算机网络报送统计资料。

第十九条　县级以上人民政府应当将统计工作所需经费列入财政预算。

重大国情国力普查所需经费，由国务院和地方人民政府共同负担，列入相应年度的财政预算，按时拨付，确保到位。

第三章　统计资料的管理和公布

第二十条　县级以上人民政府统计机构和有关部门以及乡、镇人民政府，应当按照国家有关规定建立统计资料的保存、管理制度，建立健全统计信息共享机制。

第二十一条　国家机关、企业事业单位和其他组织等统计调查对象，应当按照国家有关规定设置原始记录、统计台账，建立健全统计资料的审核、签署、交接、归档等管理制度。

统计资料的审核、签署人员应当对其审核、签署的统计资料的真实性、准确性和完整性负责。

第二十二条　县级以上人民政府有关部门应当及时向本级人民政府统计机构提供统计所需的行政记录资料和国民经济核算所需的财务资料、财政资料及其他资料，并按照统计调查制度的规定及时向本级人民政府统计机构报送其组织实施统计调查取得的有关资料。

县级以上人民政府统计机构应当及时向本级人民政府有关部门提供有关统计资料。

第二十三条　县级以上人民政府统计机构按照国家有关规定，定期公布统计资料。

国家统计数据以国家统计局公布的数据为准。

第二十四条　县级以上人民政府有关部门统计调查取得的统计资料，由本部门按照国家有关规定公布。

第二十五条　统计调查中获得的能够识别或者推断单个统计调查对象身份的资料，任何单位和个人不得对外提供、泄露，不得用于统计以外的目的。

第二十六条　县级以上人民政府统计机构和有关部门统计调查取得的统计资料，除依法应当保密的外，应当及时公开，供社会公众查询。

第四章　统计机构和统计人员

第二十七条　国务院设立国家统计局，依法组织领导和协调全国的统计工作。

国家统计局根据工作需要设立的派出调查机构，承担国家统计局布置的统计调查等任务。

县级以上地方人民政府设立独立的统计机构，乡、镇人民政府设置统计工作岗位，配备专职或者兼职统计人员，依法管理、开展统计工作，实施统计调查。

第二十八条　县级以上人民政府有关部门根据统计任务的需要设立统计机构，或者在有关机构中设置统计人员，并指定统计负责人，依法组织、管理本部门职责范围内的统计工作，实施统计调查，在统计业务上受本级人民政府统计机构的指导。

第二十九条　统计机构、统计人员应当依法履行职责，如实搜集、报送统计资料，不得伪造、篡改统计资料，不得以任何方式要求任何单位和个人提供不真实的统计资料，不得有其他违反本法规定的行为。

统计人员应当坚持实事求是，恪守职业道德，对其负责搜集、审核、录入的统计资料与统计调查对象报送的统计资料的一致性负责。

第三十条　统计人员进行统计调查时，有权就与统计有关的问题询问有关人员，要求其如实提供有关情况、资料并改正不真实、不准确的资料。

统计人员进行统计调查时，应当出示县级以上人民政府统计机构或者有关部门颁发的工作证件；未出示的，统计调查对象有权拒绝调查。

第三十一条　国家实行统计专业技术职务资格考试、评聘制度，提高统计人员的专业素质，保障统计队伍的稳定性。

统计人员应当具备与其从事的统计工作相适应的专业知识和业务能力。

县级以上人民政府统计机构和有关部门应当加强对统计人员的专业培训和职业道德教育。

第五章　监督检查

第三十二条　县级以上人民政府及其监察机关对下级人民政府、本级人民政府统计机构和有关部门执行本法的情况，实施监督。

第三十三条　国家统计局组织管理全国统计工作的监督检查，查处重大统计违法行为。

县级以上地方人民政府统计机构依法查处本行政区域内发生的统计违法行为。但是，国家统计局派出的调查机构组织实施的统计调查活动中发生的统计违法行为，由组织实施该项统计调查的调查机构负责查处。

法律、行政法规对有关部门查处统计违法行为另有规定的，从其规定。

第三十四条　县级以上人民政府有关部门应当积极协助本级人民政府统计机构查处统计违法行为，及时向本级人民政府统计机构移送有关统计违法案件材料。

第三十五条　县级以上人民政府统计机构在调查统计违法行为或者核查统计数据时，有权采取下列措施：

（一）发出统计检查查询书，向检查对象查询有关事项；

（二）要求检查对象提供有关原始记录和凭证、统计台账、统计调查表、会计资料及其他相关证明和资料；

（三）就与检查有关的事项询问有关人员；

(四)进入检查对象的业务场所和统计数据处理信息系统进行检查、核对;

(五)经本机构负责人批准,登记保存检查对象的有关原始记录和凭证、统计台账、统计调查表、会计资料及其他相关证明和资料;

(六)对与检查事项有关的情况和资料进行记录、录音、录像、照相和复制。

县级以上人民政府统计机构进行监督检查时,监督检查人员不得少于二人,并应当出示执法证件;未出示的,有关单位和个人有权拒绝检查。

第三十六条　县级以上人民政府统计机构履行监督检查职责时,有关单位和个人应当如实反映情况,提供相关证明和资料,不得拒绝、阻碍检查,不得转移、隐匿、篡改、毁弃原始记录和凭证、统计台账、统计调查表、会计资料及其他相关证明和资料。

第六章　法律责任

第三十七条　地方人民政府、政府统计机构或者有关部门、单位的负责人有下列行为之一的,由任免机关或者监察机关依法给予处分,并由县级以上人民政府统计机构予以通报:

(一)自行修改统计资料、编造虚假统计数据的;

(二)要求统计机构、统计人员或者其他机构、人员伪造、篡改统计资料的;

(三)对依法履行职责或者拒绝、抵制统计违法行为的统计人员打击报复的;

(四)对本地方、本部门、本单位发生的严重统计违法行为失察的。

第三十八条　县级以上人民政府统计机构或者有关部门在组织实施统计调查活动中有下列行为之一的,由本级人民政府、上级人民政府统计机构或者本级人民政府统计机构责令改正,予以通报;对直接负责的主管人员和其他直接责任人员,由任免机关或者监察机关依法给予处分:

(一)未经批准擅自组织实施统计调查的;

(二)未经批准擅自变更统计调查制度的内容的;

(三)伪造、篡改统计资料的;

(四)要求统计调查对象或者其他机构、人员提供不真实的统计资料的;

(五)未按照统计调查制度的规定报送有关资料的。

统计人员有前款第三项至第五项所列行为之一的,责令改正,依法给予处分。

第三十九条　县级以上人民政府统计机构或者有关部门有下列行为之一的,对直接负责的主管人员和其他直接责任人员由任免机关或者监察机关依法给予处分:

(一)违法公布统计资料的;

(二)泄露统计调查对象的商业秘密、个人信息或者提供、泄露在统计调查中获得的能够识别或者推断单个统计调查对象身份的资料的;

(三)违反国家有关规定,造成统计资料毁损、灭失的。

统计人员有前款所列行为之一的，依法给予处分。

第四十条　统计机构、统计人员泄露国家秘密的，依法追究法律责任。

第四十一条　作为统计调查对象的国家机关、企业事业单位或者其他组织有下列行为之一的，由县级以上人民政府统计机构责令改正，给予警告，可以予以通报；其直接负责的主管人员和其他直接责任人员属于国家工作人员的，由任免机关或者监察机关依法给予处分：

（一）拒绝提供统计资料或者经催报后仍未按时提供统计资料的；

（二）提供不真实或者不完整的统计资料的；

（三）拒绝答复或者不如实答复统计检查查询书的；

（四）拒绝、阻碍统计调查、统计检查的；

（五）转移、隐匿、篡改、毁弃或者拒绝提供原始记录和凭证、统计台账、统计调查表及其他相关证明和资料的。

企业事业单位或者其他组织有前款所列行为之一的，可以并处五万元以下的罚款；情节严重的，并处五万元以上二十万元以下的罚款。

个体工商户有本条第一款所列行为之一的，由县级以上人民政府统计机构责令改正，给予警告，可以并处一万元以下的罚款。

第四十二条　作为统计调查对象的国家机关、企业事业单位或者其他组织迟报统计资料，或者未按照国家有关规定设置原始记录、统计台账的，由县级以上人民政府统计机构责令改正，给予警告。

企业事业单位或者其他组织有前款所列行为之一的，可以并处一万元以下的罚款。

个体工商户迟报统计资料的，由县级以上人民政府统计机构责令改正，给予警告，可以并处一千元以下的罚款。

第四十三条　县级以上人民政府统计机构查处统计违法行为时，认为对有关国家工作人员依法应当给予处分的，应当提出给予处分的建议；该国家工作人员的任免机关或者监察机关应当依法及时作出决定，并将结果书面通知县级以上人民政府统计机构。

第四十四条　作为统计调查对象的个人在重大国情国力普查活动中拒绝、阻碍统计调查，或者提供不真实或者不完整的普查资料的，由县级以上人民政府统计机构责令改正，予以批评教育。

第四十五条　违反本法规定，利用虚假统计资料骗取荣誉称号、物质利益或者职务晋升的，除对其编造虚假统计资料或者要求他人编造虚假统计资料的行为依法追究法律责任外，由作出有关决定的单位或者其上级单位、监察机关取消其荣誉称号，追缴获得的物质利益，撤销晋升的职务。

第四十六条　当事人对县级以上人民政府统计机构作出的行政处罚决定不服的，可以依法申请行政复议或者提起行政诉讼。其中，对国家统计局在省、自治区、直辖市派出的调查机构作出的行政处罚决定不服的，向国家统计局申请行政复议；对国家统计局派出的其他调查机构作出的行政处罚决定不服的，向国家统计局在该派出机构所在的省、自治区、直辖市派出的调查机构申请行政复议。

第四十七条　违反本法规定，构成犯罪的，依法追究刑事责任。

第七章　附　　则

第四十八条　本法所称县级以上人民政府统计机构，是指国家统计局及其派出的调查机构、县级以上地方人民政府统计机构。

第四十九条　民间统计调查活动的管理办法，由国务院制定。

中华人民共和国境外的组织、个人需要在中华人民共和国境内进行统计调查活动的，应当按照国务院的规定报请审批。

利用统计调查危害国家安全、损害社会公共利益或者进行欺诈活动的，依法追究法律责任。

第五十条　本法自 2010 年 1 月 1 日起施行。

中华人民共和国国务院令

第681号

《中华人民共和国统计法实施条例》已经2017年4月12日国务院第168次常务会议通过，现予公布，自2017年8月1日起施行。

总理　李克强

2017年5月28日

中华人民共和国统计法实施条例

第一章　总　则

第一条　根据《中华人民共和国统计法》（以下简称统计法），制定本条例。

第二条　统计资料能够通过行政记录取得的，不得组织实施调查。通过抽样调查、重点调查能够满足统计需要的，不得组织实施全面调查。

第三条　县级以上人民政府统计机构和有关部门应当加强统计规律研究，健全新兴产业等统计，完善经济、社会、科技、资源和环境统计，推进互联网、大数据、云计算等现代信息技术在统计工作中的应用，满足经济社会发展需要。

第四条　地方人民政府、县级以上人民政府统计机构和有关部门应当根据国家有关规定，明确本单位防范和惩治统计造假、弄虚作假的责任主体，严格执行统计法和本条例的规定。

地方人民政府、县级以上人民政府统计机构和有关部门及其负责人应当保障统计活动依法进行，不得侵犯统计机构、统计人员独立行使统计调查、统计报告、统计监督职权，不得非法干预统计调查对象提供统计资料，不得统计造假、弄虚作假。

统计调查对象应当依照统计法和国家有关规定，真实、准确、完整、及时地提供统计资料，拒绝、抵制弄虚作假等违法行为。

第五条　县级以上人民政府统计机构和有关部门不得组织实施营利性统计调查。

国家有计划地推进县级以上人民政府统计机构和有关部门通过向社会购买服务组织实施统计调查和资料开发。

第二章　统计调查项目

第六条　部门统计调查项目、地方统计调查项目的主要内容不得与国家统计调查项目的内容重复、矛盾。

第七条　统计调查项目的制定机关（以下简称制定机关）应当就项目的必要性、可行性、科学性进行论证，征求有关地方、部门、统计调查对象和专家的意见，并由制定机关按照会议制度集体讨论决定。

重要统计调查项目应当进行试点。

第八条　制定机关申请审批统计调查项目，应当以公文形式向审批机关提交统计调查项目审批申请表、项目的统计调查制度和工作经费来源说明。

申请材料不齐全或者不符合法定形式的，审批机关应当一次性告知需要补正的全部内容，制定机关应当按照审批机关的要求予以补正。

申请材料齐全、符合法定形式的，审批机关应当受理。

第九条　统计调查项目符合下列条件的，审批机关应当作出予以批准的书面决定：

（一）具有法定依据或者确为公共管理和服务所必需；

（二）与已批准或者备案的统计调查项目的主要内容不重复、不矛盾；

（三）主要统计指标无法通过行政记录或者已有统计调查资料加工整理取得；

（四）统计调查制度符合统计法律法规规定，科学、合理、可行；

（五）采用的统计标准符合国家有关规定；

（六）制定机关具备项目执行能力。

不符合前款规定条件的，审批机关应当向制定机关提出修改意见；修改后仍不符合前款规定条件的，审批机关应当作出不予批准的书面决定并说明理由。

第十条　统计调查项目涉及其他部门职责的，审批机关应当在作出审批决定前，征求相关部门的意见。

第十一条　审批机关应当自受理统计调查项目审批申请之日起 20 日内作出决定。20 日内不能作出决定的，经审批机关负责人批准可以延长 10 日，并应当将延长审批期限的理由告知制定机关。

制定机关修改统计调查项目的时间，不计算在审批期限内。

第十二条　制定机关申请备案统计调查项目，应当以公文形式向备案机关提交统计调查项目备案申请表和项目的统计调查制度。

统计调查项目的调查对象属于制定机关管辖系统，且主要内容与已批准、备案的统计调查项目不重复、不矛盾的，备案机关应当依法给予备案文号。

第十三条　统计调查项目经批准或者备案的，审批机关或者备案机关应当及时公布统计调查项目及其统计调查制度的主要内容。涉及国家秘密的统计调查项目除外。

第十四条　统计调查项目有下列情形之一的，审批机关或者备案机关应当简化审批或者备案程序，缩短期限：

（一）发生突发事件需要迅速实施统计调查；

（二）统计调查制度内容未作变动，统计调查项目有效期届满需要延长期限。

第十五条　统计法第十七条第二款规定的国家统计标准是强制执行标准。各级人民政府、县级以上人民政府统计机构和有关部门组织实施的统计调查活动，应当执行国家统计标准。

制定国家统计标准，应当征求国务院有关部门的意见。

第三章　统计调查的组织实施

第十六条　统计机构、统计人员组织实施统计调查，应当就统计调查对象的法定填报义务、主要指标涵义和有关填报要求等，向统计调查对象作出说明。

第十七条　国家机关、企业事业单位或者其他组织等统计调查对象提供统计资料，应当由填报人员和单位负责人签字，并加盖公章。个人作为统计调查对象提供统计资料，应当由本人签字。统计调查制度规定不需要签字、加盖公章的除外。

统计调查对象使用网络提供统计资料的，按照国家有关规定执行。

第十八条　县级以上人民政府统计机构、有关部门推广使用网络报送统计资料，应当采取有效的网络安全保障措施。

第十九条　县级以上人民政府统计机构、有关部门和乡、镇统计人员，应当对统计调查对象提供的统计资料进行审核。统计资料不完整或者存在明显错误的，应当由统计调查对象依法予以补充或者改正。

第二十条　国家统计局应当建立健全统计数据质量监控和评估制度，加强对各省、自治区、直辖市重要统计数据的监控和评估。

第四章　统计资料的管理和公布

第二十一条　县级以上人民政府统计机构、有关部门和乡、镇人民政府应当妥善保管统计调查中取得的统计资料。

国家建立统计资料灾难备份系统。

第二十二条　统计调查中取得的统计调查对象的原始资料，应当至少保存 2 年。

汇总性统计资料应当至少保存 10 年，重要的汇总性统计资料应当永久保存。法律法规另有规定的，从其规定。

第二十三条　统计调查对象按照国家有关规定设置的原始记录和统计台账，应当至少保存 2 年。

第二十四条　国家统计局统计调查取得的全国性统计数据和分省、自治区、直辖市统计数据，由国家统计局公布或者由国家统计局授权其派出的调查机构或者省级人民政府统计机构公布。

第二十五条　国务院有关部门统计调查取得的统计数据，由国务院有关部门按照国家有关规定和已批准或者备案的统计调查制度公布。

县级以上地方人民政府有关部门公布其统计调查取得的统计数据，比照前款规定执行。

第二十六条　已公布的统计数据按照国家有关规定需要进行修订的，县级以上人民政府统计机构和有关部门应当及时公布修订后的数据，并就修订依据和情况作出说明。

第二十七条　县级以上人民政府统计机构和有关部门应当及时公布主要统计指标涵义、调查范围、调查方法、计算方法、抽样调查样本量等信息，对统计数据进行解释说明。

第二十八条　公布统计资料应当按照国家有关规定进行。公布前，任何单位和个人不得违反国家有关规定对外提供，不得利用尚未公布的统计资料谋取不正当利益。

第二十九条　统计法第二十五条规定的能够识别或者推断单个统计调查对象身份的资料包括：

（一）直接标明单个统计调查对象身份的资料；

（二）虽未直接标明单个统计调查对象身份，但是通过已标明的地址、编码等相关信息可以识别或者推断单个统计调查对象身份的资料；

（三）可以推断单个统计调查对象身份的汇总资料。

第三十条　统计调查中获得的能够识别或者推断单个统计调查对象身份的资料应当依法严格管理，除作为统计执法依据外，不得直接作为对统计调查对象实施行政许可、行政处罚等具体行政行为的依据，不得用于完成统计任务以外的目的。

第三十一条　国家建立健全统计信息共享机制，实现县级以上人民政府统计机构和有关部门统计调查取得的资料共享。制定机关共同制定的统计调查项目，可以共同使用获取的统计资料。

统计调查制度应当对统计信息共享的内容、方式、时限、渠道和责任等作出规定。

第五章　统计机构和统计人员

第三十二条　县级以上地方人民政府统计机构受本级人民政府和上级人民政府统计机构的双重领导，在统计业务上以上级人民政府统计机构的领导为主。

乡、镇人民政府应当设置统计工作岗位，配备专职或者兼职统计人员，履行统计职责，在统计业务上受上级人民政府统计机构领导。乡、镇统计人员的调动，应当征得县级人民政府统计机构的同意。

县级以上人民政府有关部门在统计业务上受本级人民政府统计机构指导。

第三十三条　县级以上人民政府统计机构和有关部门应当完成国家统计调查任务，执行国家统计调查项目的统计调查制度，组织实施本地方、本部门的统计调查活动。

第三十四条　国家机关、企业事业单位和其他组织应当加强统计基础工作，为履行法定的统计资料报送义务提供组织、人员和工作条件保障。

第三十五条　对在统计工作中做出突出贡献、取得显著成绩的单位和个人，按照国家有关规定给予表彰和奖励。

第六章　监督检查

第三十六条　县级以上人民政府统计机构从事统计执法工作的人员，应当具备必要的法律知识和统计业务知识，参加统计执法培训，并取得由国家统计局统一印制的统计执法证。

第三十七条　任何单位和个人不得拒绝、阻碍对统计工作的监督检查和对统计违法行为的查处工作，不得包庇、纵容统计违法行为。

第三十八条　任何单位和个人有权向县级以上人民政府统计机构举报统计违法行为。

县级以上人民政府统计机构应当公布举报统计违法行为的方式和途径，依法受理、核实、处理举报，并为举报人保密。

第三十九条　县级以上人民政府统计机构负责查处统计违法行为；法律、行政法规对有关部门查处统计违法行为另有规定的，从其规定。

第七章　法律责任

第四十条　下列情形属于统计法第三十七条第四项规定的对严重统计违法行为失察，对地方人民政府、政府统计机构或者有关部门、单位的负责人，由任免机关或者监察机关依法给予处分，并由县级以上人民政府统计机构予以通报：

（一）本地方、本部门、本单位大面积发生或者连续发生统计造假、弄虚作假；

（二）本地方、本部门、本单位统计数据严重失实，应当发现而未发现；

（三）发现本地方、本部门、本单位统计数据严重失实不予纠正。

第四十一条　县级以上人民政府统计机构或者有关部门组织实施营利性统计调查的，由本级人民政府、上级人民政府统计机构或者本级人民政府统计机构责令改正，予以通报；有违法所得的，没收违法所得。

第四十二条　地方各级人民政府、县级以上人民政府统计机构或者有关部门及其负责人，侵犯统计机构、统计人员独立行使统计调查、统计报告、统计监督职权，或者采用下发文件、会议布置以及其他方式授意、指使、强令统计调查对象或者其他单位、人员编造虚假统计资料的，由上级人民政府、本级人民政府、上级人民政府统计机构或者本级人民政府统计机构责令改正，予以通报。

第四十三条　县级以上人民政府统计机构或者有关部门在组织实施统计调查活动中有下列行为之一的，由本级人民政府、上级人民政府统计机构或者本级人民政府统计机构责令改正，予以通报：

（一）违法制定、审批或者备案统计调查项目；

（二）未按照规定公布经批准或者备案的统计调查项目及其统计调查制度的主要内容；

（三）未执行国家统计标准；

（四）未执行统计调查制度；

（五）自行修改单个统计调查对象的统计资料。

乡、镇统计人员有前款第三项至第五项所列行为的，责令改正，依法给予处分。

第四十四条　县级以上人民政府统计机构或者有关部门违反本条例第二十四条、第二十五条规定公布统计数据的，由本级人民政府、上级人民政府统计机构或者本级人民政府统计机构责令改正，予以通报。

第四十五条　违反国家有关规定对外提供尚未公布的统计资料或者利用尚未公布的统计资料谋取不正当利益的，由任免机关或者监察机关依法给予处分，并由县级以上人民政府统计机构予以通报。第四十六条　统计机构及其工作人员有下列行为之一的，由本级人民政府或者上级人民政府统计机构责令改正，予以通报：

（一）拒绝、阻碍对统计工作的监督检查和对统计违法行为的查处工作；

（二）包庇、纵容统计违法行为；

（三）向有统计违法行为的单位或者个人通风报信，帮助其逃避查处；

（四）未依法受理、核实、处理对统计违法行为的举报；

（五）泄露对统计违法行为的举报情况。

第四十七条　地方各级人民政府、县级以上人民政府有关部门拒绝、阻碍统计监督检查或者转移、隐匿、篡改、毁弃原始记录和凭证、统计台账、统计调查表及其他相关证明和资料的，由上级人民政府、上级人民政府统计机构或者本级人民政府统计机构责令改正，予以通报。

第四十八条　地方各级人民政府、县级以上人民政府统计机构和有关部门有本条例第四十一条至第四十七条所列违法行为之一的，对直接负责的主管人员和其他直接责任人员，由任免机关或者监察机关依法给予处分。

第四十九条　乡、镇人民政府有统计法第三十八条第一款、第三十九条第一款所列行为之一的，依照统计法第三十八条、第三十九条的规定追究法律责任。

第五十条　下列情形属于统计法第四十一条第二款规定的情节严重行为：

（一）使用暴力或者威胁方法拒绝、阻碍统计调查、统计监督检查；

（二）拒绝、阻碍统计调查、统计监督检查，严重影响相关工作正常开展；

（三）提供不真实、不完整的统计资料，造成严重后果或者恶劣影响；

（四）有统计法第四十一条第一款所列违法行为之一，1 年内被责令改正 3 次以上。

第五十一条　统计违法行为涉嫌犯罪的，县级以上人民政府统计机构应当将案件移送司法机关处理。

第八章　附　则

第五十二条　中华人民共和国境外的组织、个人需要在中华人民共和国境内进行统计调查活动的，应当委托中华人民共和国境内具有涉外统计调查资格的机构进行。涉外统计调查资格应当依法报经批准。统计调查范围限于省、自治区、直辖市行政区域内的，由省级人民政府统计机构审批；统计调查范围跨省、自治区、直辖市行政区域的，由国家统计局审批。

涉外社会调查项目应当依法报经批准。统计调查范围限于省、自治区、直辖市行政区域内的，由省级人民政府统计机构审批；统计调查范围跨省、自治区、直辖市行政区域的，由国家统计局审批。

第五十三条　国家统计局或者省级人民政府统计机构对涉外统计违法行为进行调查，有权采取统计法第三十五条规定的措施。

第五十四条　对违法从事涉外统计调查活动的单位、个人，由国家统计局或者省级人民政府统计机构责令改正或者责令停止调查，有违法所得的，没收违法所得；违法所得 50 万元以上的，并处违法所得 1 倍以上 3 倍以下的罚款；违法所得不足 50 万元或者没有违法所得的，处 200 万元以下的罚款；情节严重的，暂停或者取消涉外统计调查资格，撤销涉外社会调查项目批准决定；构成犯罪的，依法追究刑事责任。

第五十五条　本条例自 2017 年 8 月 1 日起施行。1987 年 1 月 19 日国务院批准、1987 年 2 月 15 日国家统计局公布，2000 年 6 月 2 日国务院批准修订、2000 年 6 月 15 日国家统计局公布，2005 年 12 月 16 日国务院修订的《中华人民共和国统计法实施细则》同时废止。

江苏省统计条例

（2014年1月16日江苏省第十二届人民代表大会常务委员会第八次会议通过　根据2017年6月3日江苏省第十二届人民代表大会常务委员会第三十次会议《关于修改〈江苏省固体废物污染环境防治条例〉等二十六件地方性法规的决定》修正）

第一章　总　则

第一条　为了加强统计管理和监督，规范统计行为，维护统计调查对象的合法权益，保障统计资料的真实性、准确性、完整性和及时性，发挥统计服务经济社会发展的作用，根据《中华人民共和国统计法》等法律、行政法规，结合本省实际，制定本条例。

第二条　本条例适用于本省行政区域内地方各级人民政府、县级以上地方人民政府统计机构和有关部门组织实施的统计活动与统计监督管理。

第三条　县级以上地方人民政府应当加强对统计工作的组织领导，将统计事业纳入本地区国民经济和社会发展规划，建立健全统计机构，加强统计队伍建设，为统计工作提供必要的保障，确保统计工作正常开展。

第四条　县级以上地方人民政府统计机构（以下简称政府统计机构）负责本行政区域内统计工作的组织实施、管理协调和监督检查。

县级以上地方人民政府有关部门依法组织、管理本部门职责范围内的统计工作，实施统计调查。

第五条　县级以上地方人民政府应当加强统计信息化建设，构建统计公共信息系统和业务平台，支持和实现资源共享、业务协同。

省人民政府统计机构应当会同有关部门对全省统计信息化建设进行统一规划，推进统计信息搜集、处理、传输、存储技术和统计数据库体系的现代化。

政府统计机构应当制定统计信息安全应急处置预案，建立和完善统计资料备份系统，保障统计资料安全。

第六条　政府统计机构应当建立统计信用制度，定期将政府统计调查对象依法履行统计义务的信用信息提供给公共信用信息机构，供社会公众查询。

第七条　地方各级人民政府和有关部门应当鼓励支持、依法规范民间统计调查，引导从事民间统计调查活动的社会中介机构等民间统计调查组织（以下称民间统计调查组织）参与政府统计调查活动，发挥其在促进经济社会发展中的作用。

地方各级人民政府和有关部门应当扶持统计调查行业组织，发挥其联系政府、社会的作用，促进行业的自律和有序发展。

第二章　统计调查

第八条　地方统计调查应当按照地方统计调查项目组织实施。地方统计调查项目包括县级以上地方人民政府、政府统计机构及有关部门的统计调查项目。

地方统计调查项目应当执行国家统计标准和部门统计标准，与国家统计调查项目、部门统计调查项目互相衔接，下级地方统计调查项目不得与上级地方统计调查项目重复。

地方统计调查项目的制定应当进行必要性、可行性论证，听取有关部门、专家和公众的意见，并根据经济社会发展需要科学合理设置统计指标。与人口、社会相关的统计调查项目应当合理设置分性别统计指标。

第九条　制定地方统计调查项目，应当同时制定该项目的统计调查制度，并按照下列规定审批：

（一）省人民政府统计机构单独制定或者与有关部门共同制定的，报国家统计局审批；

（二）设区的市、县（市、区）人民政府统计机构单独制定或者与有关部门共同制定的，报省人民政府统计机构审批；

（三）县级以上地方人民政府有关部门单独制定或者与其他部门共同制定的，报本级人民政府统计机构审批。

变更统计调查制度内容的，应当报经原审批机关批准。

第十条　除涉及国家秘密的以外，地方统计调查项目及其统计调查制度，应当及时向社会公布。经国家统计局批准的，由省人民政府统计机构自批准之日起十日内公布；经县级以上地方人民政府统计机构批准的，由审批机关自批准之日起十日内公布。

第十一条　地方统计调查项目及其统计调查制度未经批准或者虽经批准但未依法公布的，不得组织实施。紧急情况下，经省人民政府批准实施的临时性统计调查项目除外。

前款所称的紧急情况，是指重大自然灾害等突发事件对本省经济社会发展产生重大影响的情形。

第十二条　省人民政府统计机构应当建立全省统一的基本单位名录库，作为政府统计调查的基础。

政府统计机构应当利用行政记录等资料对基本单位名录库进行日常维护和更新。机构编制、民政、工商行政、税务、质量监督等有关部门，应当按照有关规定向本级人民政府统计机构提供统计所需的行政记录，不得以任何理由拒绝提供。

第十三条　国家机关、企业事业单位和其他组织，应当配备与统计任务相适应的统计信息技术设备，按照统计调查制度规定的使用计算机网络报送等方式报送统计资料。

第十四条　有下列情形之一的，政府统计机构、有关部门应当告知政府统计调查对象在规定期限内补正：

（一）未按照统计调查制度规定的方式报送统计资料的；

（二）以纸介质方式报送统计调查表，没有填表人、统计调查对象单位负责人签字，或者未加盖单位公章的；

（三）以数据电文方式报送统计资料，没有电子签名等身份识别标志的；

（四）发现报送的统计数据有错误的；

（五）其他按照统计调查制度应当补正的情形。

第十五条　政府统计调查对象未按照统计调查制度规定时间报送统计资料的，政府统计机构和有关部门应当书面催报。政府统计调查对象应当在催报规定的期限内报送统计资料。

第十六条　地方各级人民政府、政府统计机构和有关部门、单位的主要负责人及其他负责人，应当支持和保障政府统计机构、统计人员独立行使法定职权，不得有下列行为：

（一）自行修改统计资料、编造虚假统计数据；

（二）要求政府统计机构、统计人员或者其他机构、人员拒报、虚报、瞒报或者伪造、篡改统计资料；

（三）对依法履行职责或者拒绝、抵制统计违法行为的统计人员打击报复；

（四）对揭发、检举统计违法行为的人员打击报复；

（五）对本地区、本部门、本单位发生的统计违法行为不履行监督管理职责。

第十七条　省人民政府统计机构应当建立健全统计数据质量监控制度，规范统计方法，统一指标口径，避免政府部门统计数据的重复、交叉和不一致，保障统计数据的客观真实。

第十八条　地方各级人民政府、政府统计机构和有关部门可以按照政府采购的法律、法规规定，委托民间统计调查组织进行统计调查，实施数据搜集、核实、整理、分析和相关培训等活动。

民间统计调查组织应当在受委托的权限和范围内实施统计调查。未经委托，民间统计调查组织不得以政府或者政府部门的名义实施统计调查。

第十九条　接受委托实施政府统计调查活动的民间统计调查组织，主管统计业务的负责人应当具有中级以上统计专业技术职务资格或者与统计专业相关的中级以上职称。

第二十条　民间统计调查组织者开展民间统计调查活动时，应当向调查对象表明身份，告知调查目的，不得以任何方式强迫调查对象接受调查，不得冒用政府统计调查的名义组织实施调查，不得欺骗、蒙蔽调查对象。

民间统计调查组织者对能够识别或者推断单个调查对象身份的信息和数据应当予以保密，未经调查对象同意，不得对外提供、泄露。

第三章　统计资料公布和使用

第二十一条　除依法应当保密的以外，政府统计机构、有关部门开展地方统计调查取得的统计资料，应当及时向社会公布。

公布统计资料时，应当同时公布主要统计指标含义、调查范围、调查方法、计算方法、调查样本量等信息；引用其他机构或者部门资料的，应当注明资料来源。

第二十二条　地方各级人民政府编制国民经济和社会发展规划与计划、财政预算，以及制定重大经济社会发展政策等使用统计资料的，应当以政府统计机构提供的统计资料为准。

政府统计机构应当及时向本级人民政府及其有关部门提供统计资料。

第二十三条　民间统计调查组织者发布民间统计调查资料应当客观真实，不得伪造、篡改，同时应当说明调查目的以及主要统计指标含义、调查范围、调查方法、计算方法、调查样本量等内容；引用其他组织、个人或者机构资料的，应当注明资料来源。

新闻媒体和其他单位、组织对外发布信息引用民间统计调查资料的，应当准确引用，并注明民间统计调查组织者名称，不得伪造、篡改民间统计调查资料。

第四章　统计调查对象权利和义务

第二十四条　政府统计调查对象依法独立填报统计资料。任何单位和个人干涉独立填报的，统计调查对象有权抵制，并可以向地方各级人民政府、政府统计机构或者监察机关等有关部门举报。

第二十五条　有下列情形之一的，政府统计调查对象有权拒绝政府统计调查：

（一）未书面告知统计权利和义务的；

（二）统计调查项目及其统计调查制度未经批准或者虽经批准但未依法公布的；

（三）统计调查表未标明法定标志或者法定标志不完整的；

（四）统计调查表超过有效期限的；

（五）现场调查时，统计人员未出示政府统计机构或者有关部门颁发的工作证件的。

第二十六条　政府统计调查对象发现他人对外提供、泄露能够识别或者推断其身份的资料，或者将上述资料用于统计以外目的的，有权举报。

第二十七条　除依法应当保密的以外，社会公众有权查询统计资料。

在统计资料法定保存期限内，政府统计调查对象可以查询其报送的统计资料以及相关信息。对查询结果有疑问的，政府统计机构、有关部门应当给予解答和说明；确属错误的，应当予以订正。

第二十八条　政府统计调查对象可以通过签订合同，委托民间统计调查组织代理统计调查活动。委托合同应当自签订之日起十个工作日内，由委托方报所在地县（市、区）人民政府统计机构备案。

第二十九条　政府统计调查对象应当按照法律、行政法规和本条例以及统计调查制度的规定，真实、准确、完整、及时地提供统计调查所需的资料，不得提供不真实或者不完整的统计资料，不得迟报、拒报统计资料。

第三十条　国家机关、企业事业单位和其他组织，应当以业务活动或者生产经营中形成的原始记录和凭证为依据，记录统计台账、编制统计调查表，并按照统计调查制度的规定报送统计资料。

原始记录、凭证、统计台账、统计调查表等统计资料应当留存归档。

第五章　机构和人员

第三十一条　县级以上地方人民政府有关部门根据各自职责和统计任务的需要，设立从事统计工作的机构或者明确承担综合统计工作职责的机构，配备相适应的统计人员，并指定统计负责人，在本级人民政府统计机构的指导下负责本部门、本行业的统计工作。

国家级和省级开发园区根据经济和人口规模，明确承担统计工作职责的机构，配备相适应的统计人员，负责统计资料的搜集、整理、汇总、上报以及催报、查询和数据核查工作。

第三十二条　乡镇人民政府和街道办事处根据经济和人口规模，明确承担统计工作职责的机构，配备相适应的统计人员，负责本区域统计工作的组织实施、管理、协调，履行政府综合统计的职能。

基层群众性自治组织应当指定专人负责统计工作。

第三十三条　政府统计机构、统计人员应当依法履行职责，如实搜集、报送统计资料，不得伪造、篡改统计资料，不得以任何方式要求任何单位和个人提供不真实的统计资料，不得有其他违反法律、行政法规和本条例规定的行为。

政府统计机构、统计人员对其负责搜集、审核、录入的统计资料与统计调查对象报送的统计资料的一致性负责。

第三十四条　政府统计机构、有关部门应当对统计人员开展统计专业培训和职业道德教育，提高其综合素质。

统计人员应当接受统计继续教育，提高业务素质和职业道德水平。

统计人员所在单位应当支持和保障统计人员接受统计继续教育，参加统计专业培训。

第六章　监督检查

第三十五条　县级以上地方人民政府及其监察机关，应当对下级人民政府、本级人民政府统计机构和有关部门执行统计法律、行政法规及本条例的情况实施监督。

第三十六条　政府统计机构应当加强对政府统计活动、民间统计调查活动的监督检查，依法查处统计违法行为。政府统计机构在实施监督检查时，有关部门、单位和个人应当予以配合。

第三十七条　县级以上地方人民政府有关部门应当对职责范围内的统计活动实施监督检查，及时向本级人民政府统计机构移送有关涉嫌统计违法的材料，协助查处统计违法案件。

第三十八条　政府统计机构应当明确承担统计执法检查职责的内设机构，配备相适应的统计执法检查人员。

第三十九条　政府统计机构在调查统计违法行为或者核查统计数据时，可以发出统计检查查询书。被查询对象收到统计检查查询书后，应当按照规定期限如实书面答复，提供相关证明和资料。

第七章　法律责任

第四十条　违反本条例规定，政府统计机构或者有关部门有下列行为之一的，由本级人民政府、上级人民政府统计机构、本级人民政府统计机构责令限期改正，予以通报；对直接负责的主管人员和其他直接责任人员，由任免机关或者监察机关依法给予处分：

（一）违反第十一条第一款规定，地方统计调查项目未经批准或者虽经批准但未依法公布，擅自组织实施的；

（二）违反第十二条第二款规定，拒绝向本级人民政府统计机构提供统计所需的行政记录的；

（三）违反第三十三条第一款规定，不依法履行职责，不如实搜集、报送统计资料，伪造、篡改统计资料或者要求政府统计调查对象提供不真实统计资料的；

（四）违反第三十六条、第三十七条规定，不依法履行统计监督检查职责或者不依法查处统计违法行为的。

第四十一条　违反本条例第十四条第一项、第二项、第三项规定，政府统计调查对象未在规定期限内补正的，由政府统计机构责令补正，给予警告；拒不补正的，对企业事业单位或者其他组织处以二千元以上一万元以下罚款，对个体工商户处以二百元以上一千元以下罚款。

第四十二条　违反本条例第十六条规定，地方各级人民政府、政府统计机构或者有关部门、单位的主要负责人及其他负责人有下列行为之一的，由任免机关或者监察机关依法给予处分，并由政府统计机构予以通报：

（一）自行修改统计资料、编造虚假统计数据的；

（二）要求政府统计机构、统计人员或者其他机构、人员拒报、虚报、瞒报或者伪造、篡改统计资料的；

（三）对依法履行职责或者拒绝、抵制统计违法行为的统计人员打击报复的；

（四）对揭发、检举统计违法行为的人员打击报复的；

（五）对本地区、本部门、本单位发生的严重统计违法行为不履行监督管理职责的。

第四十三条　违反本条例第十八条第二款规定，民间统计调查组织超出委托权限或者范围实施统计调查活动的，由政府统计机构责令改正，给予警告，并处一万元以上五万元以下罚款。

第四十四条　违反本条例第十九条规定，接受委托实施政府统计调查活动的民间统计调查组织，主管统计业务的负责人不具有中级以上统计专业技术职务资格或者与统计专业相关的中级以上职称的，由政府统计机构责令改正，给予警告；拒不改正的，由政府统计机构处以二千元以上一万元以下罚款。

第四十五条　违反本条例第二十条规定，民间统计调查组织者有下列行为之一的，由政府统计机构责令停止调查，给予警告，并处一万元以上五万元以下罚款：

（一）强迫调查对象接受调查的；

（二）冒用政府统计调查的名义组织实施调查的；

（三）欺骗、蒙蔽调查对象的；

（四）未经调查对象同意，对外提供、泄露能够识别或者推断单个调查对象身份的信息和数据的。

民间统计调查组织者冒用政府统计调查的名义组织实施调查，情节严重的，由政府统计机构处以五万元以上十万元以下罚款。

第四十六条　违反本条例第二十一条规定，应当公布统计资料而未公布，或者公布统计资料不符合规定要求的，对直接负责的主管人员和其他直接责任人员由任免机关或者监察机关依法给予处分。

第四十七条　违反本条例第二十三条规定，有下列情形之一的，由政府统计机构责令停止发布、公开更正，给予警告，可以处以五千元以上二万元以下罚款：

（一）民间统计调查组织者发布伪造、篡改的民间统计调查资料，发布时不按照要求说明相关内容，或者不注明资料来源的；

（二）新闻媒体和其他单位、组织对外发布信息引用民间统计调查资料未注明民间统计调查组织者名称，或者伪造、篡改民间统计调查资料的。

第八章　附　则

第四十八条　涉外民间统计调查活动，按照国家有关规定执行。

第四十九条　本条例自2014年5月1日起施行。1989年12月15日江苏省第七届人民代表大会常务委员会第十二次会议通过，1997年7月31日江苏省第八届人民代表大会常务委员会第二十九次会议修正的《江苏省统计管理条例》同时废止。